JN328764

小商圏時代の
流通システム

土屋 純・兼子 純 編

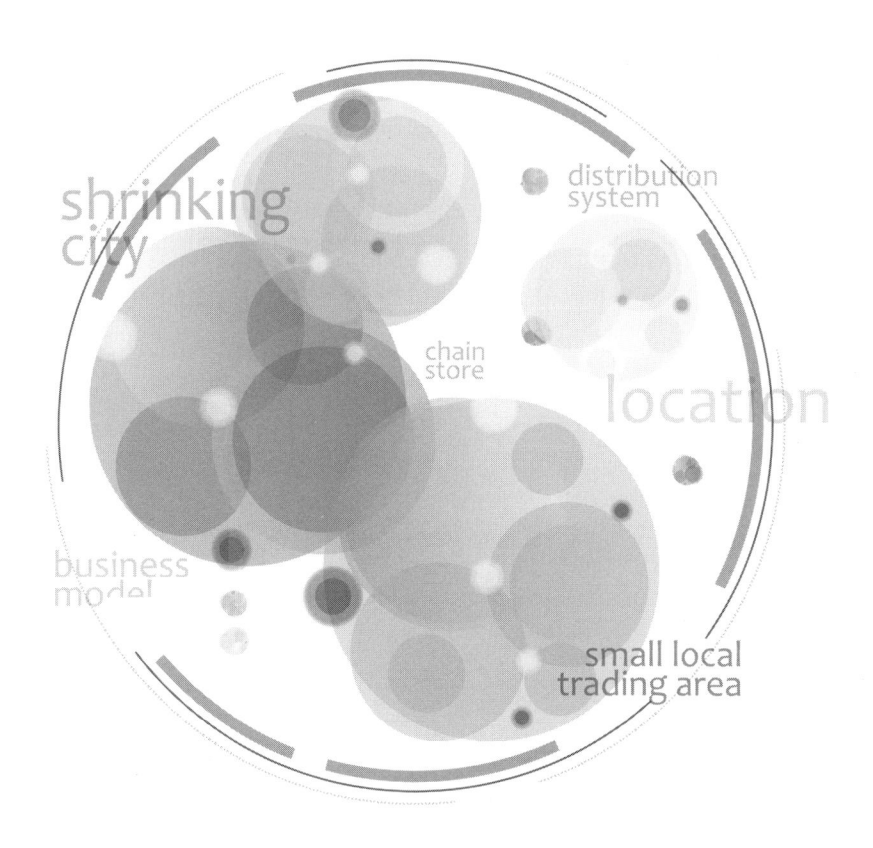

shrinking city
distribution system
chain store
location
business model
small local trading area

古今書院

はしがき

　日本の流通システムは，20世紀を通じて成長を続け，かつ主役を転換しながら変化を遂げてきた。20世紀初頭には百貨店の営業が始まり，1960年代の高度経済成長期には総合スーパーが発展，1970年代後半からはコンビニが急成長，1990年代の規制緩和期には郊外立地の大型ショッピングセンターやロードサイド業態が台頭するなど，これまで小売業態の主役が変わり続けてきた。とくに，総合スーパーなどの量販型流通システムが，日本の流通システムの再編成を牽引してきたといえよう。こうした20世紀の流通システムは，人口増加と経済成長を基盤としてきた。

　しかし2000年代以降，日本の流通システムは大きな曲がり角にさしかかっている。その背景として，まず少子高齢化が挙げられる。国勢調査によると，日本の総人口数は2000年代になって減少に転じ，高齢人口の割合は2000年の17.4％から2010年の23.1％へと急増した。さらに，1990年代後半以降における日本経済の長期低迷により価格デフレが継続しており，日本の消費市場においては少子高齢化も相まって，多様な消費者が多様な場所で混在する市場のモザイク化が顕著となっている。

　ではこのような消費市場の変化に対して，日本の流通システムはどのように対応しようとしているのか。少子高齢化によって買い物圏が縮小化しているなか，総合スーパーのなかには従来よりも小型のミニスーパーを展開する動きや，インターネットを利用したネットスーパーを導入して買い物弱者を支援する動きなど，量販型流通システムの再構築が進められている。さらに，コンビニとドラッグストアを組み合わせる従来の業態の垣根を越えた取り組みなど，多様なニーズに対応した新業態の開発も進んでいる。

　また，これまで経済的に非効率的であるという理由で流通システムから排除されつつあったいくつかの要素が再評価されるようになったのも昨今の特徴で

ある。たとえば，人口高齢化のなかで買い物弱者の問題がクローズアップされるようになっているが，そうした問題を解決するために流通システムおよび流通企業は地域コミュニティとのつながりを求められるようになっている。また，2011年3月に発生した東日本大震災の際には計画停電による生産調整やパニック的な消費によって被災地への商品供給が滞ったことから，これからの流通システムは緊急時においてライフラインとしての役割も求められている。このようにこれからの流通システムは，効率的な供給体制を維持しつつ，社会的役割を果たすことが求められるようになっているのである。

本書はこうした状況を踏まえ，2000年代において観察することができる日本の流通システムの適応戦略や新たな展開について，その動きを丹念に追いかけ，今後の流通システムのあり方の一端を実証的に分析することを目的とした。とくに，消費市場のモザイク化が進展しているなか，①量販型流通システムの再編成と，②「小商圏」型の小規模流通システムの台頭，③まちづくりと流通との関わり，の3点について注目したい。

第1章は，2000年代から明確になりつつある「小商圏時代」について解説する。高度経済成長期以降における日本の流通システムは，①拡大する都市市場，②中流意識に基づいた均質市場，をベースとし，総合スーパーを中心とした大量販売システムが中心であった。しかし1990年代後半より，①価格デフレによる市場拡大の停止，②中流意識の崩壊や世帯規模の縮小などに伴う市場の多様化，によって量販システムの見直しが必要となっている。そうした，2000年代における日本の流通システムについて，「小商圏時代」というキーワードを用いて説明していきたい。

第2・3章は，第1章の議論をふまえて2000年代における量販型流通システムの代表例である総合スーパーについて検討する。第2章は，20世紀後半の消費市場を席巻してきた総合スーパー業態について，①全国的な店舗網の再編成，とくに地方市場からの撤退の動きを検討するとともに，②東京大都市圏における深耕戦略（多業態戦略）について見てみたい。第3章は，近年におけるネットスーパーの台頭について紹介する。とくに，総合スーパーや食料品スーパーにおけるネットスーパー導入の狙いやそのビジネスモデルを明らかにする

ことによって，量販型業態による市場への適応戦略について検討する。

　第4〜6章では，1990年代後半からの消費が多様化するなかで，市場適応が進んでいる専門小売業・流通業を検討する。第4章は，家電流通業界における量販型大型店の頭打ちと小規模店舗の可能性について検討する。家電業界では，顧客の高齢化のなかで販売後のアフターサービスの重要性が高まっており，「まちの電器屋さん」と呼ばれてきた小規模な家電小売業の営業戦略について紹介する。第5章は，1990年代におけるドラッグストア業態の成立・拡大と，2000年代における業態の多様化について検討する。とくに，薬事法の規制緩和にともなう医薬品販売チャネルの増加，すなわちドラッグストアが直面した「業際化」の状況についてみてみる。第6章では，1990年代から2000年代にかけて生じた書籍流通の再編成について検討する。とくに，①書籍小売業の業態多様化と，②書籍のネット通販の拡大について，書籍流通の再編成との関わりから検討する。

　第7・8章は，2000年代に入って顕在化してきた日本の流通システムの問題点について検討する。第7章では，フードデザート（食の砂漠）問題について解説する。フードデザート問題とは，1990年代以降におけるイギリスやアメリカ合衆国で拡大した現象であり，経済的，社会的格差の拡大に伴って栄養価の高い食料品が入手困難な人々が増加している状況を表す言葉である。2000年代に入ってみられるようになった日本のフードデザート問題とその特徴について検討する。第8章は，食品流通の安心・安全問題について，食品流通と食品情報の流通の乖離の面から検討する。食品偽装問題について三笠フーズによる事故米流通事件から検討するとともに，輸入食品の安全性と日本人が抱く輸入食品への安心意識とのズレについて検討する。

　第9・10章は，離島や過疎地域といった国土の縁辺地域における流通システムの維持可能性について検討する。第9章では，過疎地域における日常生活品流通の維持可能性について検討する。沖縄本島北部を事例として，地域の消費生活を支えてきた共同売店の衰退状況を把握するとともに，生協による無店舗販売の代替可能性について検討する。第10章では，離島における医療用医薬品流通の維持可能性ついて検討する。長崎県五島列島を事例として，医薬品の

離島流通の仕組みを提示するとともに，本土と比べて割高である配送コストの分担方法について検討する。

　第11～13章は，2000年代における流通システムとまちづくりの関係について検討する。第11章では，2006年に行われたまちづくり3法の改正が，大型店の立地にどのような影響を与えたのかについて岡山市を事例として検討する。第12章では，都心回帰など都市空間のダウンサイジングが進行するなか，ショッピングセンターを中心とした大型店の立地条件について，出店用地との関わりから検討するとともに，都市機能としての役割について検討する。第13章は，ショッピングセンターの立地が周辺住民に対してどのような影響を与えるのか，その経済的，社会的な側面を検討することによって，ショッピングセンターと地域社会との関わりについて検討する。

　本書の執筆者は，日本地理学会の研究グループ「流通・消費の地理学研究グループ」のメンバーが中心である．日本地理学会の学術大会の際に開催してきた年2回の研究会をベースとして議論を深めてきた．さらに，2010年3月に法政大学で開催された日本地理学会春季学術大会では，「流通再編と地域への影響」と「食品流通の光と陰」の連続発表を実施した．本書は，その際の発表内容がベースとなっている．各章の雑誌論文としての初出は下記の通りである．執筆者間で勉強会を開催して，本書の位置づけと内容に関する議論を行った．執筆にあたっては，編者と執筆者の間のやりとりによって，位置づけと内容を検討し，そのうえで編者が表現の統一を図った．なお，図表の整理は兼子が担当した．

第1章　箸本健二　2011．変わる消費・多様化する流通．地理56-2：22-29．
第2章　書き下ろし
第3章　池田真志　2011．宅配事業の多様性と消費の変化．地理56-2：64-69．
　　　　池田真志　2010．供給面からみたフードデザート問題解決の可能性－ネットスーパーの例－．地理55-8：53-59．
第4章　兼子　純　2012．家電小売業の構造変容と小商圏市場への対応．統

計 63-8：16-22.
第5章　駒木伸比古　2012．日本におけるドラッグストアの成長と再編成に関する一考察．地域政策学ジャーナル 1-1：83-96.
第6章　書き下ろし
第7章　岩間信之編著　2011．『フードデザート問題－無縁社会が生む「食の砂漠」』農林統計協会．
第8章　荒木一視　2011．広域食品流通とフードセキュリティ上の脆弱性－三笠フーズ社の事故米穀不正規流通を事例として－．人文地理 63：130-148.
第9章　土屋　純　2011．沖縄本島北部における流通システム維持に関する研究．沖縄研究ノート 20号：6-23.
第10章　中村　努　2011．離島における医薬品流通システムと医薬品卸の役割－長崎県五島列島の事例－．季刊地理学 63：1-16.
第11章　荒木俊之　2008．岡山市における大型店の立地動向－「まちづくり3法」の見直しとその影響－．地理科学 63：80-93.
第12章　書き下ろし
第13章　湯川尚之　2009．大規模ショッピングセンターが周辺居住者に及ぼす外部効果の地理学的分析－浜松市郊外の市野SCの場合－．経済地理学年報 55：121-136.

　本書に収録された研究では，アンケートや聞き取り調査にあたって，多くの関係市町村，団体，企業，経営者の方々の協力を得た．調査にご協力いただいた皆様には厚く御礼申し上げます．また，一部の研究には，平成23-25年度文部科学省科学研究費補助金「フィールドワーク方法論の体系化－データの取得・管理・分析・流通に関する研究－」(基盤研究(A)，研究代表者村山祐司，第4章)，平成22-24年度文部科学省科学研究費補助金「書籍物流システムの空間構造とその効率化に関する地理学的研究」(若手研究(B)，研究代表者秦洋二，第6章)，平成21年度財団法人国土地理協会学術研究助成「食の安全上の脆弱性に着目した今日の米と米加工品の流通に関する経済地理学的研究－事故米穀の不正規

流通に注目して－」（研究代表者荒木一視，第 8 章），平成 23-25 年度文部科学省科学研究費補助金「アジア太平洋地域における第 3 次フードレジームをめぐる地理学的研究（基盤研究（B），研究代表者荒木一視，第 8 章），平成 20-24 年度私立大学戦略的研究基盤形成支援事業「『ものづくり』を基盤とした地域社会の活性化と産官学連携の形成に係わる研究拠点の形成」（研究代表者渡辺俊三，第 12 章）を使用した。

なお本書の刊行にあたり，公益社団法人日本地理学会の出版助成の交付を受けた。そして，今回の出版を快くお引き受けくださった古今書院社長・橋本寿資氏ならびに同編集部・長田信男氏，困難な編集作業を進めていただいた同編集部・鈴木憲子氏に厚く感謝申し上げる。

2012 年 12 月
執筆者を代表して
土屋 純
兼子 純

目　次

はしがき ………………………………………………………………………………… i

第1章　小商圏時代とは何か ………………………………………………………… 1
1. 「業態」の転換 …………………………………………………………………… 2
2. 小売販売額と都市空間のダウンサイジング ………………………………… 4
3. 商圏の縮小と買い物圏の縮小 ………………………………………………… 7
4. 「小商圏」時代の小売業態 ……………………………………………………… 9
5. 東日本大震災以降の流通システム …………………………………………… 11

第2章　総合スーパー店舗網の再編成と大都市圏での市場深耕 ……………… 15
1. 曲がり角にある総合スーパー ………………………………………………… 16
2. 総合スーパーによる店舗網の再編成 ………………………………………… 18
　　2.1　出店地域の拡大と既存店舗の閉鎖 …………………………………… 19
　　2.2　出店地域の縮小と店舗網の再編成 …………………………………… 24
3. 東京大都市圏における総合スーパーの市場深耕戦略 ……………………… 26
　　3.1　イトーヨーカ堂の多業態戦略 ………………………………………… 26
　　3.2　イオンによる小型食料品スーパーの大量出店 ……………………… 29
　　3.3　「脱・総合スーパー」に向けた店舗展開の方向性 ………………… 31
4. 総合スーパーのゆくえ ………………………………………………………… 32

第3章　食品宅配事業の多様化とネットスーパー ……………………………… 35
1. 多様化する宅配事業とその背景 ……………………………………………… 36
　　1.1　宅配事業の類型 ………………………………………………………… 36
　　1.2　食品市場をとりまく環境の変化 ……………………………………… 38

2. ネットスーパーの時間と空間 ……………………………………… 41
　　2.1　ネットスーパーとは ……………………………………………… 41
　　2.2　ネットスーパーの普及 …………………………………………… 42
　　2.3　ネットスーパーの時間 …………………………………………… 43
　　2.4　ネットスーパーの空間 …………………………………………… 44
　　2.5　スーパーにとっての位置づけと導入効果 …………………… 48
　3. ネットスーパーの意義と可能性 ………………………………… 50
　　3.1　ネットスーパーの歴史的位置づけ …………………………… 50
　　3.2　ネットスーパーの社会的意義 ………………………………… 51

第4章　家電小売業の小商圏市場への対応　55

　1. 家電製品の販売特性 ……………………………………………… 56
　2. 家電量販店の再編成 ……………………………………………… 57
　　2.1　家電小売業の趨勢 ……………………………………………… 57
　　2.2　2000年代における家電量販店の再編成 …………………… 58
　3. 家電小売業における小商圏市場への再評価と対応 ………… 61
　　3.1　「まちの電器屋さん」への再評価 …………………………… 61
　　3.2　地域店の経営特性 ……………………………………………… 63
　　3.3　家電量販店による小規模店舗のチェーン展開 …………… 67
　4. 家電小売業における小商圏市場の可能性 …………………… 69

第5章　ドラッグストアの再編成と業際化　71

　1. 日本におけるドラッグストアの発展 …………………………… 71
　　1.1　「ドラッグストア」とはどのような店舗か …………………… 71
　　1.2　ドラッグストアの誕生と成長 ………………………………… 72
　　1.3　薬事法の改正が業際化に与えた影響 ……………………… 74
　2. チェーンによる出店戦略と立地の差異 ……………………… 75
　　2.1　グループの再編成と店舗網の拡大 ………………………… 75
　　2.2　チェーンストア内における業態の分化と店舗網の拡大 … 77

3. 新業態の開発と業際化 ………………………………………………………… 81
　3.1 業際化するドラッグストア …………………………………………… 81
　3.2 業際化のなかでの立地戦略 …………………………………………… 83
4. 今後ドラッグストア業界に求められるもの ……………………………… 86

第6章　転換期にある出版物流通 ……………………………………………… 89
1. 日本の出版物流通の特徴 …………………………………………………… 90
　1.1 出版物の流通経路 ……………………………………………………… 90
　1.2 出版物流通に関わる制度 ……………………………………………… 92
2. 集約化が進む取次の物流システム ………………………………………… 94
　2.1 大手取次会社による物流システムの再編成 ………………………… 94
　2.2 拠点集約化による在庫一元管理 ……………………………………… 95
3. 書店業界の変化 ……………………………………………………………… 96
　3.1 1990年代後半からの再編成 …………………………………………… 96
　3.2 書店業界における競争 ………………………………………………… 97
4. ネット書店の台頭 …………………………………………………………… 98
5. 今後の出版物流通とは ……………………………………………………… 102

第7章　フードデザート問題の拡大と高齢者の孤立 ………………………… 105
1. フードデザート問題とは …………………………………………………… 105
2. 欧米諸国でのフードデザート問題 ………………………………………… 107
3. 日本でのフードデザート問題 ……………………………………………… 108
　3.1 FDsエリアの買い物環境 ……………………………………………… 108
　3.2 栄養状態の悪化 ………………………………………………………… 111
　3.3 コミュニティとのつながり …………………………………………… 113
4. フードデザート問題の発生要因 …………………………………………… 114
5. フードデザート問題の解決策とは ………………………………………… 116

第8章　食品流通と食品情報の流通の乖離 ………………………… 121
　1. フードシステムと産地偽装 …………………………………………… 121
　　　1.1　フードシステムの枠組み ……………………………………… 122
　　　1.2　産地偽装のメカニズム ………………………………………… 123
　2. 食品情報の扱われ方：三笠フーズ事件の事例 …………………… 124
　　　2.1　事件の概要と流通ルート ……………………………………… 124
　　　2.2　誰が被害者だったのか ………………………………………… 129
　3. 輸入食品の安全性に対する認識と実際 …………………………… 131
　　　3.1　輸入食品の新聞報道 …………………………………………… 131
　　　3.2　厚生労働省の統計にみる輸入食品の安全性 ………………… 132
　　　3.3　食品の安全性に対する認識と実体の乖離を認識せよ ……… 135
　4. 流通の広域化と情報信憑性 ………………………………………… 136

第9章　過疎化地域における流通システムの維持可能性 …………… 139
　1. 沖縄本島北部の概要 ………………………………………………… 140
　2. 共同売店の現状と商品調達 ………………………………………… 142
　　　2.1　共同売店の現状 ………………………………………………… 142
　　　2.2　卸売業者による商品配送 ……………………………………… 145
　　　2.3　卸売業者からみた共同売店の課題 …………………………… 147
　3. 無店舗販売の展開：コープおきなわによる共同購入 …………… 148
　　　3.1　コープおきなわの共同購入システム ………………………… 148
　　　3.2　名護支所における共同購入の運営状況 ……………………… 150
　　　3.3　名護支所管轄地域における共同購入の利用状況 …………… 152
　　　3.4　共同購入の課題 ………………………………………………… 153
　4. 過疎化地域で維持できる流通システムとは ……………………… 153

第10章　離島における医薬品流通の維持 ……………………………… 157
　1. 離島における医療用医薬品流通 …………………………………… 157
　　　1.1　離島における医薬品流通のコスト構造 ……………………… 157

1.2　医薬品流通の特徴と近年の変化 ………………………………… 158
　2.　長崎県における医療環境 ……………………………………………… 160
　3.　長崎県の離島における医薬品流通システム ………………………… 162
　　3.1　医薬品卸の営業・配送体制 ……………………………………… 162
　　3.2　五島市福江島の事例 ……………………………………………… 163
　　3.3　医薬品卸の経営構造と配送コスト分担の仕組み ……………… 166
　　3.4　薬局が抱える問題と医薬品卸の対応 …………………………… 169
　4.　離島の医薬品流通は維持できるのか ………………………………… 170

第11章　2006年のまちづくり3法改正と地方都市における大型店の立地変化 …… 175

　1.　都市計画法と大型店の立地規制 ……………………………………… 175
　2.　まちづくり3法の政策転換と2006年改正の概要 …………………… 178
　　2.1　まちづくり3法の政策転換 ……………………………………… 178
　　2.2　まちづくり3法改正の概要 ……………………………………… 179
　3.　岡山市と周辺都市における大型店の立地動向 ……………………… 180
　　3.1　岡山市における用途地域等の指定状況 ………………………… 180
　　3.2　大型店の立地件数・店舗面積の推移と地理的分布 …………… 183
　　3.3　岡山市周辺都市における大型店の立地 ………………………… 187
　4.　大型店立地に対する2006年の都市計画法改正の影響 ……………… 188
　5.　立地規制の変化とチェーンストアの出店戦略の転換 ……………… 190

第12章　大型ショッピングセンターの立地多様化と出店用地 …… 195

　1.　新たな巨大消費空間としてのモール型ショッピングセンター ……… 196
　　1.1　さまざまな大規模小売店舗 ……………………………………… 196
　　1.2　モール型ショッピングセンターの特徴 ………………………… 197
　2.　2000年代における大型商業施設の出店用地 ………………………… 198
　　2.1　既存の商業的土地利用からの転用 ……………………………… 198
　　2.2　商業的土地利用以外からの転用 ………………………………… 199

3. 名古屋大都市圏におけるショッピングセンターの立地 ……………… 201
　　　3.1 大型商業施設の構成要素の変化 …………………………………… 201
　　　3.2 立地の特徴 …………………………………………………………… 202
　　　3.3 出店用地の特徴 ……………………………………………………… 205
　4. 産業・都市構造の変化と大型ショッピングセンター ………………… 209
　　　4.1 都市空間のダウンサイジングとショッピングセンター ………… 210
　　　4.2 都市インフラとしてのショッピングセンター …………………… 211
　　　4.3 消費市場のモザイク化とショッピングセンター ………………… 211

第13章　大型ショッピングセンターの立地が周辺居住者に及ぼす影響
　　　　　　 …………………………………………………………………… 215
　1. ショッピングセンターがやってきた …………………………………… 215
　2. 居住者が感じているショッピングセンターからの影響 ……………… 219
　　　2.1 居住者が感じている影響の種類 …………………………………… 219
　　　2.2 大型ショッピングセンターは迷惑施設なのか …………………… 223
　3. 大型ショッピングセンターからの影響が強い場所はどこか ………… 227
　4. 大型ショッピングセンターと地域が共存するために ………………… 231

索　　引 ……………………………………………………………………… 234

第1章　小商圏時代とは何か

　高度経済成長期以降，日本の流通システムがスーパーマーケットに代表される大手小売資本に主導されてきたことは論を待たない。彼らは，コンビニなどの小規模業態を傘下に持ちつつも，その本質は総合スーパー業態にあり，店舗数と販売額という二重の規模拡大を推し進めてきた。①旺盛な消費意欲を持つ均質なマス市場を背景とした出店地域の拡大，②店舗の大型化によるワンストップショッピング性の向上，③スケールメリットを通じた低価格戦略の追求などが，彼らの成長神話を支えてきたのである。その意味で，2000年代最初の10年間は，高度経済成長の象徴でもあった総合スーパー業態が淘汰と再編成に直面する節目の時期となった。2000年のそごう，2001年のマイカルに続く，2005年のダイエー破綻は，まさに「一時代の終焉」を印象づける出来事であった。

　こうした傾向は，昨今の企業別小売販売額でもみられる。2009年の小売業売上ランキング[1]では，2兆円企業に成長したヤマダ電機がイオンリテールを抜いて第1位の座を占めたほか，10位にケーズホールディングス，13位にユニクロと，かつて郊外立地で資本蓄積を果たした企業が上位にランクインし，業態の新陳代謝を強く印象づけた。その一方，「郊外の雄」であるヤマダ電機は，2005年に都心型業態「LABI」を大阪なんばに出店，その後2011年までに計17店舗を設けるなど都心部の市場にも強い意欲をみせている。郊外で広域集客型のビジネスフォーマットを成功させた小売企業が，小規模商圏に適応する別フォーマットを開発して都市内部に参入する例は，総合スーパー，ホームセンター，衣料品チェーン，ドラッグストアなど多分野に拡がっている。総合スーパー業態の退潮や郊外立地企業の「都心回帰」はなぜ起こるのか。また，小売企業の業態戦略は消費市場の有り様や流通システムにどのような影響を与

え，成功業態の「苗床」であった郊外の市場をどう変容させるのであろうか。

本書は，深刻な少子高齢化，長引く価格デフレ，進む人口の都心再集中，拡大する所得と消費の格差など，新たな市場環境の有り様に向き合う日本の流通システムが，どのような戦略デザインを描き，いかなる空間システムを構築するのかを，地理学の視点から検討することを目的としている。その巻頭にあたり本章では，業態の転換を，市場である都市空間の変容と関連づけながら検討したい。

1.「業態」の転換

図1-1は，商業統計業態編を用いて，2002年に対する2007年の店舗数ならびに販売額の伸び率をプロットしたものである。これによれば，対象となる24業態中，店舗数（x軸），販売額（y軸）ともに増加を示す第一象限にあるのは，中型総合スーパー，コンビニ（終日営業店），食料品スーパー，衣料品スーパー，コンビニ（全体）の5業態にすぎない。そのうえ，販売額伸び率が店舗数伸び率を上回り，1店舗当たりの販売額が増加している業態（対角線よりも左上）は食料品スーパーのみで，残る市場は過当競争に陥っている。第二象限に含まれる7業態は，販売額が成長する反面，店舗数は減少傾向にあり，業態内部での絞り込みや上位集中化の進行が推測できる。薬事法の規制緩和で競争が激化したドラッグストアはその象徴であろう。第三象限は，店舗数，販売額ともに減少する縮小市場であるが，ここに全体の半数にあたる12業態が集中しており，かつての花形業態である百貨店や総合スーパーもこのなかに含まれている。残る第四象限は，販売額が縮小するなかで店舗数だけが増大するという市場であり，ここに該当する業態は存在しない。こうした動向をあらためて概観すると，2002年〜2007年の5年間に販売額が増加した業態は，地域密着型の中小規模店をチェーン展開する業態（ドラッグストア，食料品スーパー，中型総合スーパー，コンビニなど）か，販売品目を特定分野に特化し，品揃えやサービスの深耕を図った業態（衣料品中心店，住関連中心店，住関連専門店など）と総括することができる。

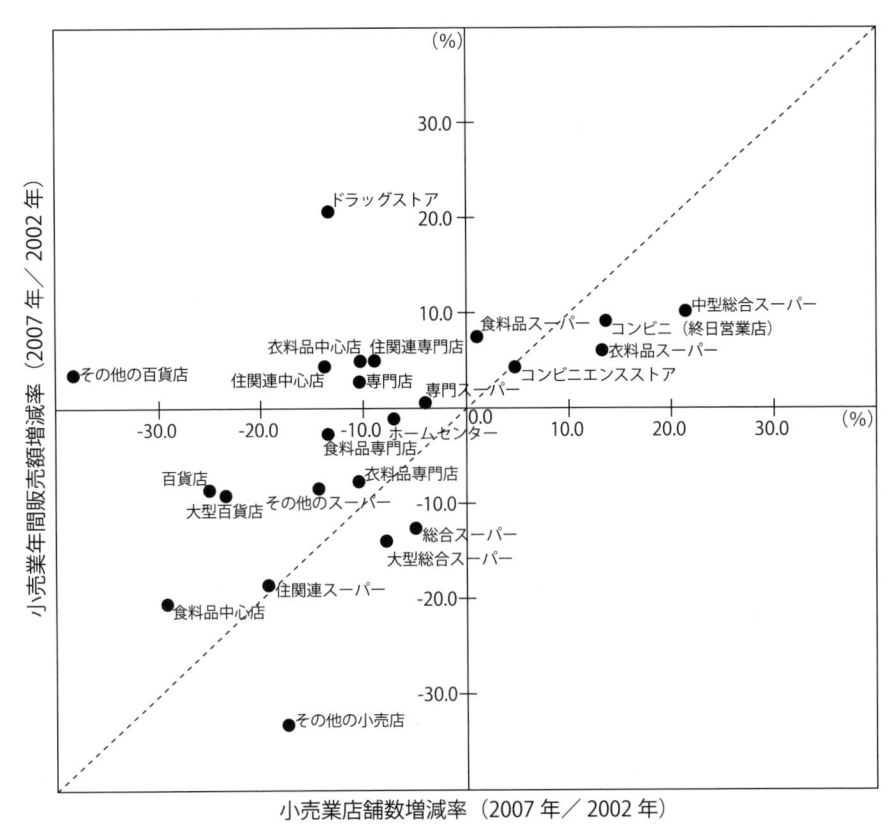

図 1-1　業態別でみた小売店舗数と小売年間販売額の推移（2007 年／ 2002 年）
（資料：商業統計表により作成）

　商業統計で扱われる業態の半数が店舗数と販売額の減少に直面するなかで，とりわけ総合スーパーが構造的な課題を抱えている現況は，流通研究者によるさまざまな議論を呼び起こした。たとえば，田村（2008）は，マクネイアの「小売の輪」理論[2)]を援用した業態盛衰モデルを提起するなかで，総合スーパーが「競争マイオピア」に陥り，覇権市場の支配的企業であるバリュー・イノベーターの地位を失うに至ったと説明した。田村の業態盛衰モデルは，競争業態との相対的な価格優位性（価格イノベータ）と，小売ミックスの非価格要素を総合したサービス品質（サービス・イノベータ）の両面で優位性を持つ業態がバ

リュー・イノベーターになるとする。そして，総合スーパーはかつてこの地位を占めていたが，企業戦略の目的が競合他社への近視眼的な対応（競争マイオピア）に終始し，顧客の欲求を置き去りにしたため，衰退を余儀なくされたと説明した。また向山（2009）は，経済拡大期に隠蔽されていた総合スーパー業態の経営矛盾が，景気の後退期に顕在化したと論じた。向山は，ダイエーの創業者であった中内功の発言を引用しつつ，日本の総合スーパーの本質が単品大量仕入れによる低価格販売にあったと指摘する。しかし，大手スーパー間の競争が進むなかで集客力を維持するため，企業は品揃えの幅を拡げ，ワンストップショッピング性を訴求する必要に迫られた。こうして進んだ「総合」スーパー化は，粗利の低い商品と粗利の高い商品との混在を招き，企業はこの問題を「値入ミックス」で解決しようと試みる。値入ミックスとは，粗利の低い商品と高い商品との関連性を店頭で訴求し，ロスリーダーである前者の購入と同時に後者の購入を促すことで利益を確保する経営手法である。向山は，日本の総合スーパーによる値入ミックス戦略は，消費意欲が旺盛な経済拡大期こそ奏功したものの，景気後退による価格指向の高まりと，特定分野の価格競争力に優れる専門スーパーの台頭によってその効果が薄れ，業態そのものの凋落を招いたと論じた。

　これら一連の議論は，業態のライフサイクルや価格優位性など企業経営論の視点から総合スーパーの退潮をとらえている。しかし，中小規模店を主体とする地域密着型のチェーンの成長や，郊外型企業によるビジネスフォーマットの転換は，業態間競争の枠組みのなかで完結する議論ではない。むしろ，その背景にある消費者ニーズや都市空間の変化など外部環境の変化をふまえた考察が重要となろう。

2．小売販売額と都市空間のダウンサイジング

　今日，消費財流通を取り巻く環境は，2つのダウンサイジングに直面している。その1つが小売販売額の長期低落傾向である。表1-1は，近年の商業統計を整理したものであり，年間販売額が1997年をピークとして減少に転じる一

表 1-1　日本の小売業における店舗数と年間販売額の推移

商業統計年次	実　数 小売業店舗数	実　数 小売業年間販売額(百万円)	指数 (1991年=100) 小売業店舗数	指数 (1991年=100) 小売業年間販売額
1991年	1,605,583	142,291,133	100.0	100.0
1994年	1,499,948	143,325,065	93.4	100.7
1997年	1,419,696	147,743,116	88.4	103.8
2002年	1,300,057	135,109,295	81.0	95.0
2007年	1,137,859	134,705,448	70.9	94.7

(資料：商業統計表により作成)

方，小売業店舗数も1991年から2007年までの16年間で30％近く数を減らしている。減少する小売業の多くが従業員規模4人未満の中小零細店であることを念頭に置けば，日本の消費財市場は，規模の縮小と小規模な業種店の淘汰という二重の課題に直面しているといえる。とりわけ小売販売額の漸減傾向は，バブル崩壊以降の長期的な雇用不安やデフレ傾向など社会経済的要因に加えて，少子高齢化など人口学的要因が大きいと考えられる。荒井（2007）は，「中流意識」という語に象徴される高度経済成長以降の均質的な消費性向が，バブル崩壊以降の継続的な雇用不安のなかで崩壊し，消費の二極化が加速すると論じた。荒井は，高度経済成長期に多くの国民が等しく実感できた将来への希望が，「三種の神器」に代表される均質的な大衆市場を出現させたのに対して，バブル崩壊後に進んだ所得の分極化傾向は，とりわけ「下層」を自認する人々の不安感や「リスク回避」の意識を高め，彼らの消費を萎縮させていると指摘する。

　一方，社会全体での高齢化の進行は，単に消費額を抑制するだけでなく，狭い買い物圏，短い客動線，高い計画購買率，健康志向に代表される新たな付加価値の追求（鈴木2011）など，従来の大衆市場とは異なる消費者特性を通じてセルフサービス業態のビジネスフォーマットに大きな影響を与えつつある。とりわけ，買い物圏の狭小化は高密度な店舗立地を必要とするため，商店街が衰退した都市内部の住宅地や，第一世代の高齢化が進む郊外住宅地では，深刻な「フードデザート」問題が発生する。

第2は，都市空間の縮小である。日本の都市は戦後一貫して郊外への拡大を続けてきた。とりわけ，増大する都市人口を吸収した郊外住宅地の拡大は，消費活動を含めた生活圏の郊外シフトを進め，その傾向は自家用車の普及率が高い地方都市ほど顕著となった。加えて，1974年に施行された大規模小売店舗法（大店法）がこうした傾向に拍車をかけた。大店法の本質は，成長著しい量販店から商店街など既存商業集積を保護することであり，量販店の都心立地を厳しく制限するとともに，その郊外展開を促した。量販資本にとっても，宅地化が進む一方で，地価が安く，広大な事業用地を短期間で確保できる郊外は，高い坪効率を追求するうえで絶好の立地であった。このことは，1990年の日米構造協議を経て大店法の拘束力が著しく低下し，量販店の立地自由度が高まった時期に，都心店のスクラップと新規出店の郊外出店が一層加速した点が何よりの証左といえる。2000年に大店法を引き継いだ「まちづくり3法」でも，量販店の郊外立地は継承された。まちづくり3法に含まれる都市計画法（1998年改正）は，工業地域，準工業地域，市街化調整区域（地元の同意が前提），非線引き白地地域など，都市郊外に多く分布する用途地域に3,000m^{2}以上の大型店を「誘導」したのである（表1-2）。一方，集客装置である量販店を失った中心市街地は急激な衰退に直面し，量販店の都心誘導が喫緊の課題として浮上した。

　2000年代に入り，少子高齢化をともなう人口減少社会の到来が現実味を帯びると，都市財政の持続性確保，高齢者が生活しやすいコンパクトなまちづくり，低炭素社会の実現などの観点から，都市の郊外拡散に対する歯止めが求められるようになった。一方，郊外への拡大を続けてきた住宅地も，地価下落や住宅取得に対する意識の多様化から，大都市圏を中心にいわゆる人口の「都心回帰」傾向が顕著となった。空間の縮小をともなう都市政策の転換は，商業の再配置を必要とするため，必然的に商業政策と連動せざるをえない。2006年に改正された中心市街地活性化法（2006年8月施行）と都市計画法（2007年11月施行）は，前者がコンパクトな都心整備の奨励という枠組みのなかで商業の都心再配置を促す一方，後者は面積1万m^{2}以上の大規模集客施設の郊外立地を著しく制限することで，1974年の大店法施行以来30年以上に及ぶ量販店の郊外誘導

表 1-2　都市計画法による大型店の立地規制の推移

用途地域	1998年～2007年10月 大規模商業施設 3,000m² 超	2007年11月以降 大規模商業施設 3,000～10,000m²	2007年11月以降 大規模集客施設 10,000m² 超
第一種低層住居専用	×	×	×
第二種低層住居専用	×	×	×
第一種中高層住居専用	×	×	×
第二種中高層住居専用	×	×	×
第一種住居	×	×	×
第二種住居	○	○	×
準住居	○	○	×
近隣商業	○	○	○
商業	○	○	○
準工業	○	○	△
工業	○	○	×
工業専用	×	×	×
市街化調整区域	△	×	×
非線引き白地地域	○	○	×

○：出店可
×：出店不可
△：条件付き可
（資料：渡辺（2007）をもとに筆者修正）

に終止符を打ち，一転してその都心回帰を促すこととなった（表1-2）。

3. 商圏の縮小と買い物圏の縮小

　消費と都市空間のダウンサイジングは，小売企業をはじめとする流通システムをどう変化させるのであろうか。消費のダウンサイジングが，単なる均質市場の縮小ではなく，多様な消費者ニーズを含む市場の細分化をもたらすことはすでに述べた。他方，都市空間のダウンサイジングがもたらす都心の人口回復現象も，都心における商圏の細分化を進めると考えられる。たとえば宮澤・阿部（2005）は，東京都心部における人口回復に寄与した主たる住民層が30歳代前後の単身者または夫婦で，大卒以上の学歴を持つホワイトカラー世帯であること，職業に関してはホワイトカラー下層とグレーカラーの増加がホワイト

カラー上層のそれを上回っていることを指摘したうえで，多様な条件の住宅が供給されている東京都心部では，転入者の経済力やライフスタイルに応じて居住地・住宅の選択に地域的差異が生じていると結論づけた。宮澤・阿部の指摘に従えば，東京都心部の人口回復現象は，職業を反映した居住地選択を通じて経済力による棲み分けを進行させ，結果的に購買力や購買性向の地域間差異を拡大させるであろう。

　他方，地価上昇期に団塊の世代を中心とする「持ち家志向」の受け皿として成長を遂げた郊外住宅地も，開発年次が古く，第一世代の年齢層が高い住宅地から順に，第二世代への更新が可能な住宅地と，第二世代の流出と第一世代の高齢化とが表裏一体で進む住宅地とに峻別されていく（江崎2006）。ここでも，消費市場の維持・更新が可能な前者と，客単価，客数ともに縮小を余儀なくされる後者との格差は拡大するであろう。このように，都市空間のダウンサイジングは，均質的な大衆市場から質的に多様な小規模市場への分割，すなわち市場のモザイク化を加速させると考えられる。

　均質市場の崩壊と市場のモザイク化は，層の厚い大衆市場の存在を前提とする大型店のオペレーション効率を低下させ，売場生産性を悪化させる。とりわけ都市内部の地代は，地価下落を経た後もなお最寄品小売業には割高な水準に留まるため，幅広い品揃えを持つ大型店は経営効率を維持しにくい。その間隙を縫う形で，都市内部では，小規模市場ごとの消費ニーズを丁寧に拾う地域密着型業態か，価格競争力に優れたディスカウント系業態が，新たに中小規模店を展開するであろう。人口の緩やかな減少傾向が続く郊外でも，人口の更新が進む持続可能な住宅地と，第一世代の構成比が高止まりを続ける衰退型の住宅地との間で，市場のモザイク化が進行する。もとより，都心に比べて地価が安い郊外は，ローコストオペレーションの維持に有利な反面，商圏の地理的範囲が広く，多くの競合店との競争に直面せざるをえない。また，広い売場面積を埋める膨大な商品数は，少数の高回転商品と多数を占める低回転商品とに分化し，後者の在庫負担が販売管理費を押し上げる。このため，大型店同士の過当競争が続く郊外地域でも，今後は不採算店の整理統合や，より狭い商圏の特性に適合しやすい中小規模店の開発が進むことになる。

中小規模の新業態開発に対しては，モザイク化市場への対応を喫緊の課題とするチェーンストアだけでなく，消費者サイドの要請もまた高まりつつある。店舗までの出向距離や広い売場面積が買い物行動の障壁となる高齢者，平日の買い物を短時間で済ませたい有職女性らの意向がそれである。このように，モザイク化が進む市場への適合を図るチェーンストアの企業戦略と，消費行動の変化による買い物圏の縮小とが相俟って，さまざまな中小規模業態の開発が進むであろう。本書では，こうした状況を「小商圏」化と総称することにしたい。

4.「小商圏」時代の小売業態

　小商圏時代に，日本の流通システムはどのように対応していくのであろうか。まず，既存の小売業態の対応は，おおむね4つの方向性に整理することができる。第1は，都市内部の立地環境に適応する都市型業態の開発である。かつて郊外で資本蓄積を果たした業態が，2000年代に入って都市型業態を展開するケースは，先に挙げたヤマダ電機（LABI）以外にも，総合スーパーのイオンリテール（まいばすけっと），食品スーパーのマルエツ（マルエツプチ），ホームセンターのコメリ（ハード&グリーン），衣料品スーパーのしまむら（同名）など多岐にわたる。とりわけ，これら都心型業態の多くが，既存業態の撤退跡地を利用している点は注目に値する。たとえば，「LABI」の日本総本店（東京・池袋）は三越百貨店池袋店の撤退跡地であり，イオンリテールが多店舗展開を図る「まいばすけっと」は，コンビニや商店街の空き店舗への入居を積極的に進めて店舗数を急増させている。こうした交代劇は，都市内部の小商圏市場における担い手の交代を強く印象づけている。
　第2は，既存業態の枠を越えた品揃えの拡大である。酒販免許の規制緩和や薬事法の改正にともなうスーパー・コンビニでの酒・医薬品の取り扱いや，これに対抗したドラッグストアでの酒類，加工食品の展開，均一価格スーパーなどコンビニを母体とする業態における生鮮品の展開などが典型例といえる。業際化，すなわち業態間を隔ててきた垣根の低下が急速に進んでいることは否めないが，それは単なる業態の混淆，隣接品目の争奪を意味するだけでなく，ド

ラッグストアと加工食品が結びつくことで「食を通じた健康提案」(セイジョー)など新しい業態創造へ発展する可能性も秘めている。

　第3は，ネットスーパーに代表される宅配事業への参入である。流通産業による宅配事業は，これまでも生協などが手がけてきたが，2000年に西友がネットスーパーを開業以来，既存の総合スーパー・食料品スーパーによる事業参入が相次ぎ，2008年には食品宅配だけでも約1.6兆円の市場に成長した。実在の店舗を持つ総合スーパー・食料品スーパーは，注文に対する在庫確認や商圏特性への適応などの点が利点であり，高齢者など買物行動が制約される消費者だけでなく，時間的な制約が大きい共稼ぎ世帯や子育て世帯にも支持を拡げ，商圏内のチャンスロスのすくい上げに寄与している。

　第4は，海外市場への進出であり，既存の小商圏市場の深耕をめざす第1から第3までの動きとは対照的に，新規市場の開拓を図る動きといえる。百貨店や総合スーパーを主体とする日系流通資本は，1980年代から1990年代を中心に，アジアを中心とする海外市場への店舗展開を進めてきた。しかし，日本国内における事業不振に加えて，価格競争力を持つ欧米系外資との競合，低い粗利，不動産契約の失敗による高い店舗設備費，現地のパートナー企業との不和など，さまざまな課題が輻輳し，結果的に多くの店舗が撤退を余儀なくされた（川端2000）。しかし，アジア諸国の流通外資への規制緩和に加え，中国市場の成長や国際フランチャイズ契約など低リスクでの進出方法の確立にともない，今後大幅な成長を見込みにくい日本市場を離れて，アジア市場に再チャレンジする機運が高まりつつある（川端2010）。

　これら既存業態の取り組みに加えて，通販や駅改札内事業所（駅ナカ）など新しい販売チャネルの台頭も見逃せない（表1-3）。「通信・カタログ販売」の販売額が小売販売額全体に占めるシェアは2.8%（2007年商業統計）にすぎないが，その小売販売額自体が2002年から2007年までの5年間で2.9%減少するなかで29.2%（通販事業のみで16.0%）の成長を遂げている。また駅ナカは，鉄道事業者と同系列のデベロッパーによって運営されるケースが多く，安い地代で豊富な通過交通量にアクセス可能な時間節約型業態といえる。他方，駅構内で生鮮品を含む消費活動が完結する業態の成長は，既存の商業集積に与える

表 1-3　新しい販売形態の成長

小売業の販売形態	小売販売額（十億円）	増減率(2007年／2002年)
小売業計	134,705	− 0.29%
通信・カタログ販売	3,806	29.2%
うち通販専業	2,331	16.0%
駅改札内事業所	234	—

注：「駅改札内事業所」は 2007 年統計より対象とされたため増減率は明らかではない.
（資料：商業統計表により作成）

影響は大きく，新たな利害対立の火種となることも予想される．また，小売業の小商圏化は，必然的に物流などのバックシステムに影響する．コンビニを例に取るまでもなく，小商圏対応業態は一般的に売場面積が狭く，店頭在庫は圧縮されるため，生鮮品をはじめとする在庫回転率の高い品群では，サプライチェーン・マネジメント（SCM）[3]が一層高い水準で要求されるようになる．

　新しい業態開発という試行錯誤が続く一方で，収益性が低い業態や成長が見込めない立地は，短期間のうちに撤退の対象とされる．地域市場を席巻した後に短期間で撤退する「焼畑商業」と揶揄される状況は，今後も都市の内外を問わず頻発すると考えられる．このような地域では，いわゆるフードデザート化が進み，買い物弱者を発生させる．買い物弱者の顕在化は，一方で行商，宅配，コミュニティ（自治体）ショップ，産直市場など新しいニッチビジネスの成長を後押しすることになる．

5. 東日本大震災以降の流通システム

　東日本大震災は，大手流通業を中心とする緊急配送体制の有効性が評価された一方で，大規模な災害に対する流通システムの脆弱性もまた浮き彫りにされ，日本の消費財流通のあり方全体に大きな教訓を与えた．その第 1 は，流通業界全体で高度に進んだオートメーション化による弊害である．POS システムに代表される単品管理や，需要予測に基づく自動発注・納品は，今日のチェーンストアでは一種の常識となりつつある．しかし，震災の影響で電力供給がストップした被災地や，計画停電で電力供給が止まった大都市圏では，POS システ

ムが作動しない店頭で販売業務が大混乱に陥った。POSによる価格管理が普及したため，多くの店舗で商品単品への値札の添付が省略されており，販売価格の確認が取れなくなったためである。また，ダイエーやジャスコなど自動発注が導入されているチェーンでは，二重発注を回避するため，発注した商品が全数納品されない限り次の発注を行うことができないシステムが採用されている。しかし，被災地への商品供給と買いだめが重なって発注量を全数確保できない店舗が続出した際にも，前回発注の全数納品を確認できない情報システムが追加発注を受け付けず，物流拠点に在庫があるにもかかわらず店頭で欠品が続くという齟齬をきたした。また，物流拠点でも，仕分け作業のフルオートメーション化が裏目となり，地震や液状化によるわずかな歪みが，物流拠点の機能を長時間停止させた。

　第2は，配送効率化の前提条件となる物流拠点の集約化がもたらすリスクである。震災直後に大手チェーンストアが発揮した組織的な調達力，配送力は目を見張るものがあったが，こうした企業の多くは，在庫の負担を軽減するため，少数の大規模物流拠点に在庫を集約し，そこから広範囲に末端配送を行うシステムを採用している。たとえばイオンは，東北6県の店舗に配送予定の商品在庫を東北RDC（宮城県大和町）1カ所に集約しており，しまむらも盛岡と福島の2拠点で東北6県分の商品在庫を保持している。このため，物流拠点や周辺の交通網が大きな被害を受けた場合，地方単位で商品供給が停止するリスクをはらんでいる。

　第3は，SCMが抱える脆弱性である。SCMは，平時には非常に効率的な供給システムを実現する反面，災害などの突発事態が発生すると，流通在庫の極小化が進んでいるため，短期間のうちに流通在庫が底をつきやすい。SCM型供給体制のリスクに関する指摘は，新潟中越地震の際に自動車関連産業のJIT型部品納入体制が抱える課題として指摘されてきたが，消費財流通の場合，被災直後の物資供給が被災地における多くの人命を左右するだけに問題はより深刻である。東日本大震災では，被災地周辺や首都圏で震災直後の家庭内備蓄を目的とする「当用買い」が増加した。加えて，原発事故にともなう食の安全性への懸念が関連商品の需要を押し上げたため，水や紙製品など生活必需品の供

給が需要に追いつかないまま店頭在庫が払底し，大きな社会問題へと発展した．今回のような大規模災害の場合，被災地で生活必需品が緊急かつ大量に必要になること，被災地以外の地域でも買いだめが生じることを念頭に置けば，店頭在庫や物流在庫を極限まで切り詰めるSCMの徹底にはリスクマネジメント上の課題が残されているといわざるをえない．

　情報化，集約化，そしてSCMは，それぞれ平時の流通効率化の根幹を支える戦略であり，今後もその高度化が追求され続けることは疑いない．その一方で，人口集中が著しい大都市圏での地震災害を念頭に置いた場合，効率化を多少犠牲にしてでも緊急時の物資供給を念頭に置いた仕組みづくりが必要な時期を迎えている．たとえばイオンは，全国を7つの配送エリアに分割し，流通在庫をそれぞれ1カ所のRDCに集約してきたが，2012年6月までに戦略性の高い商品の在庫を分担する物流拠点を各エリアに配置する1エリア2拠点制への移行を進めている．また，独自の物流システムで被災地に冬物衣料を送り続けたしまむらも，今回の大震災を教訓として，現在，首都圏の流通在庫を管理する桶川（埼玉県），秦野（神奈川県）の2拠点に加えて，第3の物流センターの建設を視野に含んでいる[4]．これまで，配送効率を重視するSCM型の物流をリードしてきた大手チェーンストアが，徐々にでもストックの分散配置を進める方向へ向かうとすれば，日本の消費財流通システム全体にとって大きな方針転換となるだろう．ただ，東日本大震災から日数を経るなかで企業の意識にも微妙な変化が生じており，この点に関しては政府の方針も含めてなお慎重な見極めが必要な段階といえる．

（箸本健二）

[注]
1) 『日経MJ』2010年6月30日付記事による．
2) 米国のマーケティング学者マクネイア（McNair, M. P.）が提唱した小売業態の転換を読み解く理論．革新的な小売業態はディスカウント業態で市場に参入するが，やがて後発企業との差別化を図るために高粗利体質へと転換を余儀なくされる．その結果，新しい革新的な業態が価格競争で市場に参入する余地が生まれるとした．原語はthe wheel of retailing.

3）Supply Chain Management（供給連鎖）．製造，中間流通，販売の各段階を情報システムで結び，市場における販売実績をふまえて，必要な量の商品だけを生産・流通させることで流通システム全体の在庫量を圧縮し，効率的な流通システムをめざそうとする戦略．平時の経営効率化が期待できる反面，流通在庫が極端に圧縮されるため，大規模災害など非常時における一時的な供給不足問題が懸念されている．
4）『日経 MJ』2011 年 5 月 18 日付記事による．

［文　献］
荒井良雄　2007．社会の二極化と小売業態．荒井良雄・箸本健二編『流通空間の再構築』1-17，古今書院．
江崎雄治　2006．『首都圏人口の将来像－都心と郊外の人口地理学』専修大学出版局．
川端基夫　2000．『小売業の海外進出と戦略－国際立地の理論と実態』新評論．
川端基夫　2010．拡大するアジアの消費市場の特性と日本企業の参入課題．経済地理学年報 56：234-250．
鈴木雄高　2011．食品スーパーにおける高齢者の購買の計画性．流通情報 488：46-54．
田村正紀　2008．『業態の盛衰』千倉書房．
宮澤　仁・阿部　隆　2005．1990 年代後半の東京都心部における人口回復と住民構成の変化－国勢調査小地域集計結果の分析から．地理学評論 78：893-912．
向山雅夫　2009．総合量販店の革新性とその変容．石井淳蔵・向山雅夫編著『小売業の業態革新』59-97，中央経済社．
渡辺達朗　2007．まちづくり政策の転換と地域経済－コンパクトシティ化と郊外開発規制の影響を探る．流通情報 460：4-11．

第2章　総合スーパー店舗網の再編成と大都市圏での市場深耕

　イトーヨーカ堂やイオン，ダイエーなど日本の総合スーパーは，高度経済成長期から1990年代まで大都市圏から地方圏へ店舗網を拡大させることで成長を遂げた（安倉1999，山川2004）。しかし，2000年代以降，総合スーパーの出店戦略は一大転換期に差し掛かっている。

　まず第1に，店舗網の縮小再編成があげられる。1990年代までの総合スーパーによる店舗網の再編成は，主に郊外地域への大型店の出店と既成市街地に立地していた中小型店の閉店を同時に行うスクラップ・アンド・ビルドに基づいていた。ところが，2000年代に入ると，総合スーパーのなかには，採算を得ることが困難な地方から撤退するところもあらわれ，より広域なレベルでの店舗網の縮小再編成がみられるようになっている。

　第2に「深耕戦略」が指摘できる。深耕戦略とは，既存の出店地域で異なる業態店舗を展開し，地域市場の新たな需要を掘り起こす戦略を指す。現在，総合スーパーでは，広域型のショッピングセンターから狭域型の食料品スーパーまでの重層的な店舗網を形成しているのをはじめ，既存の総合スーパーからディスカウントストアへの業態転換ならびにネットスーパーのサービスを始めるなどさまざまな展開をみることができる。

　このような総合スーパーによる店舗網の縮小再編成と深耕戦略は，市場として地域を取捨選択する取り組みであるといえる。総合スーパーが，こうした動きを取るに至った背景と，それが実際の地域市場にどのような形で反映されているのかを検証することは，地理学の立場から日本における小売業の方向性を示すうえでも重要なテーマである。そこで本章では，2000年代以降の総合スーパーが，どのような出店戦略を取っているのかについて，①店舗網の再編成，②大都市圏における市場の深耕，の2点から明らかにする。

1. 曲がり角にある総合スーパー

　1990年代以降，総合スーパーが置かれた状況は厳しさを増している。マクロな要因として，少子高齢化にともなう市場の縮小化や消費者需要の多様化，バブル経済の崩壊と2000年代におけるデフレの進展が指摘されている。

　総合スーパーが加盟する日本チェーンストア協会によると，年間商品販売額に占める衣料品および住関連商品の割合は次第に低下しており，2000年代以降，より顕著となっている（図2-1）。対照的に，食料品が年間商品販売額に占める割合は相対的に高い。

　総合スーパーの年間商品販売額に占める衣料品と住関連商品の割合が低下した要因の1つとして，カテゴリーキラーと呼ばれる衣料品や家電製品を扱う専門店チェーンの成長があげられる。これらの業態は1990年代以降，大型店の出店規制が緩和されたことに加えて，きめ細かな商品構成と低価格販売が消費者に広く受け入れられたことが急速な成長につながった（兼子2004, 2007）。他方，総合スーパーにおける衣料品と住関連商品の取り扱いをめぐっては，専門店チェーンに比べて，商品構成ならびに低価格販売による消費者へのアピー

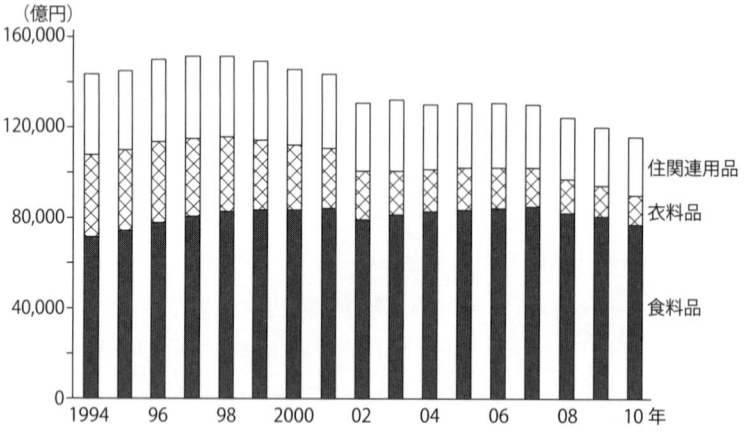

図2-1　日本チェーンストア協会加盟業者における商品別販売額の推移
（資料：日本チェーンストア協会「チェーンストア販売統計」により作成）

ルが弱いという本質的な問題を抱えており，販売促進策として安売りを行っても，消費者からの支持が十分に得られないという問題点が指摘されている（月泉 2009）。これに対して，食料品は店舗の近隣から高頻度の来店者を期待できるために，総合スーパーは安定した集客を得るための手段として，食料品の販売に積極的に取り組むようになったと考えられる。

　さて，2000年代の総合スーパーの営業活動に影響を与える新たな動きと考えられたのが，外国資本の進出とスーパーセンターの展開である。前者に該当するのが，カルフール（フランス）とウォルマート（アメリカ合衆国）の進出である。カルフールは2000年12月から「ハイパーマート」と称する売場面積10,000 ㎡台の直営店舗を8店出店した[1]。これまで日本のスーパー業界において外国資本の参入はなかったために，カルフールの進出に対する内外からの期待は高かった。だが，カルフールは主力商品である食料品の販売に関して消費者からの支持を得られず，国内のスーパーとの競争では劣勢に立たされた。カルフールの日本事業は，第1号店の出店からわずか4年3カ月後の2005年3月，すべての店舗をイオンに譲渡することで幕を閉じた[2]。他方ウォルマートは，2002年3月，経営が悪化していた西友への資本参加を通じて日本に進出した。ウォルマートは西友の店舗において低価格販売を訴求しながら既存店舗の活性化に取り組んでいるものの，現時点ではそれらによって既存の総合スーパーの存立基盤を脅かす段階には達していない[3]。

　次に，スーパーセンターとは，主に農村部においてワンフロアの建物に衣食住の全分野にわたる商品を低価格で販売する業態を指し，1980年代後半のアメリカ合衆国においてウォルマートによって創出された。日本においても，1990年代に北陸や九州に本拠を置く中小小売業者によってスーパーセンターの開発が始まった（後藤 2004）。だが，2000年代以降は，ベイシア（群馬県）やオークワ（和歌山県）のように大都市圏以外の地域でスーパーを展開していたリージョナルチェーンが市場の深耕戦略の一環としてスーパーセンターの新規出店に力を入れている。両社によるスーパーセンターの数はベイシアで42店，オークワで13店を数える[4]。

　2つの事例を比較すると，外国資本の進出に関しては，総合スーパーの営業

活動はほとんど影響を受けなかったといえる。日本の消費者は，生鮮食料品の鮮度に敏感であるとともに，購買に際してアメリカ合衆国で定着しているEDLP（Every Day Low Price：毎日低価格）よりも特売広告を好むなど，固有の特性が存在している。日本に進出した外国資本は，こうした購買習慣をめぐる日本と本国の間で生じるギャップに悩まされた。その結果，国内のスーパーとの競争で優位に立つことができなかった外国資本は，日本からの撤退あるいは苦戦を強いられたのである。

これに対して，スーパーセンターは，総合スーパーの出店があまりみられなかった農村部の消費者を対象に，低価格で日常生活の必需品を数多く扱い，地域市場を独占する形で展開された（後藤2004）。2000年代以降，デフレの進展と同時に農村部ではワンストップショッピングに対する需要が一層高まった。こうしたなか，リージョナルチェーンは，これまでの店舗展開において隙間となっていた農村部を新たな地域市場と位置づけ，ワンストップ・ショッピングと低価格販売の両立を基本とする新たな業態として，スーパーセンターの多店舗展開に取り組むようになったと考えられる。農村部の広がる地域においてスーパーセンターの占有できる市場が残されており，その結果，地方都市の中心部に立地している総合スーパーとスーパーセンターとの競合が今後激しくなることも予想される。

2. 総合スーパーによる店舗網の再編成

ここでは，総合スーパーが，どのような出店・閉店行動を取って店舗網を再編成させたのかを示すために，イオン（イオンリテール・イオン北海道・イオン九州・イオン琉球），イトーヨーカ堂，ダイエーのほか，リージョナルチェーンに属するユニー，イズミ，フジの6社を事例に，地方別の既存店舗および閉鎖店舗の件数を手がかりに検討する（表2-1，表2-2）[5]。なお，既存店舗の分布については大型店の出店規制が緩和された結果，売場面積の大型化が本格的に始まった1990年代以降，閉鎖店舗のそれは2000年代以降に対象を限定した。

2.1　出店地域の拡大と既存店舗の閉鎖

　出店地域の拡大に力を入れたチェーンの例として，イオンとイズミがあげられる。イオンは，大店法の運用が緩和された1990年代以降，大型店の出店に積極的に取り組んでおり，福井県と徳島県を除く45の都道府県に出店するナショナルチェーンとしての地位を固めてきた（図2-2）。イオンの現存店舗は，自社もしくは系列のイオンモールによる開発を含めて広域型ショッピングセンターの核店舗となっているものが多い。1990年代後半以降におけるイオンでは，店舗の閉鎖を継続的に進めているが，そのほとんどが単独店舗の整理によるものである。

　次に，広島県に本社があるイズミは，1990年代以降，広域型ショッピングセンター「ゆめタウン」の開発を通じて，中国地方だけでなく四国および九州

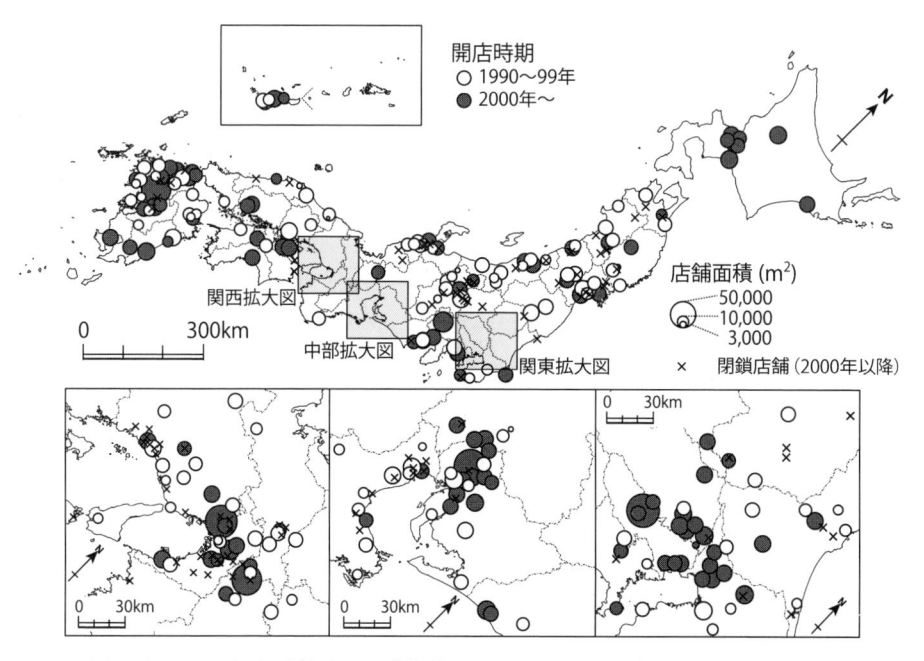

・イオンリテールおよび子会社（イオン北海道・イオン九州・イオン琉球）の店舗を記載した。2011年3月以降は，「イオン」として出店した店舗も含めている。

図2-2　1990年以降のイオン（旧ジャスコ）の出店・閉鎖状況
（資料：商業界編『日本スーパー名鑑』およびイオンリテールのホームページにより作成）

表 2-1　総合スーパーの地方別出店・閉店状況（2011 年 12 月現在：北海道・東北・関東・中部）

a）北海道

		現存店舗の出店年		現存店舗の合計	2000 年代に閉鎖した店舗数
		1990 年代	2000 年代		
チェーンストア名	イオン（旧「ジャスコ」）	0	8	8	0
	イトーヨーカ堂	5	2	7	4
	ダイエー	3	1	4	8
店舗面積	〜 4,999m^2	1	2	3	0
	5,000 〜 9,999m^2	2	0	2	8
	10,000 〜 19,999m^2	5	7	12	4
	20,000m^2 〜	0	2	2	0
	合　計	8	11	19	12

b）東北

		現存店舗の出店年		現存店舗の合計	2000 年代に閉鎖した店舗数
		1990 年代	2000 年代		
チェーンストア名	イオン（旧「ジャスコ」）	16	10	26	16
	イトーヨーカ堂	4	1	5	5
	ダイエー	0	0	0	8
	ユニー	0	1	1	0
店舗面積	〜 4,999m^2	0	1	1	9
	5,000 〜 9,999m^2	4	2	6	15
	10,000 〜 19,999m^2	16	9	25	6
	20,000m^2 〜	0	0	0	0
	合　計	20	12	32	30

c）関東

		現存店舗の出店年		現存店舗の合計	2000 年代に閉鎖した店舗数
		1990 年代	2000 年代		
チェーンストア名	イオン（旧「ジャスコ」）	17	29	46	14
	イトーヨーカ堂	32	34	66	30
	ダイエー	6	2	8	44
	ユニー	11	7	18	14
店舗面積	〜 4,999m^2	3	11	14	22
	5,000 〜 9,999m^2	21	4	25	53
	10,000 〜 19,999m^2	41	46	87	25
	20,000m^2 〜	1	11	12	2
	合　計	66	72	138	102

d) 中部 (山梨・長野・岐阜・愛知・静岡・三重・福井・石川・富山・新潟)

		現存店舗の出店年		現存店舗の合計	2000年代に閉鎖した店舗数
		1990年代	2000年代		
チェーンストア名	イオン(旧「ジャスコ」)	42	26	68	32
	イトーヨーカ堂	7	3	10	11
	ダイエー	1	0	1	20
	ユニー	74	64	138	48
店舗面積	〜4,999m^2	27	24	51	38
	5,000〜9,999m^2	45	17	62	58
	10,000〜19,999m^2	49	46	95	15
	20,000m^2〜	3	7	9	0
合計		124	93	217	111

注:1) 北海道にある旧「ジャスコ」は子会社(イオン北海道),他の地方ではイオンリテールが運営していた.2011年3月以降は「イオン」で出店した店舗も集計している.
2) ユニーについては,「ユーホーム」(ホームセンター)の店舗は含めていない.
3) 現存店舗の出店年のうち,「1990年代」は大店法の運用緩和期(1990〜2000年5月),「2000年代」は大店立地法施行期(2000年6月以降)を指す.
4) イトーヨーカ堂の店舗には,「ザ・プライス」「食品館」の店舗も含む.
5) イオンリテールの小型店舗「まいばすけっと」は含めていない.
(資料:商業界編「日本スーパー名鑑」(2001〜2012年度版)および各社の決算短信により作成)

　地方に出店地域を拡大している.特に,九州地方では1995年以降,鹿児島県以外の県でゆめタウンの出店を行っている[6].イズミが九州地方を新たな市場として重視した事実は,2000年代以降,中国地方の8店よりも多い13店を出店したことからもわかる(表2-2).他方,イズミはドミナントエリア(集中出店地域)である中国地方において単独店舗の閉鎖を進めている.

　出店地域の拡大と同時に,ドミナントエリアにおける深耕戦略を行っているのがユニーとフジである.ユニーの店舗網は東北地方から近畿地方にかけて拡がっているが,ドミナントエリアは中部地方,とりわけ本社が立地する愛知県をはじめ,岐阜県,静岡県,三重県が該当する[7].現在のユニーでは,原則として売場面積10,000m^{2}以上の店舗ならびに広域型ショッピングセンターに対して「アピタ」,同10,000m^{2}未満の店舗ならびに食料品スーパーに対して「ピアゴ」の名称をつけている[8].だが,両業態の出店はほぼドミナントエリアに限定される.2000年代における閉鎖店舗の分布をみても,中部地方の48店中,

表 2-2 総合スーパーの地方別出店・閉店状況(2011年12月現在:近畿・中国・四国・九州および沖縄)

a) 近畿

		現存店舗の出店年		現存店舗の合計	2000年代に閉鎖した店舗数
		1990年代	2000年代		
チェーンストア名	イオン（旧「ジャスコ」）	21	15	36	31
	イトーヨーカ堂	2	8	10	1
	ダイエー	8	0	8	37
	ユニー	1	7	8	0
	イズミ	1	0	1	0
店舗面積	～4,999m²	2	5	7	33
	5,000～9,999m²	6	1	7	20
	10,000～19,999m²	23	20	43	14
	20,000m²～	2	4	6	2
	合計	33	30	63	69

b) 中国

		現存店舗の出店年		現存店舗の合計	2000年代に閉鎖した店舗数
		1990年代	2000年代		
チェーンストア名	イオン（旧「ジャスコ」）	6	3	9	3
	イトーヨーカ堂	2	1	3	0
	ダイエー	0	0	0	10
	イズミ	27	8	35	19
	フジ	11	13	24	5
店舗面積	～4,999m²	12	8	20	22
	5,000～9,999m²	11	4	15	12
	10,000～19,999m²	16	7	23	3
	20,000m²～	7	6	13	0
	合計	46	25	71	37

29店が愛知県に集中しており，ドミナントエリアにおける不採算店舗の整理という性格が強いと考えられる。

　愛媛県で創業したフジの出店地域は，四国地方と中国地方に限定される[9]。フジは，総合スーパーの「フジ」を核店舗とする広域型ショッピングセンター「フジグラン」，食料品スーパーの「ヴェスタ」を核店舗とする近隣型ショッピングセンター「パルティ・フジ」の出店に力を入れてきた。両業態による重層

c) 四国

		現存店舗の出店年		現存店舗の合計	2000年代に閉鎖した店舗数
		1990年代	2000年代		
チェーンストア名	イオン（旧「ジャスコ」）	2	4	6	3
	ダイエー	0	0	0	7
	イズミ	1	3	4	0
	フジ	18	21	39	5
店舗面積	〜4,999m²	6	10	16	5
	5,000〜9,999m²	5	5	10	4
	10,000〜19,999m²	6	9	15	5
	20,000m²〜	4	4	8	1
合計		21	28	49	15

d) 九州および沖縄

		現存店舗の出店年		現存店舗の合計	2000年代に閉鎖した店舗数
		1990年代	2000年代		
チェーンストア名	イオン（旧「ジャスコ」）	18	21	39	5
	ダイエー	7	2	9	26
	イズミ	8	13	21	0
店舗面積	〜4,999m²	3	1	4	4
	5,000〜9,999m²	10	4	14	14
	10,000〜19,999m²	15	16	31	13
	20,000m²〜	5	15	20	0
合計		33	36	69	31

注：1) フジについては，「ピーエフ」（衣料品専門店）の店舗は含めていない．
　　2) 九州および沖縄にある旧「ジャスコ」は子会社（イオン九州・イオン琉球），他の地方ではイオンリテールが運営していた．2011年3月以降は「イオン」で出店した店舗も含めている．
（資料：商業界編「日本スーパー名鑑」（2001〜2012年度版）および各社の決算短信により作成）

的な出店は，主に店舗密度が高い愛媛県と広島県でみられる．閉鎖店舗は10店を数えるが，そのなかには旧ダイエーの閉鎖店舗跡に入居したものの，わずか5年で閉鎖したものも含まれる[10]．

　ここまで記した4社に共通するのは，ショッピングセンターを開発しながら店舗網の再編成に取り組んだ点である．4社は，大店法の運用緩和とまちづくり3法の施行を企業規模ならびに出店地域を拡大させる好機と捉えた．そのう

えで，4社は郊外地域を主な出店先に選び，売場面積の大型化をともなう新規出店に力を入れる反面，競争力が低下した店舗を閉鎖する形で店舗網の再編成に取り組んだ。しかし，4社の主力業態である総合スーパーは，先述のように，専門店チェーンとの競争から衣料品と住関連用品の売上高は低下している。そこで4社は，外部テナントからの賃料収入を得ながら集客力を高めることができるショッピングセンターの開発に力を入れ，その核店舗として自社の総合スーパーあるいは食料品スーパーを入居するようになったと考えられる。

2.2　出店地域の縮小と店舗網の再編成

　以上に記した店舗網の拡大を図った企業とは対照的に，イトーヨーカ堂とダイエーは，2000年代以降，店舗網の縮小再編成に取り組んでいる（図2-3，図2-4）。まず，イトーヨーカ堂は2000年代に関東地方へ出店した34店の大半が東京都，埼玉県，神奈川県，千葉県の東京大都市圏に限定されており，ドミナントエリアとして1都3県に深耕を図る姿勢が明瞭になっている。この点については，3.1で詳しく検討する。

　他方，閉鎖店舗は関東地方のほか北海道，東北，中部，近畿の各地方で確認できる。イトーヨーカ堂は，1970年代後半から1980年代にかけて，これらの地方に出店地域を拡げることで企業規模を拡大させた。しかし，関東地方以外でのイトーヨーカ堂の店舗数は少なく，チェーンストアとして効率的な店舗運営を取っているとは言い難い状況であった[11]。こうしたなか，イトーヨーカ堂は2009年10月，中間決算で赤字を計上したことを契機に，不採算店舗の閉鎖を発表した[12]。

　ダイエーの閉鎖店舗は，すべての地方でみられる。ダイエーの経営は1990年代後半の段階で，連結で1兆円を超す有利子負債を抱えていた。そのため，他社のように大型店の新規出店は困難であり，不採算店舗の閉鎖を余儀なくされた。この動きに拍車をかけたのは，2004年の産業支援機構による再建支援の受け入れであった。産業支援機構からの要請に基づいて，ダイエーは北海道，関東，近畿，九州の各地方に店舗網を縮小再編成した結果，ナショナルチェーンからリージョナルチェーンに転じたのである[13]。

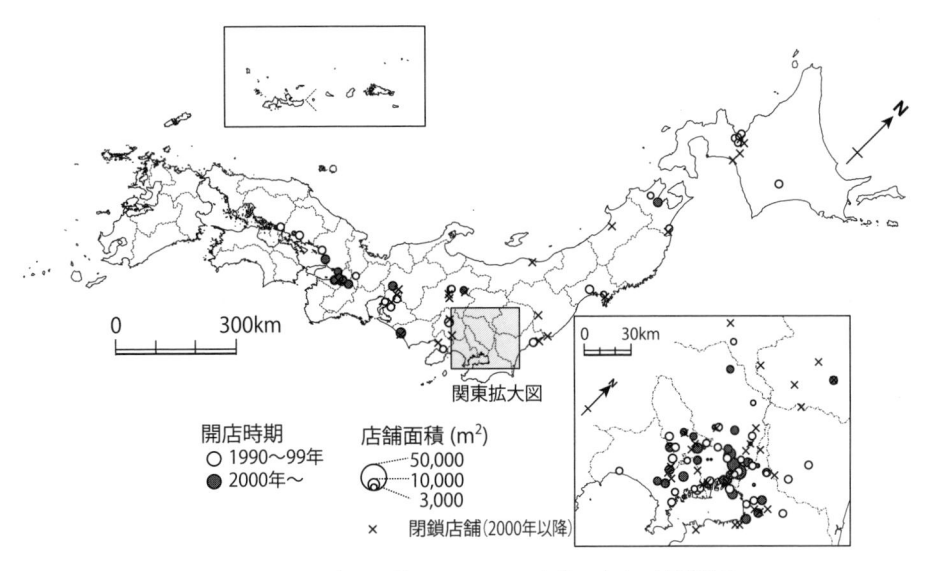

第 2 章　総合スーパー店舗網の再編成と大都市圏での市場深耕　25

図 2-3　1990 年代以降のイトーヨーカ堂の出店・閉鎖状況
(資料:商業界編「日本スーパー名鑑」およびイトーヨーカ堂のホームページにより作成)

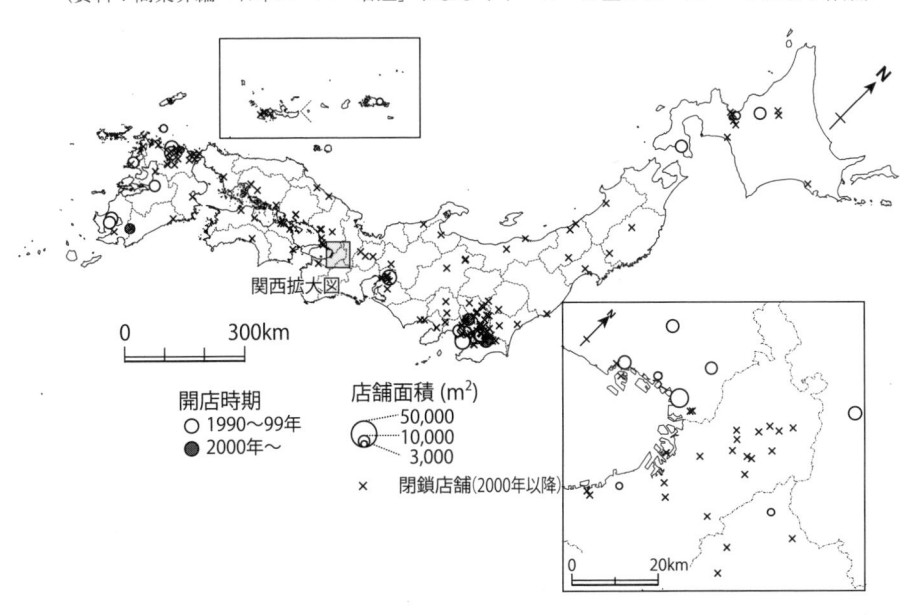

図 2-4　1990 年代以降のダイエーの出店・閉鎖状況
(資料:商業界編「日本スーパー名鑑」およびダイエーのホームページにより作成)

1990年代まで総合スーパーの売上高で最上位にあったイトーヨーカ堂とダイエーが店舗網を縮小させていることは，2000年代における総合スーパーの出店・閉店行動を考えるうえでもきわめて重要な出来事である。しかし，両社が取った行動の背景は大きく異なる。まず，イトーヨーカ堂の場合は，東京大都市圏をドミナントエリアと位置づけることで，効率的な店舗運営と集客力の強化を図り，チェーンストアの原点に回帰しようとする戦略的な性格が強い。これに対して，ダイエーによる店舗網の縮小再編成は，有利子負債の増加という深刻な経営悪化に直面するなか，もはや産業支援機構による支援という国策に基づく強制的な手段を取らない限り，経営再建が困難な状況のなかで選択された特異なものであったといえる。

3. 東京大都市圏における総合スーパーの市場深耕戦略

　現在，総合スーパーの出店をめぐっては，少子高齢化の進展や消費不況といった市場環境の変化や，2006年の都市計画法の改正にともない，総合スーパーを核店舗とする広域型ショッピングセンターの立地が難しくなっているために新たな対応が迫られている。こうしたなか，総合スーパーは，大都市圏のなかでも，2010年の国勢調査で日本の総人口の27.8%を占める東京大都市圏を対象に，その巨大な地域市場の特性を生かして，単独店舗にこだわらない多様な出店戦略を取ることで市場の深耕を図る試みを開始している。以下では，イトーヨーカ堂とイオンを事例に，市場深耕戦略の方向性を検討する。

3.1　イトーヨーカ堂の多業態戦略

　イトーヨーカ堂は，2000年代前半まで総合スーパーによる単独出店を基本としており，他社に比べて総合スーパー以外の業態開発は立ち後れていた。しかし，2000年代後半以降のイトーヨーカ堂は，新たに広域型ショッピングセンターの開発と小型店の出店，ならびに既存店舗の活性化策としてディスカウントストアへの業態転換に取り組むことで，東京大都市圏における深耕戦略を明確に打ち出している。

表 2-3　イトーヨーカ堂の広域型ショッピングセンター「Ario」の概要（東京大都市圏）

施設の名称	施設の所在地	開店年月	店舗面積（全体：m^2）	店舗面積（イトーヨーカ堂：m^2）	専門店の総数	従前の土地利用
蘇我	千葉市中央区	2005 年 4 月	34,096	15,254	86	工場
川口	埼玉県川口市	2005 年 11 月	26,000	14,650	104	工場
亀有	東京都葛飾区	2006 年 3 月	42,120	内訳不明	123	工場
西新井	東京都足立区	2007 年 11 月	31,000	内訳不明	111	工場
北砂	東京都江東区	2010 年 6 月	31,500	14,500	119	貨物駅
橋本	相模原市緑区	2010 年 9 月	45,000	15,000	136	工場
深谷	埼玉県深谷市	2010 年 12 月	22,274	11,300	77	既存店舗

（資料：商業界編「日本スーパー名鑑 2012 年度版」および各施設のホームページにより作成）

　広域型ショッピングセンターの開発は，「Ario」の名称で 2005 年から行われている（表 2-3）。東京大都市圏において Ario は 7 店立地しているが，各店舗の面積は約 20,000～40,000m^2 に達する。イトーヨーカ堂以外のテナントも 100 店前後に達し，当該地域における小売活動の核となっている。従前の土地利用をみると，既存店舗を建て替えた深谷店を除いて工場や貨物駅となっており，産業構造や交通体系の変化に対応した再開発の一環として，ショッピングセンターの開発に取り組んだことがわかる。

　食料品スーパーは「食品館」の名称で展開している。食品館は，2006 年から主に「ららぽーと」など外部のショッピングセンターにテナントとして出店していたが，その売場面積は 2,000～3,000m^2 台であり，大型食料品スーパーとしての性格が強かった。小型店としての食品館の第 1 号店が 2010 年 10 月に出店した阿佐谷店（東京都杉並区）である。同店の売場面積は 900m^2 であり，高級食材の品揃えを重視することで他社との差別化を図ろうとしている[14]。だが，イトーヨーカ堂の小型店は，2011 年 12 月現在で阿佐谷店を含めて東京 23 区に 3 店しかなく，現時点では多店舗展開を進める段階には達していない。

　既存店舗を業態転換したディスカウントストアには，「ザ・プライス」の名称がつけられた。ザ・プライスは，2008 年 8 月，東京都足立区の西新井店を第 1 号店とし，2009 年 11 月までに 11 店が出店した（表 2-4）。新設店であるせんげん台店（埼玉県越谷市）を除く既存店舗 10 店の開店年次をみると，イトー

表 2-4　イトーヨーカ堂のディスカウントストア「ザ・プライス」の店舗一覧

店舗の名称	店舗の所在地	「ザ・プライス」としての開店年月	業態転換前の店舗の開店年月	「ザ・プライス」の店舗面積(m²)	取扱商品の範囲
西新井	東京都足立区	2008年8月	1968年6月	3,300	衣食住
川口	埼玉県川口市	2008年11月	1970年12月	1,590	食料品のみ
鎌ヶ谷	千葉県鎌ヶ谷市	2009年3月	2006年4月	1,790	食料品のみ
西川口	埼玉県川口市	2009年3月	1974年5月	1,580	食料品のみ
五香	千葉県松戸市	2009年3月	1972年11月	5,410	衣食住
蕨	埼玉県蕨市	2009年4月	1970年6月	5,390	衣食住
東松山	埼玉県東松山市	2009年4月	1977年6月	6,780	衣食住
鶴ヶ峰	横浜市旭区	2009年6月	1984年3月	5,400	衣食住
滝山	東京都東久留米市	2009年7月	1980年2月	4,900	衣食住
千住	東京都足立区	2009年7月	1945年12月	4,100	衣食住
せんげん台	埼玉県越谷市	2009年11月	新　設	2,900	食料品・日用品

(資料：商業界編「日本スーパー名鑑2012年度版」およびセブン&アイ・ホールディングス，イトーヨーカ堂のホームページにより作成)

　ヨーカ堂の第1号店である千住店の1945年から鎌ヶ谷店の2006年まで幅広いが，おおむね1960年代後半から1980年代までに建てられた古い店舗から構成される。
　イトーヨーカ堂にとって，東京大都市圏はドミナントエリアであるとはいえ，地域市場で同業他社との競争が激化するなか，既存店舗をどのように存続させるのかが重要な課題であった。そのなかで，前述したディスカウントストアへの業態転換は，総合スーパーとしては採算が見込めないものの，低価格販売を通じて集客力を回復させる取り組みとして，総合スーパーの間では1980年代から導入されてきた（高山・販売革新編集部 1989）。したがって，イトーヨーカ堂からザ・プライスへの業態転換は，決して目新しいものではない。だが，デフレが進む現在，総合スーパーに対して低価格販売を求める消費者の需要は根強い。イトーヨーカ堂によるザ・プライスへの業態転換は，こうした消費をめぐる環境変化に対応した取り組みとみなされる。
　もう1つ，イトーヨーカ堂が既存店舗の維持を図るために取った戦略として，2001年から展開が始まったネットスーパーがあげられる（第3章を参照）。インターネットを通じて，店舗の商品を宅配で購入するネットスーパーは，子育

て中の主婦など買物目的で外出することが困難な消費者による利用が期待される。イトーヨーカ堂によるネットスーパーの展開は，顧客の範囲を来店者以外にも拡げることで，商圏内における新たな需要の掘り起こしを図る点でも有益な戦略と位置づけられる。

3.2 イオンによる小型食料品スーパーの大量出店

前節でみたように，これまでイオンは広域型ショッピングセンターの核店舗を中心とする大型店の出店に注力していた。しかし，2005年においてイオンは，大型店の出店と同時に小型店の開発を始め，その一環として横浜市保土ヶ谷区に「まいばすけっと」と称する小型食料品スーパーの第1号店を出店した[15]。

まいばすけっとの売場面積は，基本的に約50坪（165m^2）前後となっており，店舗形態としてはコンビニに類似する。しかし，①営業時間が7時（あるいは8時）から23時までに限定される，②売上高に占める生鮮食料品の割合が約30%を占める，③商品の価格設定が総合スーパー（イオン）や食料品スーパー（マックスバリュ）に準じる，の3点から販売戦略においてはコンビニとは異なる性格をもつ。

図2-5からまいばすけっとの出店状況をみると，東京23区と川崎市，横浜市に出店地域が限定されている。2011年12月現在の店舗は238店を数えるが，区別の出店件数では東京都大田区の36店が最も多く，以下，大田区に隣接する川崎市川崎区の18店，東京都品川区の17店と続く。詳細にみると，2000年代後半と2010年以降の2つの時期に大別できる。まず，2000年代後半においては，東京都大田区をはじめ，川崎市と横浜市での出店件数が多く，ドミナントエリアが形成されている。2010年以降になると，出店地域は東京23区へシフトしており，2011年には新たに都心部である中央区をはじめ，江東区や墨田区への出店がみられる。

まいばすけっとの商圏は，基本的に半径300m以内でかつ2,000世帯以上に設定されている[16]。また，「居抜き物件」と呼ばれるマンションやビルの1階を出店先に選ぶことで建設にかかる初期投資を抑えることができるために，短期間での大量出店につながる。こうしたなか，2011年に進出した東京都中央

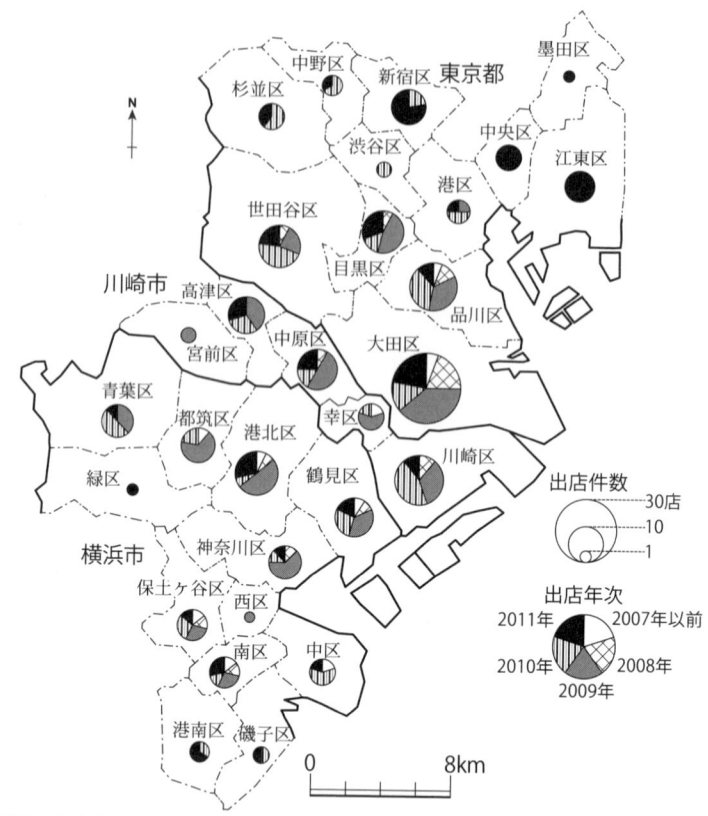

図2-5 「まいばすけっと」の区別店舗数（2011年12月）
（資料：商業界編『日本スーパー名鑑2012年度版』および
イオンリテールホームページにより作成）

・店舗の出店がある区部のみ記載した．

区では，オフィス街である日本橋に5店が出店しており，店舗周辺の居住者だけではなく，昼食を購入するオフィス就業者の利用という新たな需要が生じている。このように，まいばすけっとの出店先ならびにターゲットとなる顧客層は，今後より多様化することが予想される。

3.3 「脱・総合スーパー」に向けた店舗展開の方向性

　2000年代後半以降の東京大都市圏におけるイトーヨーカ堂とイオンによる新しい店舗展開の方向性を比較すると，いくつかの異なる業態を重層的に展開しているイトーヨーカ堂と，大都市の既成市街地に出店先を限定した小型食料品スーパーを通じて小商圏の地域市場を重視するイオンという対照的な行動を読み取ることができる。

　イトーヨーカ堂の深耕戦略は，新規出店と既存店舗の業態転換をうまく組み合わせている点に特徴づけられる。まず新規出店をみると，総合スーパーの単独店舗以外にも広域型ショッピングセンターをはじめ，数は少ないものの食料品スーパーまで，商圏に応じた業態の内容は多様である。既存店舗においても，開店年次が古い店舗を対象とした総合スーパーからディスカウントストアへの業態転換ならびにネットスーパーの展開にも取り組んでいる。このようなイトーヨーカ堂による重層的な店舗展開は，土屋（1995）が取り上げた生協の事例と類似しており，大型店をもつチェーンストアがドミナントエリアにおける勢力の維持と多様な消費者の需要を満たすために取った手段として有効なことが確認できる。

　これに対して，まいばすけっとの事例からは，イオンによる東京大都市圏の出店戦略が広域商圏から小商圏を重視する方向に転換したことを示した点で地域市場に与えた影響は大きい。2.1で述べたように，イオンは広い用地が確保できる郊外地域あるいは既成市街地の工場跡地に広域型ショッピングセンターを出店する戦略を取り続けた。こうしたビジネスモデルは，大型店の自由出店が可能であった1990年代から2000年代前半までは，集客力を高めるための手段として確立されていた。しかし，2006年に改正された都市計画法では，床面積10,000m^2の施設に対する立地規制が強化されたために，イオンが得意としてきた広域型ショッピングセンターによる出店が難しくなった（第11章を参照）。また，少子高齢化により市場が縮小するなか，広域型ショッピングセンターの出店は飽和状態になりつつあった。このように，広域型ショッピングセンターに替わる業態の開発を模索していたイオンにとって，最寄性の強い食料品スーパーは，総合スーパーに比べて出店の自由度が高い業態と位置づけら

れた。イオンは1990年代後半以降，子会社を通じて「マックスバリュ」による食料品スーパーの全国展開を続けた。しかし，その多くは，自動車での利用を前提とする近隣型ショッピングセンターの核店舗として郊外地域に出店する傾向にあった。したがって，イオンにとって大都市内部の既成市街地は，人口密度の高さから食料品に対する潜在的な需要がみられる有力な地域市場であるにもかかわらず，大型店の展開が難しい未開拓地域であった。こうした状況をふまえて，イオンが地価の高い大都市の既成市街地で，まいばすけっとを大量出店したことは，短期間で当該地域におけるシェア拡大を図ったものとして位置づけられる。

イトーヨーカ堂とイオンにおける東京大都市圏への店舗展開をまとめると，両社の深耕戦略そのものが大きく異なっており，業態としての総合スーパーに依存しないビジネスモデルの構築に向けて，試行錯誤の段階にあることが確認できた。

4. 総合スーパーのゆくえ

大都市圏で誕生し，地方圏に店舗網を拡げることで成長を続けた日本の総合スーパーは，1990年代以降に急成長した専門店チェーンとの競争に直面するなか，衣食住の全分野にわたる商品構成を通じて集客力を高めるというビジネスモデルが崩れた。その結果，2000年代以降の総合スーパーの店舗展開は，業態としての総合スーパーを単独出店するのではなく，ショッピングセンターの核店舗や食料品スーパーによる出店などの業態転換を迫られている。また，店舗網についても，地域市場に対する選択と集中の視点から縮小再編成を選択する企業も珍しくない。さらに，人口が多い大都市圏においても，総合スーパーは，従来からみられる大型店だけではなく，小商圏に対応した小型店の出店にも力を入れざるを得なくなっている。このことから2000年代以降，現在にかけて総合スーパーは，地域市場での生き残りを図る必要性に迫られた厳しい状況にあるといえる。

しかし，業態としての総合スーパーが，このまま衰退の一途をたどるとは限

らない．たとえば商業統計表によると，2002年に比べて2007年の「中型総合スーパー」[17]の売上高が増加している．このことは，中型総合スーパーが，地域によっては消費の場としてふさわしい業態であることを示唆している．この考えに当てはまると思われるのが大都市圏のなかでも人口密度が高く，かつ公共交通機関が発達している地域である．ここでは，公共交通機関のほか徒歩や自転車を利用して近隣からの来店者が多く集まる．少子高齢化が進むなか，適度な品揃えをもつ中型総合スーパーは，小商圏に適した業態の1つとして再評価されるべきである．

(安倉良二)

[注]
1) 日本においてカルフールは，関東地方に3店（千葉市美浜区・町田市・狭山市），近畿地方に5店（箕面市・東大阪市・和泉市・尼崎市・明石市）の計8店を出店した．
2) イオンはカルフールの日本撤退後も，旧カルフールの店舗において2010年3月まで「カルフール」の屋号で営業を続けていたが，その後は「イオン」に店舗の名称を変更した．
3) 西友は2008年にウォルマートの完全子会社となった．
4) ベイシアは2011年9月，オークワは2011年12月時点の数値である．
5) これまで「ジャスコ」の出店を続けたイオンリテールは2011年3月に「サティ」を出店してきたマイカルを吸収合併して現在に至る．しかし，本節では合併前の店舗については，子会社を含めて旧「ジャスコ」として出店したもののみを分析対象とした．
6) 九州地方に出店したイズミの店舗のなかには，2002年に経営破綻したニコニコ堂（熊本県）から譲渡された4店も含まれる．
7) ユニーは，前身である「ほていや」の店舗が名古屋市と横浜市の2カ所にあったために，その店舗網は両都市を結ぶ形で形成されていた（経済界ポケット社史編集委員会，1991）．
8) 「ピアゴ」の名称は，従前のユニーによる中型店「ユニー」のほか，2008年に合併した旧ユーストアの店舗につけられた．
9) フジは，1967年に愛媛県宇和島市に第1号店を出店し，愛媛県内で店舗網を形成した後，1981年広島県への進出により中国地方に出店地域を拡げた．
10) 2003年に開店し，2008年に閉鎖したフジグラン丸亀中府店が該当する．
11) ただし，系列の食料品スーパーであるヨークベニマルは，東北地方南部においてドミナント展開している．

12）『日本経済新聞』2009 年 10 月 1 日付朝刊記事による．
13）産業再生機構は再生支援受け入れの条件として，ダイエーに対して店舗数が少ない東北（仙台店を除く），中国，四国の各地方と沖縄県からの全面撤退を求めた（箸本 2008）．
14）『激流』2011 年 4 月号記事による．
15）以下，まいばすけっとの動向に関しては，『食品商業』2009 年 8 月号特集記事および『激流』2011 年 4 月号，『販売革新』2011 年 1 月号記事を参考にまとめた．なお，イオンリテールは 2012 年 1 月，まいばすけっとの事業を分社化した．
16）『激流』2011 年 4 月号記事による．
17）『商業統計表・業態別集計編』では，「大型総合スーパー」と「中型総合スーパー」の売場面積の境界を 3,000m^2（東京 23 区および政令指定都市では 6,000m^2）としている．

［文　献］
兼子　純　2004．ホームセンター・家電量販店の競合．荒井良雄・箸本健二編『日本の流通と都市空間』173-191，古今書院．
兼子　純　2007．ローコスト・オペレーション業態の空間特性．荒井良雄・箸本健二編『流通空間の再構築』35-51，古今書院．
経済界ポケット社史編集委員会　1991．『ユニー』経済界．
後藤亜希子　2004．消費空間の「二極化」と新業態の台頭－高質志向スーパーとスーパーセンター－．荒井良雄・箸本健二編『日本の流通と都市空間』235-253，古今書院．
高山邦輔・販売革新編集部編　1989．『日本チェーンストア物語』商業界．
月泉　博　2009．『ユニクロ VS しまむら』日本経済新聞出版社．
土屋　純　1995．生協の商品供給にみる空間の組織化－コープこうべの場合－．人文地理 47：291-305．
箸本健二　2008．流通・制度・都市空間－競争スキームの変化と地域への影響－．人文地理 60：70-75．
安倉良二　1999．大店法の運用緩和に伴う量販チェーンの出店行動の変化－中京圏を事例に－．経済地理学年報 45：196-216．
山川充夫　2004．『大型店立地と商店街再構築－地方都市中心市街地の再生に向けて－』八朔社．

第3章　食品宅配事業の多様化とネットスーパー

　近年，消費者の自宅に商品を届ける宅配事業を導入する企業が増えている。スーパー各社はインターネットで注文を受けた商品を店舗から宅配するネットスーパーを相次いで導入し，外食チェーンは店舗で調理した商品を宅配する事業に参入している。他方，居酒屋チェーンや食品メーカーが弁当宅配事業に参入するなど，さまざまな業態の企業が宅配事業に参入している。さらに，食品宅配の市場規模は年々拡大しており，2010年度の市場規模は1兆6,806億円と推計されている[1]。
　このような状況を背景に，本章では2つの問題を考えてみたい。第1は，宅配事業を導入する企業が増えている理由である。チェーンストアは消費市場に対して低価格で商品を供給するために効率化を追求してきた業態であるが，宅配事業は，個々の顧客に商品を配達することを考えると，必ずしも効率的な事業ではない。それにもかかわらず，宅配事業を導入する企業が増えている理由はどこにあるのだろうか。第2は，宅配事業の空間的な特徴である。宅配事業が普及し多様化することは，消費者の購買行動に大きな影響を与える可能性がある。そのため，宅配事業の空間的特徴を明らかにすることは，今後の流通空間のあり方を考える基礎となる。
　以上を踏まえて，まず，多様化する宅配事業とその背景について検討する。後半では，2000年代後半から注目が集まっているネットスーパーを事例に，宅配事業を空間的な視点から検討する。そのうえで，小商圏時代の流通システムの一形態としての宅配事業の社会的意義について考えてみたい。

1. 多様化する宅配事業とその背景

1.1 宅配事業の類型

　食品の宅配事業は，飲食店による出前から，生協（生活協同組合）や有機農産物の宅配事業，料理宅配チェーンなど，さまざまな事業主体によって行われてきた。しかし，近年では，宅配専門の事業主体のみならず，スーパーやコンビニなどのチェーンストア，ファミリーレストランやファストフードなどの外食チェーンや食品メーカーなど，さまざまな業態の企業による食品宅配事業への参入が活発化し，その内容も多様化している。

　まず，各種の食品宅配事業を比較した表3-1をもとに，宅配事業の類型を整理しよう。有機農産物宅配は，有機農産物や農薬や化学肥料の使用を減らした農産物などの高付加価値食品の宅配事業である。宅配の方法は，A社とB社では自社便でルート配送を行っており，消費者にとっては1週間に1回の宅配である。配送ルート以外の地域では，両社とも宅配便を利用して商品を配送している。

　生協（C社）の宅配も，独自の栽培基準を満たした産直品などの高付加価値の農産物を中心に取り扱っている。生協の特徴は，食品以外にも，日用雑貨などの幅広い品揃えをしている点である。また，宅配は自ら運営するルート配送であり，組合員は1週間前に商品を注文する。このように，有機農産物宅配や生協の宅配は，高付加価値商品を扱う一方で，ルート配送を採用しているため，発注してから商品が家に届くまでのリードタイムが長い。

　一方，単に食材を販売するのではなく，食事のメニューを提案し，そのメニューに必要な食材を宅配する食材宅配事業もある。たとえば，D社の食材宅配事業では，カタログに1週間分のメニュー，原材料，調理方法などが記載されており，利用者はカタログをみて，週1回，翌1週間分の商品を注文する。注文された食材は毎日宅配される。

　以上のような宅配事業を中心とした企業だけではなく，近年では，他業態による食品宅配事業への参入が進んでいる。たとえば，外食産業では，ファミリーレストランやファストフードが，店舗で調理した料理などを届ける宅配事

表 3-1　宅配事業の類型

種類	有機農産物宅配（A社）	有機農産物（B社）	生協（C生協）	夕食食材宅配（D社）	外食チェーン（E社）	ネットスーパー（F社）
取扱商品	有機農産物,無添加食品等	有機農産物等	産直品,食品,雑貨等	夕食の食材(野菜,魚,肉等)	店舗で調理した弁当等	店舗で販売している商品
注文方法	インターネット,注文用紙	インターネット,電話,ファックス	インターネット,注文用紙	インターネット,電話,ファックス,注文用紙	インターネット	インターネット
支払方法	口座引落	口座引落,クレジットカード	口座引落	口座引落,代金引換,クレジットカード	代金引換	代金引換,クレジットカード
実店舗	なし	あり	なし	なし	あり	あり
配送方法	自社便（ルート配送）,宅配便	自社便（ルート配送）,宅配便	自社便（ルート配送）	自社便（ルート配送）	自社便（バイク）	自社便（店舗から配送）
宅配エリア※	全国	全国	全国	全国	店舗周辺	店舗周辺
宅配料金	数百円	数百円	数百円	0円	0円（注文は1500円以上）	数百円（一定額以上購入で無料）
リードタイム	1週間	4～5日	1週間	1週間	約1時間	当日中（最短3時間）
注文単位	定期	定期,その都度	定期	定期	その都度	その都度

注：1) 2012年2月現在.
　　2) 同じ業態でも，企業によって内容は異なる.
　　3) ※「全国」は，配送できない地域もある.
（資料：各社ホームページにより作成）

業を導入している．具体的には，すかいらーくグループのガストやジョナサン，リンガーハットグループ，カレー専門店のCoCo壱番屋などが宅配事業を実施している．一方，ケンタッキー・フライドチキン，フレッシュネスバーガーやモスバーガーなどのハンバーガーチェーンでも同様のサービスが導入されており，2010年12月にはマクドナルドも宅配事業に参入した．これらの外食チェーンによる宅配事業の特徴は，注文は随時であり，注文後1時間程度で店舗にて調理された料理が宅配され，宅配エリアが店舗周辺地域に限定されていることである．

このような食事の宅配に関して，居酒屋チェーンを展開するワタミは2008年に，食品メーカーのニチレイは2006年に，それぞれ弁当や総菜の宅配事業に参入している。これらの事例の特徴は，栄養バランスに考慮し，カロリーや塩分量を一定基準以下に抑えた弁当や総菜を品揃えし，高齢者や健康管理を気にする消費者をターゲットにしている点である。

　一方，小売業界では，いわゆるネットスーパーに参入する企業が増えている。ネットスーパーとは，インターネットで受注し，店舗などから商品を宅配する事業である。ネットスーパーについては，次節で詳細に紹介する。

1.2　食品市場をとりまく環境の変化

　宅配事業に参入する企業が増える背景には，食品市場をとりまく環境の変化があると考えられる。本稿では，食品市場をとりまく環境の変化と宅配事業との関係を「業界を超えた競争と市場の飽和」「世帯構造の変化」「インターネットの普及」の3点から検討したい。

　食品産業をとりまく環境変化として重要なことは，まず，「業界を超えた競争と市場の飽和」である。食事は，食材を購入して家庭で調理をする「内食」，飲食店で食事をする「外食」，総菜や弁当などを購入して家庭で食事をする「中食」に分けることができる。食品の消費量が限られているなかで，食品を取り扱う各企業は，外食，中食，内食の枠を超えて競争している。たとえば，消費者は夕食を選ぶ際に，ファミリーレストランで食事をする（外食），スーパーやコンビニや弁当チェーンで弁当や総菜を購入して自宅で食べる（中食），スーパーで食材を購入して自宅で調理して食べる（内食），などの選択肢がある。このように，食品という観点からいえば，スーパーやコンビニ，弁当チェーン，外食チェーンは競合関係にあり，各業界のなかで競争しているだけでなく，他の業界の企業や他業態との競争にさらされている。

　さらに，小売・外食産業の市場は飽和状態にある。図3-1は小売・外食産業の市場規模の推移を示したものである。両産業ともにその市場規模は1990年代半ばまで成長してきたが，1990年代後半以降は縮小している。加えて，日本は人口減少・高齢化社会に突入しており，今後も国内市場規模の拡大は望め

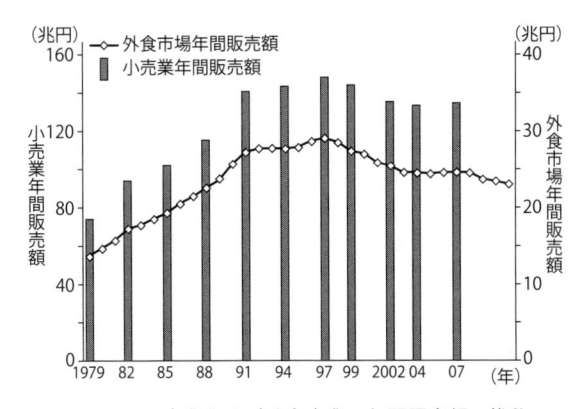

図3-1 小売業および外食産業の年間販売額の推移
(資料:「商業統計表」,「外食産業統計資料集」により作成)

ない。このような業界を越える競争と市場の飽和という環境のなかで,小売・外食産業は,店舗で商品を販売するだけではなく,宅配事業に参入することによって新たな市場の獲得に乗り出したと考えられる。

次に,「世帯構造(家族構成)の変化」である。図3-2は日本の世帯構造の変化を示したものである。スーパーや外食チェーンが成長した1980年代は,「夫婦と子から成る世帯」が一般世帯総数の40%を超えていた。しかし,その割合と数は,1990年代以降減少し続け,2005年は29.9%まで下がった[2]。その一方で,いわゆる一人暮らしである「単独世帯」は増加し続け,「単独世帯」と「夫婦のみ世帯」を合わせた少人数の世帯の割合が,2005年に50%を超えている。また,「夫婦のみ世帯」は,世帯数は今後ほぼ横ばいで推移するものの,その中に占める「世帯主が65歳以上の世帯」の割合は増加し続け,今後は60%程度で推移する。つまり,「夫婦のみ世帯」の約60%が高齢者世帯となる。このように,日本の家族構成においては,小規模化・高齢化した世帯の割合が増えており,今後も増え続けると推計されている。

このような世帯構造(家族構成)の変化にともなう消費者ニーズの変化に対して,小売・外食産業は対応していく必要があり[3],その手段の1つとして宅配事業が位置づけられるのではないだろうか。たとえば,前節で紹介した宅配事業は,買物の代行や食事準備の代行,栄養管理サポートなどのニーズに対応

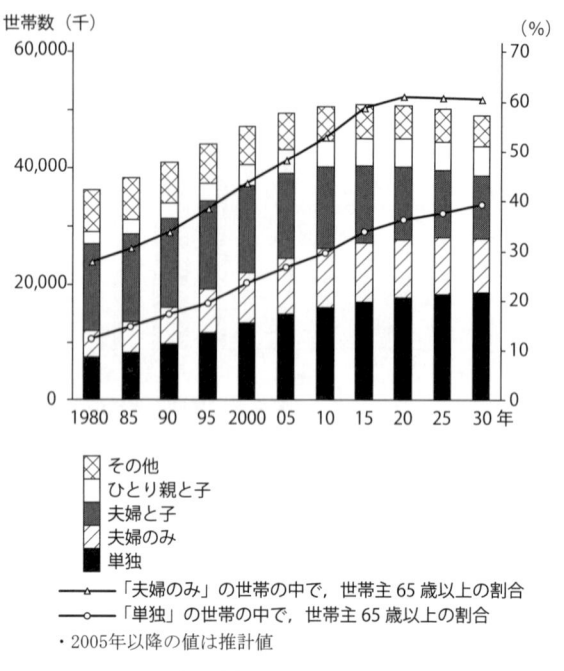

図3-2 世帯の家族類型別一般世帯数の推移
(資料:国立社会保障・人口問題研究所「日本の世帯数の将来推計(全国推計)」(2008年3月推計)により作成)

している。

　最後に,「インターネットの普及」も宅配事業への参入を加速させた1つの要因である。日本におけるインターネット利用者数は,2001年末に5,593万人であったのに対し,2009年末では9,408万人と推計されている[4]。インターネットの普及にともなって,インターネット通信販売(ネット通販)の市場規模は年々拡大しており,2006年の市場規模は4.4兆円であったが2010年には7.8兆円に拡大している[5]。ネットスーパーをはじめとして,多くの宅配事業が受発注手段にインターネットを採用している(表3-1)。さらに,インターネットの普及は,小売・外食産業の宅配事業への参入を促進しただけではなく,小売店舗を持たない食品メーカーが直接消費者に販売する宅配事業への参入障壁を下げた。

インターネットの普及が食品宅配事業に参入する企業の増加につながる要因として，ネット通販の特性がある。ネット通販は，紙媒体のカタログ通販に比べると，カラーの画像や動画などを低コストで掲載することができるため，消費者に提供できる情報量が多い。さらにネット通販は，商品情報をリアルタイムに更新することが容易である。これらのことから，日常的に価格や数量が変化したり，品切れが発生する食料品の通信販売にはネット通販が適している。

2. ネットスーパーの時間と空間

本節では，宅配事業のなかでも，2000年代後半から注目が集まっているネットスーパーの仕組みと特徴について詳しく検討する。以下，各社のネットスーパーのホームページの情報と，ネットスーパーを導入している企業に対して実施したアンケート調査[6]をもとにネットスーパーの概要を整理しよう。

2.1 ネットスーパーとは

ネットスーパーとは，消費者がスーパーのホームページで商品を購入し，スーパーがその商品を宅配するものである。ネットスーパーは，その仕組みから「店舗型」と「倉庫型」[7]に分けられる。店舗型とは，店舗に陳列されている商品を宅配する仕組みであり，倉庫型とは，ネットスーパー専用の倉庫（センター）から商品を宅配する仕組みである。ここでは，店舗型のネットスーパーの基本的な流れを簡単に整理しよう（図3-3）[8]。まず，顧客がインターネットでネットスーパーのホームページにアクセスし，ホームページ上で商品を選択して注文を確定する。顧客からの発注情報は配送を担当する店舗に送られ，注文を受けた店舗では，店員が売り場に陳列されている商品をピッキングする。注文ごとにピッキングされた商品は，ネットスーパーの専用車で店舗から顧客の家まで届けられる。代金の支払い方法は企業によって異なるが，クレジットカード支払や代金引換などを選べる場合が多い。

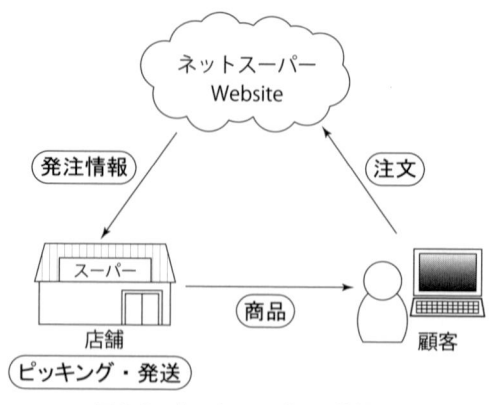

図 3-3　ネットスーパーの仕組み
（筆者作成）

2.2　ネットスーパーの普及

　日本におけるネットスーパーの導入は 2000 年頃に始まる。西友は 2000 年に，イトーヨーカ堂は 2001 年にそれぞれネットスーパーを開始したが，両社ともしばらくの間は数店舗のみでの実験的な導入にとどまっていた（後藤 2010）。

　表 3-2 は，各スーパーのネットスーパー導入年を示したものである。この表からわかるように，ネットスーパーに参入する企業が増えたのは 2007 年以降である。同年には，イトーヨーカ堂がネットスーパーへの本格参入を表明し，その後，ナショナルチェーンからリージョナルチェーンまでの多くのスーパーがネットスーパー事業に参入している。さらに，イトーヨーカ堂やイオンは全店舗でのネットスーパー導入を表明し，ネットスーパー導入店舗を増加させている。ネットスーパーへの注力は 2010 年以降も続いている。たとえば，イトーヨーカ堂は，2011 年 2 月に店舗からの配送頻度を 1 日当たり 10 便に倍増すると発表し，西友は関東（東京都，神奈川県，埼玉県，千葉県）で導入していたネットスーパーを 2011 年 3 月 1 日から北海道と福岡県でも展開し始めた。さらに，ネットスーパーに参入した企業の多くは導入店舗数を徐々に増加させている。

　前述のように，ネットスーパーは店舗型と倉庫型に分けられるが，日本の場合，ほとんどのスーパーが店舗型でネットスーパーに参入している。この理由として，店舗型は倉庫型よりも初期投資が少ないことが挙げられる。たとえば，

表 3-2　ネットスーパーの導入年

年	スーパー
2000 年	西友
2001 年	イトーヨーカ堂，イズミヤ
2005 年	マルエツ
2006 年	オークワ
2007 年	ユニー，サミット，関西スーパーマーケット（いなげや），(三徳)
2008 年	イオン，ダイエー，紀ノ国屋
2009 年	京王ストア，東急ストア，ユアーズ，大近，いちい
2010 年	フジ，タイヨー，コープネット，マルイ，遠鉄ストア
2011 年	カスミ，ヨークベニマル，ライフ

注：( ) はネットスーパーから撤退済み企業
（資料：日本経済新聞，日経流通新聞（各年版）により作成）

アメリカ合衆国では，1990年代後半にWebvan社やStramline社などのネット専業スーパーマーケットが，地域ごとに流通センターを設けたが，費用負担が重荷となり，両企業とも経営破たんした（丸山2011，Kari et al 2002）[9]。

そのため，ネットスーパーを成功させるためには低い投資で参入することが望ましい。このことを象徴するように，ネットスーパーへの投資を抑える工夫もみられる。たとえば，今回のアンケート調査によると，4社中3社は既存の人員でネットスーパーを実施している。すなわち，ネットスーパー導入にともなって新たな人員を雇用して店舗に配置するのではなく，既存の店員が店舗でピッキングや仕分け作業等を行うことによって，ネットスーパーの導入によって増加するコストを抑えている。

2.3　ネットスーパーの時間

食料品の宅配事業の種類は数多くあるが，それらと比べた場合のネットスーパーの特徴の1つは，商品を注文してから家に届くまでのリードタイムの短さにある。スーパーによってリードタイムの長さに差はあるものの，指定時間までに注文すれば，当日中に商品が配達される。たとえば西友のネットスーパーでは，1日4便体制で商品を配送しており，午前11時までに注文すれば，午後2時～4時の間に配達され，午後5時までに注文すれば当日中に配達される。

スーパーによって注文締切時間や配送便数などに違いはあるが，他社の仕組みもこれとほぼ同様の仕組みである。たとえば，イトーヨーカ堂のネットスーパーでは，11時〜12時，12時〜14時，14時〜16時，16時〜18時，18時〜20時，20時〜22時のなかから宅配時間を指定できる[10]。

　消費者の視点からみると，ネットスーパーはどのような利用方法が考えられるだろうか。たとえば，朝の家事を終えた主婦が，インターネットでネットスーパーのホームページを開き，10時に商品を注文して，宅配時間【14時〜16時】を選択すれば，当日の指定時間の間に商品が宅配され，それを夕食の材料に使うことができるだろう。当日配送や注文から納品まで最短で3時間というリードタイムは，生協や有機農産物宅配などの他の食品宅配事業に比べるとかなり短い。さらに，宅配時間を2時間単位で指定できるなど，時間的な利便性も高くなっている。

　ネットスーパーは消費者の日常的な買い物を代行する役割を担っているが，このことはネットスーパーの利用者層にも現われており，今回のアンケート調査によると4社中3社が最も多い顧客層を「30歳代〜40歳代の主婦」としている。つまり，現状では，ネットスーパーは，小さい子どもがいるために買い物に行くのが難しかったり，子育て中で忙しい主婦の買い物の手間や時間を節約する役割が大きいものと考えられる。

2.4　ネットスーパーの空間

　店舗型のネットスーパーは，利用できる地域が店舗周辺に限定されている。具体的にはどの程度の範囲に限定されるのだろうか。ここでは，関東地方で店舗ごとに配送エリアを公開[11]しているネットスーパーを事例にネットスーパーの配送エリアを地図に示してみよう[12]。具体的な事例として，ナショナルチェーンからイオンとダイエー，ローカルチェーンから富士シティオと京王ストアを取り上げる。

　図3-4と図3-5はダイエーとイオンのネットスーパー導入店舗とその配送範囲（2010年3月時点）を示したものである。図中の円は，店舗から半径5kmの円であり，ネットスーパーの配送エリアはおおよそこの円の範囲に収まって

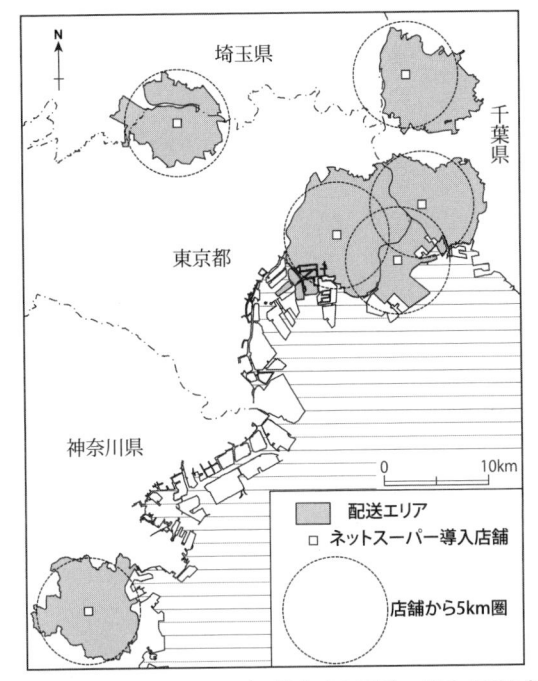

図3-4 ダイエーのネットスーパー導入店の配送エリア（2010年3月）
(資料：ダイエーのホームページにより作成)

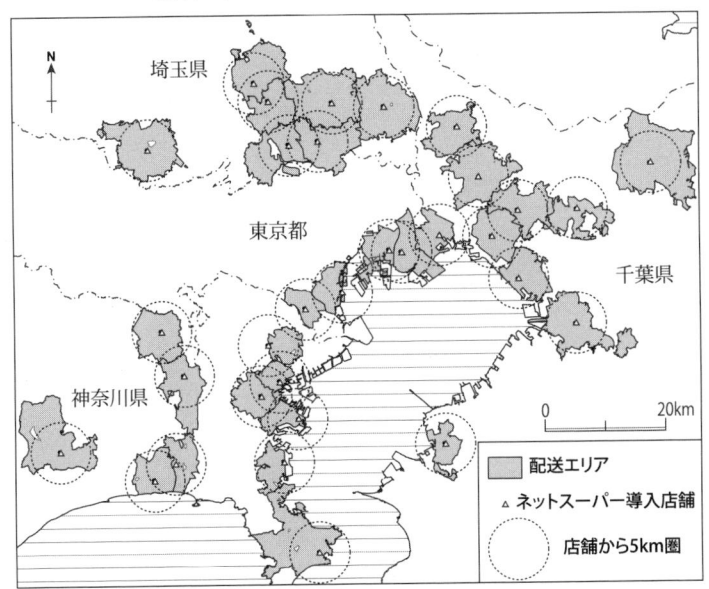

図3-5 イオンのネットスーパー導入店の配送エリア（2010年3月）
(資料：イオンのホームページにより作成)

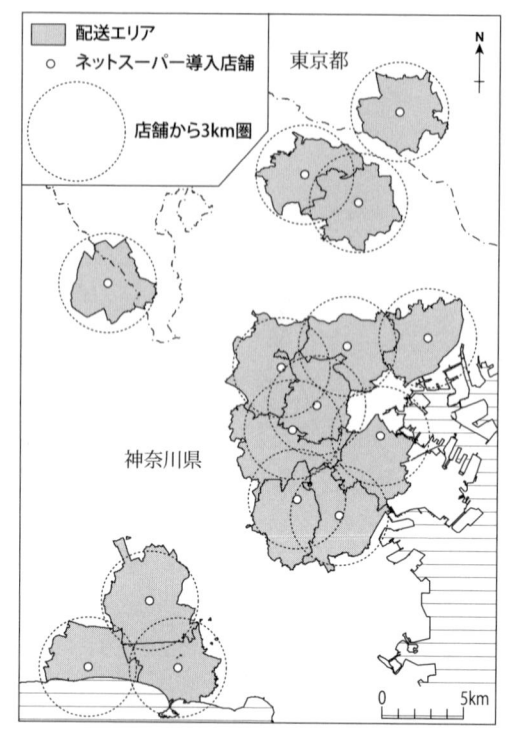

図3-6 富士シティオのネットスーパー導入店の配送エリア（2010年3月）
（資料：富士シティオのホームページにより作成）

いることがわかる。一方，図3-6と図3-7はそれぞれ，富士シティオと京王ストアのネットスーパーの導入店舗とその配送エリア（2010年3月時点）を示したものである。図中の円はそれぞれ店舗から半径3kmと2kmであり，両社ともおおよそこの範囲を配送エリアとしていることがわかる。ネットスーパーは注文を受けた商品を数時間で宅配する仕組みであるため，このようにサービスを利用できるエリアが限定されており，その範囲は，最大でも店舗から5kmのエリアであることがわかる。

次に，事例とした各社の配送エリア（商圏）のデータ比較してみよう。表3-3は，事例企業のネットスーパーを展開している店舗について，1店舗当たり商圏の平均世帯数，人口，面積などを，地理情報システム（GIS）を活用し

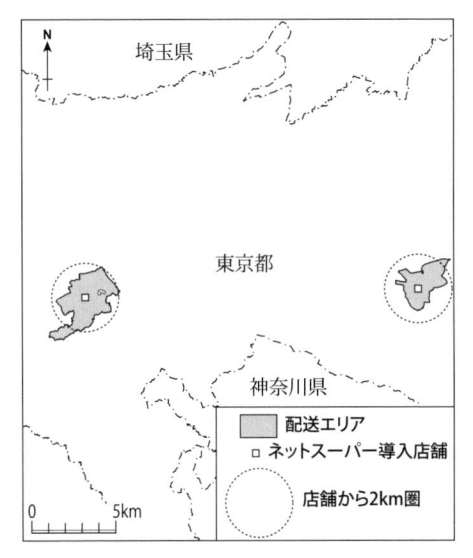

図 3-7　京王ストアのネットスーパー導入店の配送エリア（2010年3月）
（資料：京王ストアのホームページにより作成）

表 3-3　事例スーパーにおけるネットスーパーの商圏（1店舗当たりの集計値）

	世帯総数 （万世帯）	人口 （万人）	面積 (km^2)	半径 (km)
イオン	14.6	34.8	53.2	4.0
ダイエー	29.2	67.5	61.5	4.3
富士シティオ	7.7	17.9	17.5	2.4
京王ストア	3.0	6.0	17.0	2.3

（資料：各社ホームページ，統計GISより作成）

　て集計したものである。これによると，チェーンによって配送エリアの広さが異なることがわかる。イオンとダイエーは1店舗当たりの面積はそれぞれ53.2km^2，61.5km^{2}であり，この面積を仮に円形のものとすると半径4.0km，4.3kmの円と同じ面積になる。一方，富士シティオと京王ストアは，面積がそれぞれ17.5km^2，17.0km^{2}であり，同様に仮定するとそれぞれ半径2.4km，2.3kmの円と同じ面積になる。配送エリアの広さは，チェーンごとに差異があるだけではなく，同じチェーンでも地域ごとに差異がある。たとえば，イオンの場合，東

表 3-4 イオンネットスーパー配送エリアの都県別特徴（1 店舗当たりの推計値）

	世帯総数 （万世帯）	人口 （万人）	面積 （km^2）	半径 （km）
東京都	22.1	47.1	32.2	3.2
神奈川県	13.0	31.0	46.1	3.7
埼玉県	17.1	42.9	69.3	4.2
千葉県	11.5	28.4	58.3	4.2

注：1 店舗当たりの平均の値を示す。
（資料：イオンのホームページ，統計 GIS より作成）

京都と神奈川県と埼玉県と千葉県での値を比較すると，東京都と神奈川県の店舗は配送エリアの平均面積が 50km^2 以下であるのに対して，埼玉県と千葉県の店舗では 50km^2 を越えている（表 3-4）。

　以上のことから，店舗型のネットスーパーは，店舗から半径 5km 程度のエリアであればサービスが提供できることが推察できる。しかしながら，チェーンによって商圏人口の設定に差異があるため，2〜3km 程度の配送エリアを設定しているネットスーパーもある。また，人口密度の高い都市圏では配送エリアが狭く設定され，郊外地域では，利用者（商圏人口）を確保するために配送エリアが広く設定されている。

2.5　スーパーにとっての位置づけと導入効果

　ネットスーパーはスーパーにとってどのような位置づけなのだろうか。表 3-5 は，今回のアンケート調査の結果を整理したものである。4 社すべてがネットスーパーを「追加的なサービス」と位置づけている。「新規顧客の獲得」については 3 社，「既存顧客の囲い込み」については 2 社であった。

　一方，ネットスーパーを収益源として位置づけている企業は 1 社のみであり，残りの 3 社は収益源として位置づけていない。ネットスーパーが収益源と位置づけられていない理由の 1 つにコストの問題がある。多くのネットスーパーでは 315 円〜525 円程度の配送料や買い物代行手数料などを設定しているが，一定金額（3,000 円〜5,000 円程度）以上の商品を注文すると配送料が無料になるケースが多い[13]。スーパーが採用してきたセルフサービス方式では，顧客

表 3-5 アンケート対象企業におけるネットスーパーの現状

		A 社	B 社	C 社	D 社
位置づけ	収益源			○	
	追加的なサービス	○	○	○	○
	既存顧客の囲い込み	○	○		○
	新規顧客の獲得	○		○	
	その他	○			
導入効果	新規顧客の獲得	○		○	○
	既存顧客の購入金額増加	○			
	商圏が拡大			○	
	売上高が増加			○	
	営業利益が増加				
	その他		○全体に寄与する効果なし		○注目度の向上
売上と注文件数	売上構成比（％）	1.5	0.07	0.5	1.5
	1 日当たり注文件数（1 店舗当たり）	90	10	25	30
	平均注文金額（円）	非公表	5,000	10,000	3,000

(資料：アンケート調査により集計)

が自ら商品を選び，レジに運んで，料金を支払い，自宅に持ち帰るが，ネットスーパーでは，この一連の作業の多くをスーパーが代行することになる。すわなち，ネットスーパーにおいて，店舗と同じ価格で商品を販売すると，スーパーはピッキングの人件費や配送などに関わる費用を回収することが難しい。

また，ネットスーパーの導入によって得られた効果をみると（表3-5），「営業利益が増加した」と回答した企業はない。さらに，イトーヨーカ堂のネットスーパーは，「2010 年 2 月期の売上高は当初目標（200 億円）を上回り，210 億円になった。営業損益も通期では初めて黒字に転換した。」[14] と報道されている。これらのことから，ネットスーパーは現在のところ収益性が高い事業ではないと考えられる[15]。

加えて，ネットスーパーによる売上高はスーパーにとって大きくない。各スーパーの売上高に占めるネットスーパーによる売り上げをみると（表3-5），A 社と D 社は 1.5％，B 社と C 社は 1 ％未満となっている。また，1 店舗当た

りの1日当たり平均注文件数は，A社が90件と突出して多いが，それ以外の企業は1店舗当たり10件から30件程度である。

以上のように，スーパー全体に占めるネットスーパーの売り上げ割合はわずかであり，収益性が高い仕組みではない。そのためネットスーパーは現状では収益源とは位置づけられておらず，顧客に対しての追加的なサービスの1つとして位置づけられている。また，ネットスーパー導入の効果では3社が「新規顧客の獲得」と回答しており，宅配サービスを必要とする顧客を獲得する効果が出ていると考えられる。

3. ネットスーパーの意義と可能性

本章では，宅配事業多様化の背景を検討し，宅配事業のなかでもネットスーパーを事例にその内容を紹介してきた。最後に，ネットスーパーの意義と可能性について考えてみたい。

3.1 ネットスーパーの歴史的位置づけ

高度経済成長期以降，総合スーパーなどのチェーンストアは大量流通システムのパラダイムに基づいて発展してきた。すなわち，流通システムの構築にあたっては，大量生産された商品を効率的に流通させて大衆消費者に届けることが重要であった（荒井2007）。そのため，小売業界ではチェーンオペレーションやセルフサービスなどを導入することによって，効率化や低コスト化が進められてきた。しかしながら，宅配事業は，効率的な事業ではなく，人件費や配送費などの追加的なコストもかかる。それにもかかわらず，スーパー各社は，ネットスーパーに参入している。このような動きをどのように理解したらよいだろうか。

チェーンストアによる宅配事業への参入は，現在起こりつつある日本社会の変化への対応と位置づけられるだろう。本章で取り上げたネットスーパーはその1例である。ネットスーパーは，消費者の立場からみると，利用できるエリアも店舗周辺に限定されていたり，注文方法がインターネットに限定されるな

どの制約も大きい。さらに，ネットスーパーはスーパーにとっては効率的な事業ではないし，採算性が高い事業ではない。多くのスーパーがネットスーパーに参入しているものの，各スーパーにおける売上シェアは1%程度とごくわずかであり，主要な流通チャネルではない。それでも，多くのスーパーが宅配事業に取り組んでいることは，小商圏時代には，大量流通システムの枠組みでは社会の変化や消費の変化に対応することが難しく，新たな流通システムが求められていることを示唆している。

3.2　ネットスーパーの社会的意義

　今後の日本の社会において，食品の宅配事業はどのような役割を果たしうるのだろうか。ネットスーパーを例に考えてみよう。

　今後の日本の消費市場を考えると，人口減少や高齢化に伴って，食品産業の市場規模は縮小するだろう。さらに，人口の減少は，人口密度の減少を招き，存続できずに撤退せざるをえない小売店が増えると考えられる。消費者は，近隣の小売店が撤退すれば，より遠方の小売店に買い物に行かなければならなくなる。このように最寄りの小売店から物理的な距離が離れて買い物が不便になるという地理的な問題がより顕著になるだろう。さらに，今後は世帯の小規模化や高齢化が進むが，高齢者のみ世帯や高齢者単身世帯などで，家族や周囲の人々などのサポートが受けられない場合，フードデザート問題（第7章を参照）の発生につながる可能性が高い。このような問題は宅配事業のみで解決できるわけではないが，ネットスーパーなどの食品宅配事業はその一助となる可能性を持っている。確かに，現状では，ネットスーパーの利用者に高齢者は多くない。しかし，今後は，現在インターネットを活用している世代が高齢化することや，インターネットが利用できるタブレット端末やスマートフォンが普及することに伴って，ネットスーパーを利用できる層が拡大すると考えられる。

　買い物に不便を感じる人は，物理的に店舗からの距離が遠い人や高齢者だけではない。大都市に住む子育て世代に買い物に不便や苦労を感じている世帯が多い[16]。つまり，ネットスーパーは，小売店からの物理的距離は短いが，子育て中の主婦や共働き世帯などの買い物に苦労がある世帯の買い物を支援する

役割が期待できるのではないだろうか。しかしながら，現状ではネットスーパーを利用できる地域が限られているなどの問題も残されている。

　冒頭に述べたように，ネットスーパー以外にもさまざまな食品宅配事業が存在する。ネットスーパーは，スーパーでの買い物を自宅にいながらできるという特徴があるが，弁当宅配事業などは塩分量や栄養バランスを考慮した弁当を宅配しているし，外食チェーンによる宅配事業では，1時間程度のリードタイムですぐに食べられる食事を宅配するという特徴がある。このように，食品宅配事業は，取扱商品の内容や注文から納品までのリードタイムが多様であり，商品を単に運ぶだけではないニーズを満たすことができる。具体的にいえば，宅配事業は，買い物や栄養管理，食事のメニュー考案など，さまざまな家事機能を代替する役割を果たすことができる。今後，世帯の小規模化や高齢化が進む日本では，商品の宅配以外にも高齢者の安否確認などの付加的なサービスも期待されるだろう。

（池田真志）

［注］
1) 矢野経済研究所 2011『食品宅配市場に関する調査結果 2011』http://www.yano.co.jp/press/pdf/763.pdf（2012年2月18日閲覧）
2) 国立社会保障・人口問題研究所 2008『日本の世帯数の将来推計（全国推計）』http://www.ipss.go.jp/pp-ajsetai/j/HPRJ2008/t-page.asp（2012年2月18日閲覧）
3) 菊池宏之　2009．小売業の消費者対応としてのネットスーパーの現状と課題．日本フードシステム学会（秋季大会）発表資料．
4) この値には，パソコンからの利用以外に，モバイル端末などからの利用も含まれる．総務省 2010『平成21年「通信利用動向調査」の結果』総務省．http://www.soumu.go.jp/johotsusintokei/statistics/data/100427_1.pdf（2012年2月18日閲覧）
5) 経済産業省 2010『平成21年度我が国情報経済社会における基盤整備（電子商取引に関する市場調査）報告書』経済産業省．http://www.meti.go.jp/policy/it_policy/statistics/outlook/h21houkoku.pdf（2012年2月18日閲覧）
6) ネットスーパーの現状を明らかにするために，2010年3月にネットスーパーを導入している企業19社に対してアンケート調査票を配布し，4社からの回答を得た．
7)「倉庫型」と「店舗型」に関しては，統一名称はない．たとえば，後藤（2010）は「店舗出荷型」と「大型センター出荷型」と表現している．
8) 現在は店舗型のネットスーパーが主流であるため，本稿ではその仕組みを紹介する．

9) 日本では，サミットが倉庫型でネットスーパーに参入しているが，この事業にはサミットの親会社である住友商事が二百数十億円を投資している（『日経 MJ』2011 年 2 月 9 日付）．
10) イトーヨーカ堂のネットスーパーでは，指定時間は店舗によって異なる．本文中の時間帯は 1 例である．
11) たとえば，「A 店：A 町 1 丁目～3 丁目，B 町 2 丁目～5 丁目」などのように公開されている．
12) ここでは，GIS（地理情報システム）を用いてネットスーパーの配送エリアを表示した．元となるデータは各社のウェブサイトである．ネットスーパー各社はウェブサイトで配送エリアを公開しているが，店舗ごとに配送エリアを公開しているスーパーとネットスーパー全体の配送エリアを一括して公開しているネットスーパーがある．配送エリアが一括表示されているネットスーパーは，店舗ごとの分析ができないため，除外した．なお，使用した配送エリアのデータは 2010 年 3 月時点のものであり，人口等のデータは，「地図で見る統計（統計 GIS）」（総務省統計局）であり，平成 17 年国勢調査の小地域（町丁・字別）統計に基づいたものである．
13) 企業や店舗によってこの金額は異なる．
14) 『日本経済新聞』2010 年 3 月 13 日付．
15) ネットスーパーの収益性については，後藤（2010）でも指摘されている．
16) 農林水産政策研究所食料品アクセス研究チーム 2011「食料品アクセス問題の現状と対応方向（中間報告）」，平成 23 年 8 月 2 日研究成果報告資料．http://www.maff.go.jp/primaff/meeting/gaiyo/seika_hokoku/2011/110802_siryou.html（2012 年 2 月 18 日閲覧）

［文　献］
荒井良雄　2007．社会の二極化と小売業態．荒井良雄・箸本健二編『流通空間の再構築』1-17, 古今書院．
後藤亜希子　2010．ネットスーパーの動向と今後の可能性に関する検討．生活協同組合研究 417：12-19.
丸山正博　2011．『電子商取引の進展－ネット通販と e ビジネス』八千代出版．
Kari Tanskanen, Hannu Yrjola and Jan Holmstrom 2002. The way to profitable Internet grocery retailing -six lessons learned. *International Journal of Retail and Distribution Management* 30-4：169-178.

第4章　家電小売業の小商圏市場への対応

　百貨店や総合スーパーが低迷を抜け出せず，1990年代以降の日本の小売業を牽引してきたコンビニも飽和状態となるなかで，本章で取り上げる家電量販店を含む専門店チェーンは2000年以降も着実に店舗数と売上高を伸ばしてきた。2000年代において専門店チェーンが成長したのは，各チェーンがドミナントエリアを形成していた状態から，他の地域にも積極的に進出したことによる（兼子2004）。上位チェーンは，価格競争が激化するなかでローコストオペレーションをめざし，効率性の高い全国供給網を形成していった。一方，中小チェーンのなかには上位チェーンとの競争のなかで淘汰されるものもみられるようになり，他地域のチェーンと連携あるいは合併を行うことによって，上位チェーンに対抗する動きもみられるようになっている。

　このように1990年代以降の家電流通は，低価格・大量販売戦略を掲げた上位チェーンの家電量販店が販売シェアを拡大した。しかしその一方で，そうした大量販売方式ではきめ細やかなアフターサービスが展開されず，めまぐるしい商品開発に対応できない消費者が増えつつある。高齢者をはじめとする消費者のなかには，家電製品の多品種少量生産の進展や高機能化についていくことができず，購入後の設置やアフターサービスを必要とする人々も存在している。

　そこで本章では，きめ細やかな営業サービスによって支持層が拡大しつつある小規模な家電小売業について再評価したい。そうした家電小売業の販売特性を整理したうえで，家電小売業の小商圏市場への対応を検討したい。さらに，2000年代後半よりみられるようになった家電量販店による小規模店舗の展開とサービスについてもあわせて検討する。

1. 家電製品の販売特性

　高度経済成長期に白黒テレビ，冷蔵庫，洗濯機のいわゆる「三種の神器」が豊かさの象徴になり，日本では1960年代以降において本格的に家電製品が普及することになった。現代社会において暮らしに不可欠な生活基盤である家電製品，もしくはそれらを販売する家電小売業は，どのような販売特性を持つのであろうか。

　日本の家電小売業は，生活に密着した幅広い商品ジャンルを扱っていることが特徴である。日本の家電需要の特色として，まず日本国内の家電メーカーの占有率が高く，海外の家電メーカーにとって日本は参入障壁の高い国であることを指摘できる。そして，家電製品は耐久消費財であるために，数年に一度買い換え需要があるとともに，新学期や行楽シーズンなど，1年のなかでも販売が増減する。また，ビデオデッキ，CD，デジタルテレビなどに代表されるように，家電製品には常に新しい技術革新が起こり，数年に一度新製品が登場する業界である。その意味で，業種・業態にかかわらず，家電製品を販売する小売業には常に買い替えニーズが存在している。

　最近の家電製品は，モデルチェンジが激しく新製品が次々に投入されるため，商品単価の下落が激しい。高度経済成長期のようにメーカー希望小売価格のような建値制が採用されていた当時であれば，商品価格の差はメーカー間の差であり，消費者はその所得水準に合わせて商品を選択していた。しかし，1990年代以降に成長した家電量販店をはじめとして，小売業主導による商品単価の下落により，商品への価格訴求力が消費者の支持拡大の鍵となる。近年の家電量販店の動向は，し烈な比較広告による企業間競合や，さまざまなメディアに取り上げられることもあり，消費者にはより周知のことであろう。

　家電小売業は，店頭販売だけでなく周辺事業にも収入源のあることが特徴である。商品の販売だけでなく，修理や工事，大型商品の設置やAV機器の配線，近年ではオール電化住宅へのリフォームなど，サービスの提供も求められる業種である。このように家電小売業は，価格の安さだけではなく，アフターサービスやサポート，商品知識の提供が本来必要とされる業種・業態であって，商

品への価格訴求力とサービスの要求という対立するニーズが内在している。

2. 家電量販店の再編成

　家電製品を一般消費者に販売する流通経路としての家電小売業には，メーカー系列の「地域店」[1]，「家電量販店」，「ネット通販」などがあり，近年では家電量販店の販売シェアが圧倒的に大きい。

2.1　家電小売業の趨勢

　秋山（2006）によると，日本における家電流通システムには，その中心を担う小売業者の勢力に3度の入れ替わりがあった。第1に家電メーカーの流通系列化における系列店であり，1950年代後半の「家電ブーム」以降に松下電器産業（現パナソニック）を筆頭として日立製作所，東芝，三洋電機，三菱電機，シャープなどの家電メーカーが自社の製品を専売する小売店を組織化していったものである。

　第2は，日本電気専門大型店協会（NEBA）[2]に加盟する家電量販店の台頭である。NEBAは1972年に発足した家電量販店による任意団体で，主に1980年代から90年代にかけて日本の家電流通システム発展の中心的役割を果たした。NEBA加盟店の特徴は，①それぞれ出自とする地域に地盤を持ち，会員間同士の出店地域が重ならないような地域的棲み分けがあったこと，②メーカーとの協調関係があり価格競争を抑制していたというように，水平的にも垂直的にも家電製品の流通構造にある程度の安定を与えていたこと，を指摘できる。

　第3は，1990年代後半以降における，NEBAに加盟せず全国展開を指向しローコストオペレーションを徹底する少数の量販店[3]と，カメラ系と呼ばれ大都市のターミナルに店舗を立地させる量販店[4]が日本の家電流通のシェア拡大である。これら量販店の特徴は，①郊外に大規模な駐車場を備える，あるいはターミナル駅付近に立地するなど集客を意識した立地となっている，②1990年代の大店法の規制緩和にともなう店舗の大型化で多数の家電メーカーの商品を取り扱うことが可能になったこと，③大量仕入れによるコストダウンとそれ

を可能にする多店舗化を実現していること，④価格訴求力を示すための大量の宣伝広告（テレビやチラシ）や比較広告を展開していること，を指摘できる。

現在の家電業界には，およそ9～10兆円の市場規模があると言われているが，全体の売上高に占める上位チェーンの割合が高まる上位集中化の傾向を示しており，上位チェーンが全国展開を進めるなかで，中小チェーンは大企業への統合もしくは店舗の閉鎖を余儀なくされている。2005年にはNEBAも解散に至り[5]，淘汰の波は中小チェーンだけでなく上位チェーンにも及んでおり，企業間の「合従連衡」が1つのキーワードになっている（兼子2011）。エディオン[6]の誕生はその典型例であるといえよう。

2.2 2000年代における家電量販店の再編成

表4-1に，2000年以降における家電量販店の上位チェーンの動向を示した。業界における草分け的存在の企業の倒産や吸収合併が相次ぐとともに，資本・業務提携や持株会社の設立が相次いでいる。上位チェーンは規模の利益を発揮して低価格販売を実現するとともに，店舗を大型化して消費者ニーズに訴えかけてきた。

現在の家電量販店における上位チェーンは地方都市を出自とするものが多く，ロードサイド型店舗を基盤として，スケールメリットを背景とした店舗網を構築してきた。その手法は自社による情報・物流システムの構築や，地価の安い郊外地域への出店によるローコストオペレーション，老朽化した中小規模店を積極的にスクラップして，大規模な店舗を積極的に多店舗化することにあった。近年では，地方での市場が飽和状態にあること，地価の下落，百貨店・総合スーパーの空き店舗の存在などにより，大都市中心部への出店がみられるようになった。

そうしたなかで，2000年代の家電量販店の主役は，群馬県に本部を置くヤマダ電機であった。同社は低価格販売を武器にして成長し，2010年に家電量販店では初めて年間売上高2兆円を突破した（図4-1）。この群馬県出自のチェーンは，他社に先駆けて店舗のスクラップ・アンド・ビルドを進めて店舗を大型化するとともに，自社物流システムを構築するなかで店舗網を全国に拡大

第 4 章　家電小売業の小商圏市場への対応　59

表 4-1　2000 年以降における家電量販店の主な動向

2000 年	
2001 年	
2002 年	デオデオ（広島）とエイデン（愛知）が株式移転方式によりエディオン設立 第一家庭電器（東京）民事再生手続き申請 そうご電器（北海道）民事再生手続き申請
2003 年	
2004 年	ケーズデンキ（茨城），ギガス（愛知）・八千代ムセン（大阪）を子会社化
2005 年	ヤマダ電機（群馬）の売上高 1 兆円を超える ヤマダ電機，47 都道府県に出店 エディオン，ミドリ電化（兵庫）を子会社化 日本電気大型店協会（NEBA）解散
2006 年	ヤマダ電機，都市型大型店「LABI」1 号店を大阪に出店 マツヤデンキ（東京），サトームセン（東京），星電社（兵庫）により，ぷれっそホールディングス（東京）設立 ノジマ（神奈川），真電（新潟）を合併 ベスト電器（福岡），さくらや（東京）を子会社化
2007 年	ヤマダ電機，ぷれっそホールディングスを子会社化 エディオン，サンキュー（福井）を子会社化 ケーズデンキ，デンコードー（宮城）を子会社化 ビックカメラ（東京），ベスト電器と業務資本提携
2008 年	ヤマダ電機，VC・FC コスモス・ベリーズ（愛知）を子会社化
2009 年	エイデンと石丸電気（東京）合併し，エディオン EAST 設立 デオデオとミドリ電化合併，エディオン WEST 設立 中国の蘇寧電器集団，ラオックス（東京）を経営傘下に
2010 年	ヤマダ電機の売上高 2 兆円を超える
2012 年	ビッグカメラ，コジマを子会社化

注：（　）は本部所在地
（資料：各社ホームページ，『日経 MJ』により作成）

し，業界再編の中心となってきた。さらに，新しい展開地域として大都市中心部，特に鉄道ターミナルに店舗を立地することにより大商圏市場を狙っており，先行して店舗網を持つカメラ系家電量販店との競合が始まっている（図 4-2）。追随するチェーンは撤退か再編を余儀なくされる状況に陥っており，2002 年のエディオン設立を端緒として業界再編が続いている。

このように，家電量販店は上位集中化が顕著であり，そのスケールメリット

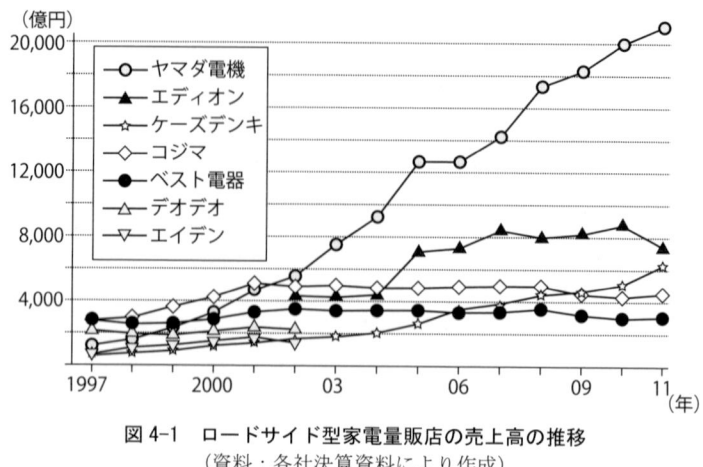

図4-1 ロードサイド型家電量販店の売上高の推移
（資料：各社決算資料により作成）

が商品価格となって跳ね返る業態でもある。このように規模の経済が企業成長の要となる一方で，業界が成熟して大型店の出店余地が少なくなっている。加えて，高齢化社会が進行するなかで高齢者の買い物利便性への影響が懸念されているが，店舗の大規模化は消費者のアクセシビリティの悪化を招くとともに，買い物の場としての店舗規模が高齢者にとって大きすぎるという問題を抱えるようになった。

このような環境下で，専門店チェーンのなかでも小商圏市場への注目が集まっている。特に2000年施行の大規模小売店舗立地法の駆け込み出店によって大型店が急増したことの反動によるニッチ（空白）商圏への対応，過剰でない商品構成や近接性といった利便性により，小型店の再評価がなされつつある。小型店により可能となる密な店舗網の構築や，商品説明，アフターサービスの充実といった消費者との関係が，成熟期の業態の次なる鍵として期待されている。

しかし，店舗規模，店舗網ともスケールメリットを追求することで成長してきた業態において，小商圏フォーマットの成立のためのビジネスモデルとはどのようなものであろうか。また，従来から各地域に根ざして経営してきた地域店の役割は何であろうか。次節では，家電小売業における小商圏市場の動向について紹介する。

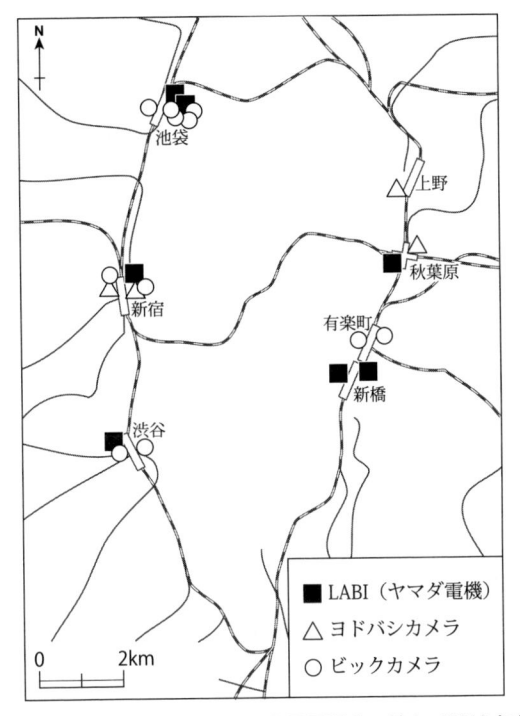

第 4 章　家電小売業の小商圏市場への対応　61

図 4-2　東京中心部における家電量販店の競合（2010 年）

3. 家電小売業における小商圏市場への再評価と対応

3.1 「まちの電器屋さん」への再評価

　家電業界における小商圏市場の意味は何であろうか。家電製品の市場は，そもそもメーカーの系列店という「地域店」によって，高度経済成長期以降に全国津々浦々まで整備されていた[7]。こうした地域店は，1950 年代に大手家電メーカー 6 社（松下電器，東芝，日立，三菱，三洋，シャープ）により主だって流通系列化が行われた（秋山 2006）。その後 1970 年代から 80 年代にかけて，NEBA に加盟する家電量販店との共存状態が続いたものの，1990 年代以降における家電量販店の成長にともなう価格競争の激化，経営者の高齢化，家電メーカーによる系列店の選別と相俟って，地域店はその店舗数を減らしつつある。

一方でこれまで地域店を支えてきた家電メーカーの販社の統合が加速し，地域店は成長意欲のある店舗を中心に再編が進められてきた。

しかし近年，地域店を再評価する動きもみられる。2006年に公開された映画『幸福のスイッチ』[8]では，和歌山県田辺市を舞台として，田舎の町で電器店を営む父が怪我をしたことにより，急遽帰省して家業を手伝うことになった主人公が，採算を度外視した仕事ばかりを引き受けることへ反発しながらも，1軒1軒の家庭を回って，無償のサービスや修理を行い，人々から厚い信頼を寄せられる地域店の様子を描いている。そのなかで，

「ウチは売った後のサービスが売りなんじゃ！ お客さん第一の店なんじゃ!!!」（主人公の父）

「そのやり過ぎで火の車なんやろ！ そんな効率悪い商売，コンビニでもやった方が儲かるんちゃうん！」（主人公）

という主人公とその父（怪我で入院中の経営者）のやりとりがある[9]。まさにこのやりとりこそが，地域店が「まちの電器屋さん」と呼ばれる所以である。これらの地域店は，消費者にとって近接性と商品知識の提供，アフターサービスに関して利があり，店舗にとっては詳細な顧客情報の取得や消費者との心理的距離の近さに長所がある。また，消費者にとって大型店は商品価格や品揃えに魅力がある一方で，小型店のほうが店舗まで，もしくは店内で歩く距離が短い，商品を見つけやすい，商品の相談をしやすいというメリットが挙げられる。先述のように家電小売業は，販売のみならず営業，修理，工事，リフォーム等のため，顧客の自宅にまで入っていくことのできる小売業であり，消費者からの厚い信頼を得ることが顧客獲得の重要な点である。高齢化の進行が社会問題となるなかで，高機能・多機能なデジタル家電をはじめとして，新しい商品への詳細な説明を必要とする消費者は少なくない。量販店から洪水のごとく提供される宣伝は，われわれ消費者にとって一見刺激的で，1円でも安い商品が欲しいという欲望がある一方で，必要な商品を必要な時に，必要な量だけ欲しいという消費者心理も看過できない。そこで次に，このような地域店の置かれている状況と経営実態の事例を紹介したい。

3.2 地域店の経営特性

　家電製品は家電量販店や地域店に限らず，総合スーパーやホームセンターなどの他業態においても取り扱われるため，正確にその取り扱い店舗数を把握することが難しい。ここでは家電製品を主に販売する店舗数を示す指標として，商業統計における業種分類の家庭用電気機械器具小売業を対象に，全国の従業者数別の店舗数の推移を示した（図4-3）。これをみると，この業種は小売業全体の動向と同様に1982年の値をピークとして，一貫して店舗数を減少させている。特に店舗数を減少させているのは従業員数1～2人の規模の店舗であり，1982年から2007年にかけて18,128店舗が姿を消し，全体として45.3％の減少となっている。夫婦二人で経営していた店舗が，加齢とともに徐々に店を閉じてきた様子を推測することができる。家電小売業においては，店舗での接客だけでなく商品の配送や設置，地域への営業活動などを行う必要があるうえ，クーラーの取り付けなどに代表されるように季節によって需要が変動するため，店頭販売のみの小売業と比べて従業員を必要とする業種である。そうしたなかで，従業員数20名以上の大規模店は店舗数を増加させており，販売額では圧倒的な割合を占める。

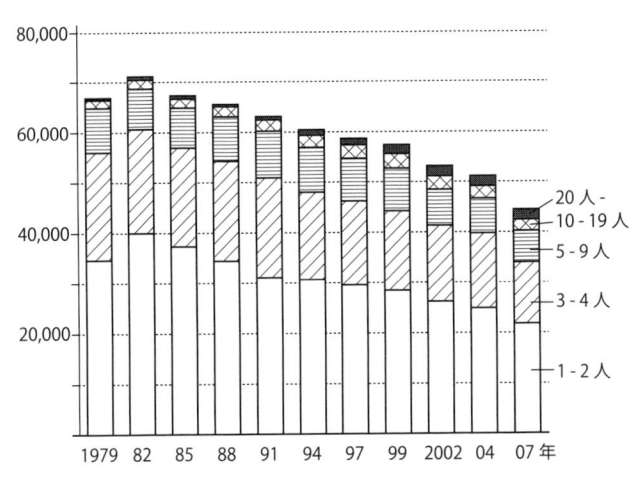

図4-3　従業員規模別の家庭用電気機械器具小売業店舗数の推移
（資料：商業統計表により作成）

前節で述べたように，現在市場を席巻している家電量販店を展開するチェーンの多くは地方都市を出自としており，これら地方都市の市場は家電量販店によって占有されている状況である。このような地方都市での家電量販店と地域店の立地と競合の状況を明らかにするために，茨城県を事例に検討したい。
　茨城県は約300万の人口数を有するものの，主要都市の規模は県都水戸市でも26万にすぎず，各都市の人口規模が比較的小さい。高い自動車普及率と相俟って，ホームセンターや衣料品チェーンなどの専門店チェーンといった郊外型業態が卓越している県である。なかでも家電量販店は，水戸に本部を置くケーズデンキが早くから茨城県で多店舗化を進めていたが，秋葉原を出自とする家電量販店が集中していたつくば市を除き，1990年代には家電量販店と地域店，もしくは家電量販店同士の競合はあまりみられなかった。しかし同じ北関東地方に本部を置くヤマダ電機とコジマが茨城県にも出店を開始し，いわゆる北関東のYKK戦争の舞台ともなって，2000年以降では家電量販店同士の店舗網の重複と競合，店舗のスクラップ・アンド・ビルドが確認される地域となっている。
　上記の家電量販店3チェーンの店舗分布と，地域店として日立チェーンストールおよびスーパーパナソニックショップの店舗分布を示したのが図4-4である。家電量販店の分布をみると，茨城県を地盤とするケーズデンキの店舗網が県全域に広がるなかで，水戸，つくば，古河，筑西など県の主要都市では3社の競合状態が確認され，その他の都市部でも2社の競合が認められる。これらの店舗の立地は，そのほとんどが郊外の幹線道路沿いである。それに対して地域店は，日立チェーンストールは119店舗，スーパーパナソニックショップは86店舗，存在している。茨城県は日立製作所のお膝元でもあるため，日立市やひたちなか市などに日立チェーンストールの店舗が集中して分布している一方，スーパーパナソニックショップは県域全体に分散して分布している。都市内部での立地をみると，都市中心部への立地は少なく，小規模店でも郊外に立地しているものが多い。家電小売業は大型商品や修理部品などをある程度保管しておく必要があることや，営業や商品配送のための車両を必要とすることから，いわゆる中心商店街といった都市中心部に立地する必然性は少ないといえよう。

第4章 家電小売業の小商圏市場への対応　65

- ● スーパーパナソニックショップ
- ○ 日立チェーンストール
- ■ ケーズデンキ
- ○ ヤマダ電機
- ▲ コジマ

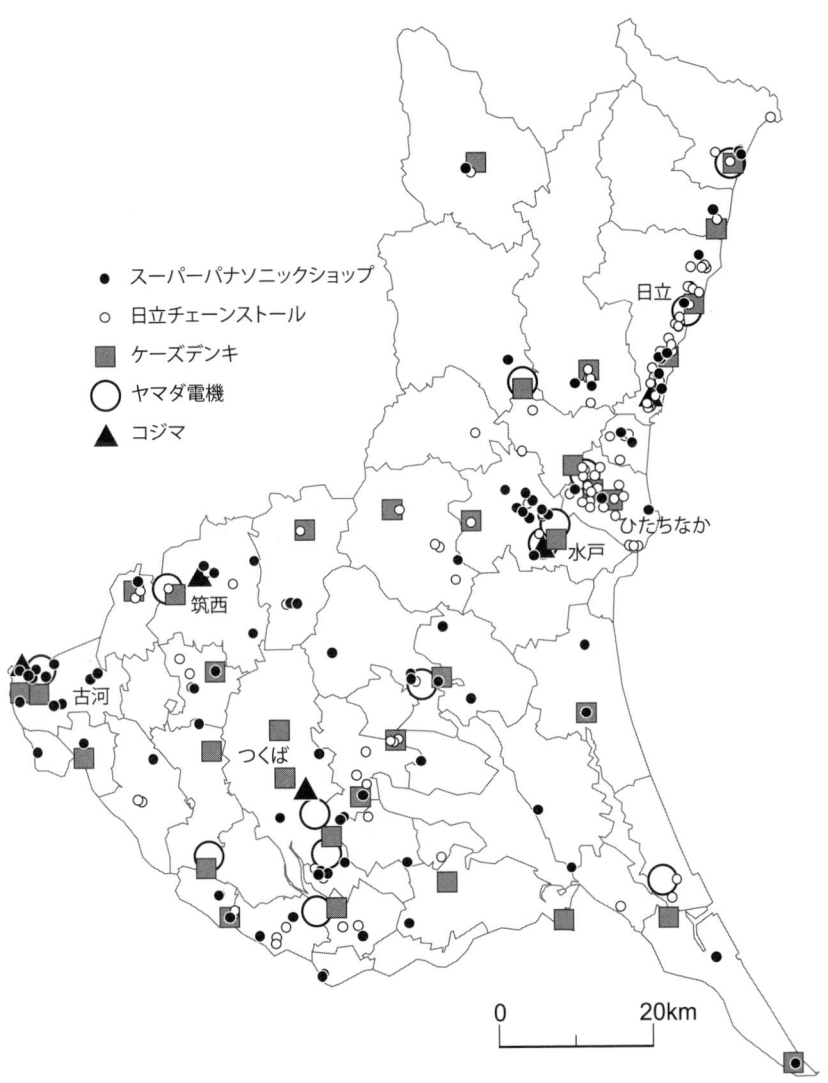

図 4-4　茨城県における家電量販店，地域店の分布（2010年）
（資料：各社ホームページにより作成）

　このように家電量販店との競合が激化するなかで，地域店の経営特性は実際どのようなものであろうか[10]。地域店と家電量販店の第1の違いは，集客の

仕方にある。家電小売業にとって固定客をつかむことが最重要課題である。家電量販店ではポイントカードの発行によって，実質的な割引を実施し顧客を囲い込むなどの方策をとる。またロードサイド業態を主体とすることから，大規模な駐車場の完備や目立つ看板など来客を促す取り組みがなされるのが一般的である。それに対して地域店では，来客を待つよりも修理・配達などと組み合わせた営業を重視する場合が多い。

次に，顧客情報の観点から言えば，家電量販店ではPOSデータや顧客分布などの定量的なデータを把握できる一方で，各消費者の個々ニーズにきめ細かく対応することは難しくなっている。それに対して，地域店は重要顧客の情報を定量的だけでなく定性的にも把握することが可能になる。つまり，「お得意様」の「顔が見える」経営が必要とされるとともに，それが可能になる営業規模であるともいえる。

顧客の分布では，規模の小さな地域店は空間的な範囲をある程度絞り込む必要がある。もちろん商品を購入する消費者がいる限りにおいて営業範囲は広がるが，従業員規模などを考慮に入れると，家電量販店のように単純に範囲が広く商圏人口が多ければよいというものではない。累積購入額などによる顧客分類によってある程度顧客は絞り込まれ，それらの顧客に対する営業活動に力が注がれるのである。

そして，地域店が最も重視するのが顧客との関係である。最近の家電製品は壊れにくく設置も容易であるため，かつてほど家電製品に対して消費者は小売業者の助力を得る必要がなくなっている。事例を挙げて説明すると，茨城県土浦市にある日立系列の地域店Aは，販売の主体は店舗への集客ではなく営業活動にあると述べている。顧客を来店頻度・年間購入額などによりグループ分けするとともに，店舗を中心とした顧客分布に応じて定期的に訪問営業やダイレクトメールの送付を行っている。得意先であれば要求に応じて電球1つから持って行くというサービスを展開しており，1,500前後の顧客を確保できているが，これ以上顧客が増えると顔が見えるサービスができなくなるとも感じている。一方で，顧客の多くが経営者と同じ年代（60代前半）であり，休日が少なく技術も必要であり後継者の目処がないことなどから，商売としての可能

性は感じるものの将来への見通しは立っていないという。

系列化された地域店に関していえば，スーパーパナソニックショップの取り組みが古くから有名であるが，茨城県桜川市の地域店 B はパナソニック系列の地域店である。経営者（50代後半），後継者（20代後半）とも松下幸之助商学院出身で，パナソニックの情報交換会や商学院 OB 間のネットワークを活用して商品情報や価格競争に対応している。現在の量販店による安売り，売りっぱなしの戦略にはきわめて否定的であり，既存顧客へのサービスを重視している。後継者が作成している手書きのニューズレターの配布やイベントの開催，顧客との旅行企画など，地域店でこそ可能となるサービスを展開している。

いずれの店舗への聞き取りの際にも，来店した高齢の顧客から「この店の人は，うちの子どもよりも私の家のことを知っているよ」との話が聞かれたように，価格や利便性だけでなく顧客とのつながりをいかに密にしていくのかに地域店の成立が左右されるといえる。

3.3 家電量販店による小規模店舗のチェーン展開

以上でみてきたように，地域店のメリットは地域に密着した営業活動とサービスの提供，定量的なデータにとどまらない詳細な顧客情報の把握にある。このように家電量販店とうまく棲み分けすることによって生き残りをはかってきた。一方，家電量販店は規模の利益を活かした大量販売，低価格販売を行ってきたが，2000年代後半から全国的に大型店の飽和状態が明確になってきている。そうしたなか，家電量販店各社とも次の商圏のターゲットとして，小商圏市場を見据えた小規模店舗の展開を開始している。

家電量販店による小商圏市場への対応として地域店のフランチャイズ化があるが，売上高の上位チェーンは近年この方式を積極的に推し進めている。家電量販店による地域店のフランチャイズ化は，自社の大規模店舗の展開で生じる空間的な空白地域を埋めるためだけでなく，保守や修理などのサービス部門での空白域への対応である。エディオングループは合併前のデオデオ，エイデン，ミドリ電化のエリアフランチャイズとして，741店（2011年12月）をフランチャイズ展開している。

一方，ヤマダ電機はフランチャイズ・ボランタリーチェーンのコスモス・ベリーズを設立し，すでに2,708店舗（2012年1月）を展開している。愛知県名古屋市に本部を置くコスモス・ベリーズは，2005年にヤマダ電機と豊栄家電の共同出資で設立され，2008年にヤマダ電機100％出資の子会社となった。ヤマダ電機は先に述べたように，大都市の都心大型店と地方都市の郊外大型店の2つの業態を展開しており，これにコスモス・ベリーズの地域店を加えることによってチェーン全体の補完関係を確立しようとしている。コスモス・ベリーズの加盟店にはフランチャイズチェーンとボランタリーチェーンの2形態がある。加盟店の業種は，地域店を中心にした家電小売業だけでなく燃料店，電気工事店，工務店，リフォーム店などの異業種店も含まれるのが特徴である[11]。これら異業種店の加盟が増えているのは，本業の市場縮小や人口減少・高齢化などの背景があるが，なによりも家電の地域店と同じように工事やサービスを通じて地域や顧客と密接な関係を構築してきたことが要因である。

これらの上位チェーンによる地域店展開のメリットとして，加盟店には大企業の大量仕入れによる仕入れ値の引き下げ，その全国ネットワークを活かした商品配送や企業ブランドの活用等があり，チェーン側には地域店の持つきめ細かいサービスの確保がある。家電量販店は，大型店と地域店の補完関係の確立により，従来のマス・マーケティングの追求からワンツーワン・マーケティングを組み合わせた営業活動を展開し始めている。

一方で，地域店の可能性に注目し，独立してフランチャイズを展開する企業も存在する。大阪府羽曳野市に本部を置くアトムチェーンは，加盟店数911（2011年6月）のフランチャイズチェーンである。同チェーンは特定の家電量販店や家電メーカーの系列に属さないため，加盟店はそれまでの地域密着型のサービスを維持しながら，複数の家電メーカーの商品を扱うことができるとともに，仕入れ値のスケールメリットを享受できる。参加費用は加盟保証金30万円，フランチャイズ料月5万円と比較的低額であり，本部からは製品情報の提供を受けることや顧客に配布するチラシを購入することができる。看板・店名も加盟店の自由であり店舗の自立性を確保できることに加えて，本部により加盟店の商圏が競合しないように調整される[12]。同社の戦略として，小規模

店が量販店と同じ販売戦略を採用するのではなく，固定客の確保，高付加価値商品の販売，人的サービスの提供をする必要があると指摘している（月刊「技術営業」編集 2008）。こうした地域店を支えるフランチャイズ化が，家電業界における今後の小商圏市場成立の1つの鍵になりつつある。

4. 家電小売業における小商圏市場の可能性

　家電小売業においては，家電量販店による2000年以降の出店増によって店舗過剰状態にあることは疑いもない。2011年の地上デジタル放送導入の際にも混乱がみられたように，家電量販店では商品販売後の十分なアフターサービスに対応できない状況も生じている。このような状況下で，家電小売業において小商圏市場に対応した地域店の展開や組織化が試みられていることは注目に値しよう。マススケールの店舗展開を続けてきた家電量販店において，今後の顧客確保のためには地域店の持つきめ細かいサービスが必要である。その一方で，チェーンストアとしての利潤を確保するために，そのような地域店の加盟店舗数を確保してスケールメリットを維持するという命題も与えられている。

　家電小売業における店舗の大型化は，移動距離の増加による空間的ニッチを生み出すとともに，心理的距離の増加（行きづらい，相談しづらい，商品の特徴がよくわからないなど）によるニッチをも生み出している。特に少子高齢化が急速に進行するなかで，高齢者の顧客にいかに対応できるかが家電小売業にとって重要である。家電小売業は時代に応じて新製品が登場するため安定的な市場を確保できる分野であり，近年ではリフォーム市場も有望であることから，今後は異業種・異業態との競合も顕在化して来るであろう。そのようななかで，業態を問わず小商圏市場に対応した店舗フォーマットを開発中であるチェーンも多いが，客の固定化，来店頻度の上昇，家電量販店による大型店と小型店の組み合わせによる店舗展開など，これまでのスケールメリットの追求とは対極的な動きが始まるのではないだろうか。

（兼子　純）

［注］
1) 家電小売業のなかでも，小規模経営の店舗の呼称は，電器店，メーカー系列店，または商業統計の分類としての電気機械器具小売業（厳密には完全に該当しない）などがあるが，ここでは地域に密着した経営により家電販売を行う店舗を「地域店」とする．
2) 加盟していた代表的な企業として，九州地方のベスト電器，中国地方のデオデオ，関西地方の上新電機，東海地方のエイデン，東北地方のデンコードー，北海道のそうご電器などがあった．
3) ヤマダ電機やコジマが代表的な企業である．
4) ヨドバシカメラやビッグカメラが代表的な企業である．
5) NEBA解散の要因として，秋山（2006）は従来NEBA存立の基盤であった，地域的棲み分けやNEBA会員間における競争の抑制が，ヤマダ電機やコジマといった，地盤にとらわれずに劇的な低価格を標榜して全国展開を目指す外部者の出現によって崩壊し，NEBA会員同士も再編成を通じて競合するようになったためと分析している．
6) 2002年3月に中国地方を地盤とするデオデオと，東海地方を地盤とするエイデンが設立した持株会社．その結果，エディオンは業界3位となった（2002年当時）．
7) 日本の家電産業における流通系列化は，1935年に松下電器が成果販売と共存共栄という理念を掲げ，小売店の系列化を目的として行った連盟店制度がはじめと言われている．主要メーカー各社が系列販売網の構築に着手したのは，家電産業が1つの産業として確立した1950年代であった（秋山2006）．
8) 2006年公開．「幸福のスイッチ」製作委員会．
9) 『幸福のスイッチ（しあわせのスイッチ）』公式サイト
http://www.agara.co.jp/shiawase/ （2011年3月8日閲覧）
10) 2010年3月に行った茨城県電機商工組合および組合加盟店への聞き取り調査による．
11) 『石油ガス・ジャーナル』2011年5月6日号による．
12) アトムチェーン本部ホームページおよび月刊「技術営業」編集部（2008）による．加盟保証金は退会時に全額返却される．フランチャイズ料は一部売上高に応じて変動がある．

［文献］
秋山弘道 2006．日本電気専門大型店協会の展開と変容のプロセス．青山社会科学紀要35-1：75-101．
兼子 純 2004．ホームセンター・家電量販店の展開と競合．荒井良雄・箸本健二編『日本の流通と都市空間』173-191，古今書院．
兼子 純 2011．ホームセンター・家電量販店の「小商圏市場」．地理56-2：42-49．
月刊「技術営業」編集部 2008．『ヤマダ電機に負けない「弱者の戦い方」』リック．

第 5 章　ドラッグストアの再編成と業際化

　近年，日本の小売業界は，①中小零細店の淘汰，②市場規模の縮小，という二重の課題に直面しており，チェーンストアが生業的な独立経営店舗にとって代わると同時に，チェーンストア間における過当競争と淘汰が進んでいる（箸本 2011）。こうした状況にもかかわらず，いまだに店舗数・年間販売額ともに増加傾向にある業態が，地域密着型の中小規模店を主にチェーン展開する「ドラッグストア」である。

　ドラッグストアが業態として確立してから，まだ日は浅い。そのため，小売業界の市場規模縮小を横目に，現在でも各チェーンは積極的な出店を続けている。さらに，少子高齢化の進展を背景として，ドラッグストアの主力である医薬品や健康・美容に関する商品への消費者ニーズがますます高まっている。しかし一方では，総合スーパーや食料品スーパー，コンビニといった他の業態が経験してきたように，業態の多様化や他業態との競合や融合，すなわち「業際化」がみられるようになった。

　そこで本章では，ドラッグストア業界が成長期から再編成期へと移行した2000年代以降を中心として，各チェーンがどのような店舗展開・業態開発を行ってきたかを検証する。そして少子高齢化時代を迎え，社会・消費の二極化が進行している日本において，ドラッグストアは今後どのような役割を果たすことができるのかを考察したい。

1. 日本におけるドラッグストアの発展

1.1 「ドラッグストア」とはどのような店舗か

　ドラッグストアが我々にとって身近な小売業態の 1 つであることは，論をま

たないであろう。都市部の駅前や繁華街はもちろん，郊外のロードサイドや住宅地でも店舗を見かけることができる。しかし，日本においてドラッグストアは比較的新しい業態であり，その定義が明文化されたのは2000年代以降である。たとえば，商業統計における業態分類においては2002年に新設されており，そこでは「医薬品・化粧品小売業に格付けされたセルフサービス方式を採用し，一般用医薬品を扱っている小売店」と定義されている。

　ただし，コンビニや総合スーパー，ディスカウントストアといった既存の小売業態でも，健康や美容に関する商品は販売されている。ドラッグストアがそれらの業態と大きく異なるのは，医薬品を取り扱っている点である。後述するが，医薬品は薬事法に基づき薬剤師もしくは登録販売者によってのみ販売が許可されているため，他業態ではほとんど扱われてこなかった。一方，同様に医薬品を販売している業種である薬局，薬店とドラッグストアとの違いには，取り扱う商品の豊富さが挙げられる。ドラッグストアは医薬品だけでなく，化粧品や生活用品，食料品なども取り扱っているため，取扱商品のアイテム数は薬局・薬店に比べて，約4倍にのぼるとされている。

　なお，20世紀初頭にドラッグストアが小売業態として確立したアメリカ合衆国では，「調剤薬・健康美容商品を中心に，かつ消費者の便利性ニーズを満たす商品やサービスをそろえ，便利な立地に展開する小売業」と定義されている（松村2009）。これらのことから判断すれば，ドラッグストアとは，「医薬品および化粧品に加え，健康・美容に関連する生活用品や食料品も取り扱うスーパー」であると理解してもよいだろう。

1.2　ドラッグストアの誕生と成長

　日本におけるドラッグストアの起源には，商店街にあった薬局・薬店の大型化や，雑貨店の薬販売などの諸説がある。それら医薬品・化粧品を扱う店舗がボランタリーチェーンを形成したのは1970年であり，オールジャパンドラッグと日本ドラッグチェーン会の2組織[1]がそれぞれ設立された。宗像（2008）によれば，1973年のオールジャパンドラッグによる実験店舗の出店を経て，1976年にハックイシダ（現在のCFSコーポレーション）によるハックファミ

第5章　ドラッグストアの再編成と業際化　73

図 5-1　ドラッグストア市場の推移
(資料:「ドラッグストア名鑑」各年度版により作成)

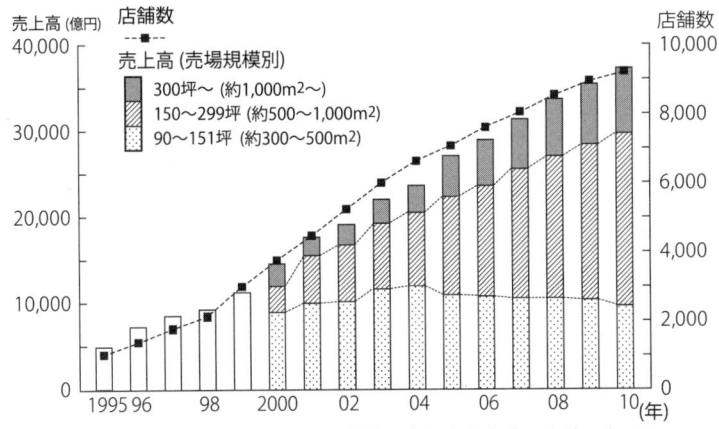

・売上高は90坪（約300m²）以上の店舗の店年商を合計した値である．
・1995～1999年の売上高における売場規模別内訳データは欠．

リーセンター杉田店の出店を機に，日本でもドラッグストアが業態として展開し始めたとされている。

　1980年代，各チェーンは都市部や市街地に小型のドラッグストアを展開していたが，大衆薬や化粧品，日用雑貨の安売りといった「薬局」的な側面が強かった。成長業態として注目され始めたのは1990年代に入ってからであり，ヘルス＆ビューティケア（HBC）といった美容・健康に関する生活用品を取り扱ったり，カウンセリングなどの顧客サービスを充実させたりすることで，現在の「ドラッグストア」にシフトしていった。一方，他の小売業態と同様に，出店規制の緩和も相まって店舗の大型化・郊外化も進展した。こうした業界の成長は，日本チェーンドラッグストア協会[2]の設立（1999年）や商業統計，日本標準産業分類における業態の新設に反映されており，小売業態としての地位を確立していったことがうかがえる。

　図5-1に，1995年から2010年の16年間におけるドラッグストアの店舗数と売上高の推移を示した。店舗数，売上高ともに一貫して増加を続けている。店舗規模別にみると，500～1,000m²の中規模店舗や1,000m²以上の大規模店

舗の売上高が増加し，全体の値を押し上げていることがわかる。その一方で，500m^{2}以下の比較的小規模な店舗の売上高はほとんど増加しておらず，2004年以降は減少に転じている。このことから，中規模・大規模な店舗の成長が，2000年代におけるドラッグストア市場成長の原動力となっており，1990年代と比べて業態内で構造の変化が進んできたことが読み取れる。

しかし2000年代中後期になると，売上総利益率や営業利益率の低下がみられ始め，ドラッグストア市場の飽和が指摘されるようになった。年増加率は店舗数，売上高ともに年々減少しており，新規開店数も減少傾向にある。また企業数は2000年を境に増加から減少に転じており，ここ数年は年間約200店舗以上が閉鎖されている[3]。このようにドラッグストア市場が飽和に向かい，新たな変革が必要とされようとしているなかで，業際化が進むきっかけとなった要因の1つが，薬事法の改正である。

1.3 薬事法の改正が業際化に与えた影響

ドラッグストア業界に着目する際に考慮しなければならない制度として，薬事法が挙げられる。なぜなら，医薬品は薬事法によってその取り扱いや販売が決められているからである[4]。医薬品は医療用医薬品と一般用医薬品の2つに大きく分けられるが，ドラッグストアにおける主力商品は処方せんを必要としない後者の一般用医薬品（大衆薬）である。従来，大衆薬については薬剤師および薬種商販売業者にのみ原則として販売が許可されていた。そのため，各チェーンは各店に薬剤師を確保しなければならず，新規店舗出店の際の障壁となっていた。その一方で，他業態が大衆薬販売に参入してくることを防ぐ役割も果たしていた。すなわち，ドラッグストア業界にとって薬事法は，「規制と保護」という両面の意味を持っていたのである。

しかし，2006年6月に成立，2009年4月に施行された改正薬事法は，この状況を大きく変化させた。少子高齢化の進展にともなう医療費の高騰や国民参加型の医療・健康づくりや生活行動パターンの多様化，医薬分業の進展などを背景として，薬事法は1990年代後半より順次改正されてきたが，今回の改正で注目されるのは，①副作用などのリスクに応じた大衆薬の区分と，②「登録

販売者」資格制度の設立，の2点である。大衆薬がリスクに応じて第一類医薬品，第二類医薬品，第三類医薬品に区分され，比較的リスクの低い第二類医薬品，第三類医薬品については，薬剤師だけでなく新設の「登録販売者」による販売も可能となった。この改正により，薬剤師は販売業務が軽減され，基本業務である調剤に専念できるようになると期待されていた。

一方，大衆薬のうち95%以上が第二類医薬品および第三類医薬品に分類されることとなった。それ以前にも一部の医薬品の分類が変更された例は幾度かあり，たとえば1999年には栄養ドリンクが，そして2004年にはビタミン剤が医薬品から医薬外部品[5]に変更されており，コンビニやスーパーとの競合が指摘されていた。しかし，今回の改正は医薬品の分類のみならず，登録販売者の新設という販売方法の抜本的な変更をともなっていた。登録販売者は一定の実務経験があれば受験資格に制限はないため，薬剤師に比べてチェーンストアは人員を確保しやすい。ドラッグストアにとっては社員に登録販売者の資格を取得させることで人員を確保し，店舗拡大や長時間営業，コスト削減などが容易となることが見込まれている。しかし一方では，コンビニやスーパー，量販店などといった他業態が登録販売者を確保し，医薬品販売に参入するという状況を作り出したのである。

こうして2000年代中後期以降，市場の飽和という経済的要因に加え，薬事法の改正という制度的要因が重なり，ドラッグストア業界は他業態との競合，そして業際化という新たな状況へと進むこととなった。次節では，このような状況において，各チェーンがどのような戦略を立て，店舗網を拡大させているかを考察していく。

2. チェーンによる出店戦略と立地の差異

2.1 グループの再編成と店舗網の拡大

1990年代以降，各チェーンが新規出店により店舗網を拡大していったことは前述のとおりである。しかし，ドラッグストアは総合スーパーやコンビニと比べて明確なナショナルチェーンは存在せず，ドミナント戦略が強い。そのた

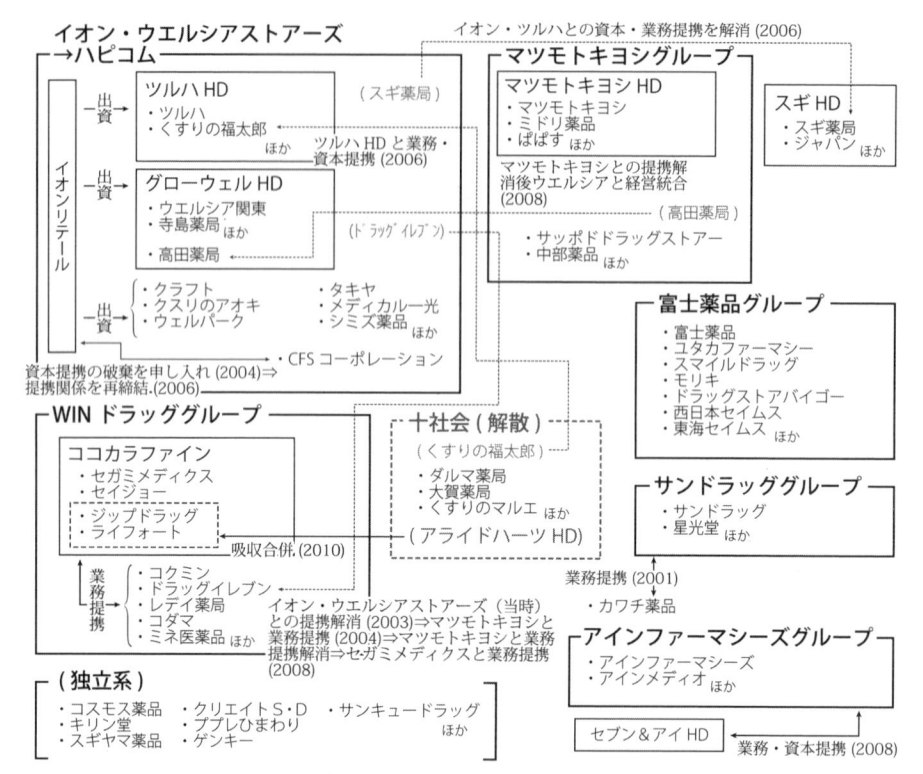

図 5-2 ドラッグストア業界における主なグループと近年の動向
(資料:「ドラッグストア名鑑 2011」および各社ホームページにより作成)

め1990年代末期になると,各チェーンは商品の一括仕入れによるコスト削減やプライベートブランドの開発などスケールメリットを求め,他チェーンの子会社化や経営統合,業務・資本提携などよってグループを形成するようになった。また,医薬品卸売業界においても大手企業による合従連衡が進んだことで,地域卸の役割が縮小した(本藤 2007)。そのため小規模なチェーンがそれまで利用していた地域卸を利用できなくなり,グループの物流システムを使わざるを得ない状況になりつつあることもグループ化の要因の1つである。2011年現在の主なグループと最近の動向を図5-2に示した。現在,ハピコムを筆頭に日本におけるナショナルドラッグストアグループは6～7グループあり,スケー

ルメリットを追求するグループ，自力拡大型のグループ，協業組織型のグループ，地域連合型のグループの4つのタイプに大別できる（商業界編2008）。

2.2 チェーンストア内における業態の分化と店舗網の拡大

　各チェーンは店舗の新規立地，グループ化などにより店舗網を拡大するだけでなく，独自の経営・立地戦略を掲げることで，業界の再編成に対応しようとしている。特に，食品，HBC，酒類の取扱や，調剤機能の有無などが要点となっている。中川（2007）は，粗利率・販売管理費率とHBC商品比率によりドラッグストアチェーンを4つに分類した（図5-3）。そこで本節では，関東地方を事例としてチェーンによる立地戦略の違いを検討する。とりあげるのは，HBC比率が低く粗利率の高いウエルシア関東，HBC比率，粗利率ともに低いカワチ薬品，そしてHBC比率が高く粗利率が低いマツモトキヨシの3チェーンである。以下では，立地年代や店舗面積だけでなく，食品・調剤の取り扱いや他業態との複合立地などに着目し，それらがどのような空間的特徴を有しているのかを考察する。

2.2.1 ウエルシア関東の事例

　ウエルシア関東は埼玉県さいたま市に本社を置くチェーンストアであり，最大規模のナショナルドラッグチェーングループ「ハピコム」の中核となる企業である。北関東を中心に，1都9県に店舗網を広げている。関東地方における店舗分布をみると，都心3区を避けるようにして，郊外に向かう鉄道沿線に出店していることがわかる（図5-4）。調剤の取り扱いに着目すると，関東地方336店舗のうち270店舗（80.4％）が取り扱い店舗となっている。2009年現在，日本チェーンドラッグストア協会の加入チェーンにおける調剤取り扱い店舗率は26.2％であり，ウエルシア関東の取り扱い率の高さが際立っている。これはウエルシア関東が医薬分業を念頭に，調剤併設型の「かかりつけ薬局」を目標としていることが背景にあり[6]，都心近辺・郊外を問わず調剤取り扱い店舗を展開させていることがわかる。さらに，ウエルシア関東はドラッグストア業界において食品の取り扱いで先行しており，2009年時点では150店舗で野菜の取り扱

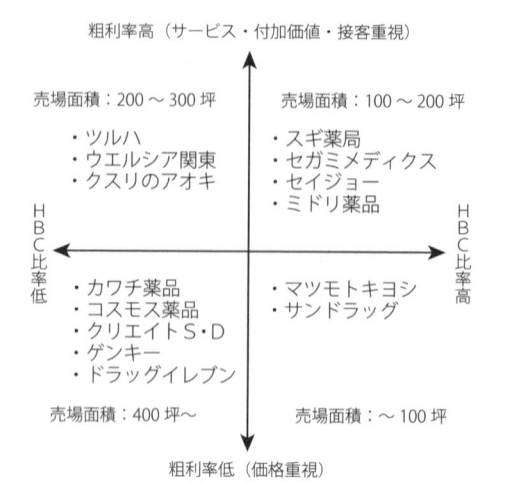

図5-3 粗利率とHBC比率に基づくチェーンストアの分類とその特徴
（資料：中川（2007）を参考に作成）

粗利率高（サービス・付加価値・接客重視）

売場面積：200～300坪
・ツルハ
・ウエルシア関東
・クスリのアオキ

売場面積：100～200坪
・スギ薬局
・セガミメディクス
・セイジョー
・ミドリ薬品

HBC比率低 ← → HBC比率高

・カワチ薬品
・コスモス薬品
・クリエイトS・D
・ゲンキー
・ドラッグイレブン

・マツモトキヨシ
・サンドラッグ

売場面積：400坪～

売場面積：～100坪

粗利率低（価格重視）

いを始めているという[7]。ただし，茨城県など店舗網の縁辺部では食品を取り扱う店舗が少ないことから，人口密度または店舗密度が高く，配送コストを比較的低く抑えられる地域から食品の取り扱いを始めていることがうかがえよう。

2.2.2 カワチ薬品の事例

　カワチ薬品は栃木県小山市に本社を置き，北関東を中心に1都11県に店舗を展開しているチェーンストアである。ドラッグストアにおける売上高は，マツモトキヨシに次いで第2位である。特徴として，店舗面積が約1,800～3,300m^2（600～1,000坪）の「メガドラッグ」が主要フォーマットであり，医薬品・化粧品だけでなく，食品や生活用品などを扱うロードサイド型店舗の出店を進めていることが挙げられる。店舗の分布をウエルシア関東と比較すると，23区内には店舗がみられないだけでなく，さらに郊外指向が強い。国道16号線より外側の北関東が，主なドミナントエリアとなっている。1989年以前は1,000m^{2}以下の店舗がほとんどであったが，1990年代に入ると1,800m^{2}以上の店舗を出店するようになった。2000年代には，店舗網が茨城県や千葉県といった地域に拡大している。また，同時にショッピングセンター内の出店や食料品スー

第 5 章　ドラッグストアの再編成と業際化　79

a. ウエルシア関東

開店年
- ○ 1989年以前
- ◐ 1990〜99年
- ◑ 2000〜04年
- ● 2005年以降

取り扱い
- ○ 調剤あり，食品あり
- □ 調剤あり，食品なし
- △ 調剤なし

―― 国道16号線
······ 鉄道（JR線）

b. カワチ薬品

開店年
- ○ 1989年以前
- ◐ 1990〜99年
- ◑ 2000〜04年
- ● 2005年以降

調剤取り扱い
- ○ あり
- ○ なし

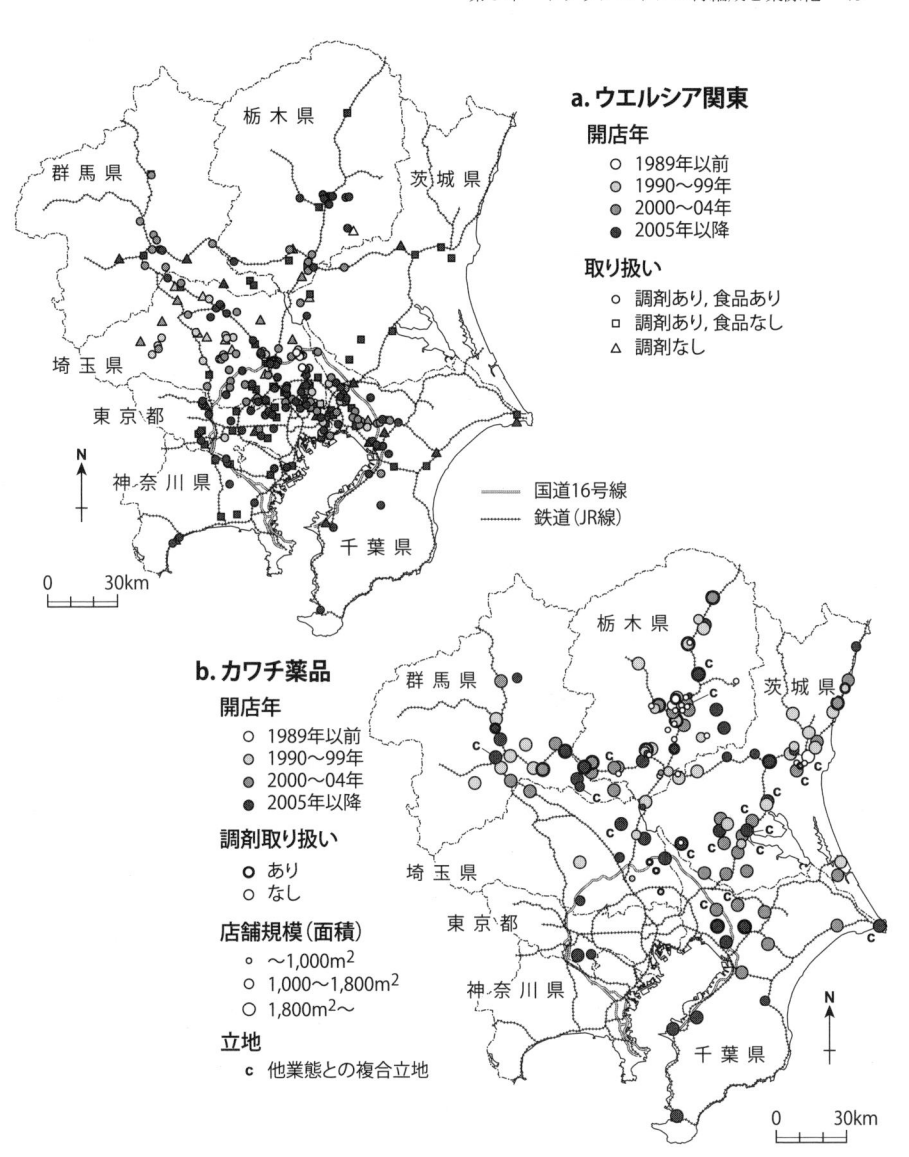

店舗規模（面積）
- ○ 〜1,000m^2
- ○ 1,000〜1,800m^2
- ○ 1,800m^2〜

立地
- c 他業態との複合立地

図5-4　ウエルシア関東およびカワチの店舗展開
（資料：ドラッグストア名鑑，全国大型小売店総覧，
日本スーパー名鑑，各社ホームページにより作成）

パーなどとの複合立地であるコンビネーションストアもみられるようになった。一方で，調剤取り扱いのある店舗は関東地方134店舗中28店舗（20.8％）にすぎず，ドラッグストアチェーンの平均を下回っている。人口密度の低い郊外に展開するカワチ薬品は，調剤の取り扱いなど専門性の追求よりも，店舗の大型化により1店舗当たりの商圏を広げることで，他チェーンストアとのすみ分けを図っていることがみてとれる。また，大衆薬・化粧品を豊富に取り扱っているという点で，店舗の大型化が進む総合スーパーやディスカウントストアといった他業態との差別化が可能になっているともいえよう。

2.2.3 マツモトキヨシの事例

マツモトキヨシは千葉県松戸市に本社を置くドラッグストア最大のチェーンストアであり，関東地方を中心として店舗を展開している。特徴の1つとして，都市型店舗を「ファーマシータイプ」，郊外型店舗を「ドラッグストアタイプ」

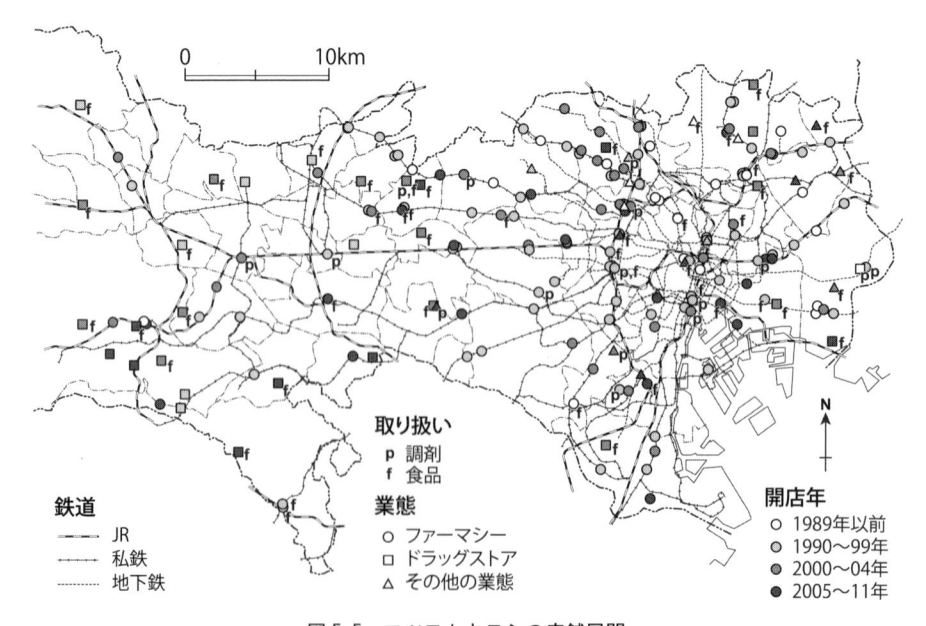

図5-5 マツモトキヨシの店舗展開
（資料：マツモトキヨシWebページ，日本ドラッグストア名鑑により作成）

として分類していることが挙げられる。1980年代後半以降，マツモトキヨシは「都市型店舗」を主力業態としており，駅前・繁華街を中心に出店してきた。それは，ほとんどの店舗が鉄道網に沿って立地していることからも明らかである（図5-5）。これらの都市型店舗は医薬品だけでなく，化粧品・健康食品などの商品を充実させたり，調剤カウンターを併設させたりすることによって，地代・テナント料の高さに対応している（商業界編2008）。また，同一駅前に複数店舗を出店することもあり，そうした場合は調剤の取り扱いや商品，営業時間を変えることで異なるニーズに対応している。一方，1990年以降は，ドミナントエリアを都区部から西部の住宅地へと拡大させており，特に2000年代以降はその傾向が顕著である。これらの業態は食品や日雑品を扱う「郊外型店舗」であり，チェーンストア内でも先の都市型店舗とのすみ分けを行っていることがわかる。また，2000年代後半より不採算店舗を中心としたスクラップ・アンド・ビルドや改装を行っており，店舗運営の見直しが行われている。

3. 新業態の開発と業際化

　ドラッグストア市場の成長期であった2000年代まで，各チェーンは店舗の商圏特性に合わせて取り扱いサービスや商品構成を変え，「ドラッグストア」という枠組みのなかで顧客のニーズに対応してきた。しかし，市場が飽和し，薬事法が改正された2000年代中後期以降は，「ドラッグストア」という業態そのものが新たな転機に立たされている。それを受けて，各チェーンはより細かなニーズや期待に答えるべく，新たな業態の開発や業際化を進めるようになった。そこで，本節では，これら新業態の開発・業際化の動向を整理するとともに，どのような場所に店舗の立地が進められているかを，いくつか事例を紹介しながら検討していく。

3.1　業際化するドラッグストア

　ドラッグストアの業際化について，2000年代末に業界誌上で盛んに特集が組まれるようになった。そこでは，価格や品揃え，付加価値の追加，高級感

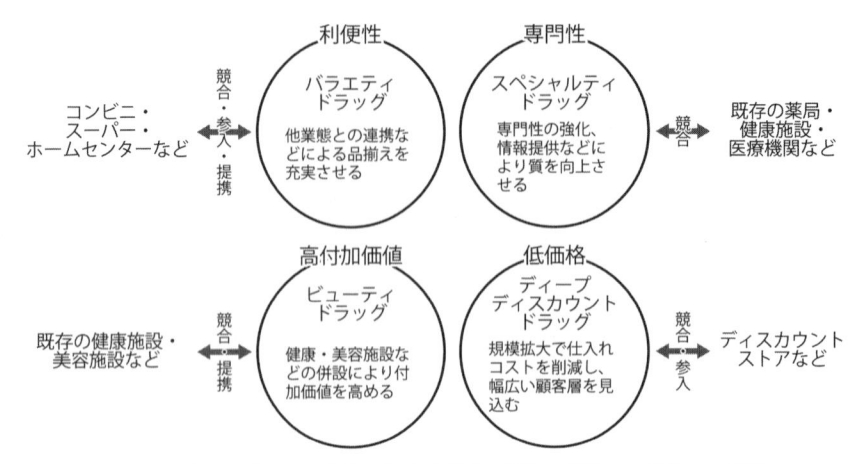

```
                利便性              専門性
              バラエティ         スペシャルティ
  コンビニ・   ドラッグ    競合    ドラッグ    競合   既存の薬局・
  スーパー・  他業態との連携  参入  専門性の強化、         健康施設・
  ホームセンターなど  などによる品揃えを  提携  情報提供などに         医療機関など
              充実させる      より質を向上さ
                              せる

               高付加価値            低価格
              ビューティ         ディープ
              ドラッグ    競合    ディスカウント   競合
  既存の健康施設・ 健康・美容施設な      ドラッグ    参入   ディスカウント
  美容施設など    どの併設により付  提携  規模拡大で仕入れ         ストアなど
              加価値を高める      コストを削減し、
                              幅広い顧客層を見
                              込む
```

図5-6 ドラッグストア業界における業態の開発・分化と他業態との関係

追求などが示されてきた。それらの方向性は，図5-6に示すようにおおむね以下の4つにまとめられよう。

第1は「バラエティドラッグ」と呼ばれる，コンビニやスーパーマーケットなど，他業態との併設・合体によって利便性や買い回り性を強化しようとする方向性である。ドラッグストアの特徴は医薬品，特に大衆薬の取り扱いにあるが，それ以外の生活関連用品については，コンビニやスーパー，ホームセンターなど，既存の業態でも扱われている。そのため，以前より業態間の競合が指摘されており，特に薬事法改正直前はコンビニなどの他業態による大衆薬販売への本格的参入が盛んに業界誌でとりあげられていた。しかし，後に示すように他業態での大衆薬取り扱いの難しさが明らかになる一方で，ドラッグストアはより多様な商品の取り扱いが求められるようになった。そのため現在では，ドラッグストアとコンビニとの併設・合体やショッピングセンターへのドラッグストアの出店，新業態の開発など，異業態間の連携がみられ，業際化の代表的動向となっている。

第2は「スペシャルティドラッグ」と呼ばれる，調剤併設による処方せんへの対応や薬剤師のカウンセリング販売などによって，専門性を強化する方向性である。長らく日本では医療機関が医薬品を処方することが多かったが，近年

は医薬分業が進み，薬局で薬剤師から医薬品を購入することが多くなった。ドラッグストアは一定の地域に集中して立地する傾向が強いため，当該地域の顧客は店舗を利用できる機会が多くなる。そのため，大衆薬を含めた医薬品の販売や提供に重点を置くことで，いわゆる「かかりつけ薬局」を目指すものである。さらに，医療機関や在宅介護事業，訪問介護事業などと連携することで，医薬品の販売にとどまらず，地域医療拠点としての性格を強化し，従来の「ドラッグストア」と差別化を図っているチェーンストアもある。

第3は「ビューティドラッグ」と呼ばれる，エステサロンやフィットネスクラブを併設するなど，美容・健康関係での高付加価値化を目指す方向性である。医療に関する専門性を目指す「スペシャルティドラッグ」とは対照的に，こちらはHBCサービスに比重を置くものである。医薬品とともにHBCもドラッグストアの主要な取り扱い品目である。したがって，エステサロンなどの美容施設の併設は，化粧品販売の延長上にあるサービスとして十分考えられる（岡村 2008）。また，セルフサービスによる化粧品の販売だけでなく，化粧品に関するカウンセリング機能を強化することで，中高年齢の女性を固定客として取り込む動向もみられる。

第4は「ディープディスカウントドラッグ」と呼ばれる，食品や雑貨の品揃えを強化し規模の拡大により低価格を追求する方向性である。上記3つの方向性は，商圏内の地域的特徴を考慮した小商圏市場を念頭においた業態であるといえる。しかし，この方向性は，規模拡大やプライベートブランドの導入などによりコストを削減し，幅広い顧客層を見込むものである。地方都市の郊外に「メガドラッグストア」と呼ばれる大規模な店舗として出店するケースが多く，総合スーパーやディスカウントストアなどと競合する傾向にある。

3.2 業際化のなかでの立地戦略

本節では，4つの新たなドラッグストアが目指す方向のもと，各チェーンが近年どのような業態開発を行っているかを，トピックス的に紹介していく。

3.2.1 特定施設への立地

近年，鉄道駅やショッピングセンター，医療モールなど，特定の施設や場所に特化して立地する業態がみられるようになった。これらの利点は，共通のバックグラウンドを有した消費者が集まるため，マーチャンダイジングが容易であるという利点がある。

最も身近な例としては，交通ターミナル，特に鉄道駅構内である「駅ナカ」に出店するものが挙げられよう。通勤客・通学客をメインターゲットとした「駅ナカ」は，近年小売業界において有力な立地とされており，2000年代以降，コンビニや衣料品店，書店などの出店が進んでいる。こうした動向はドラッグストアにおいても同様であり，駅ナカへの出店に特化した業態が開発された。その例としては，2009年に出店したマツモトキヨシの「Medi＋マツキヨ（メディプラスマツキヨ）」を挙げることができよう。マツモトキヨシにおける通常の店舗に比べ，店舗面積は約5分の1の約20m^2，取り扱いアイテム数は2割程度の2,600と極小規模であるが，登録販売者のみのローコストオペレーションや来店客数の多さ，そして競合店出店可能性の低さなどから今後も展開を進める方針だという[8]。

次に挙げられるのは，医療モールや病院，高齢者介護施設など，医療・介護施設に隣接して立地する業態である。医薬分業を目指す潮流に即するものであり，そのほとんどが調剤機能を有している。この業態の利点としては，患者や施設利用者が固定されていることが多いため，「かかりつけ薬局」として認知されやすいことである。たとえばサッポロドラッグストアーは既存の店舗に隣接させる形で内科や整形外科，耳鼻科などが入居する医療モールを開設している。また，マツモトキヨシは低層階にドラッグストアや調剤薬局が，高層階に医療機関が入居した「医療ビル」業態を開発している。こうした業態のなかには，ドライブスルーにより薬の受け取りが可能な店舗もある。さらに，スギ薬局やセイジョーのように，在宅医療介護・訪問介護といった地域医療に取り組み，訪問介護ステーションや老人ホームといった医療看護施設の運営や連携などをはかっているチェーンストアもある。

3.2.2 コンビニとの連携

　ドラッグストアとコンビニとの競合については，その業態としての類似性から，当初より指摘されてきた。特にコンビニは24時間営業・年中無休を基本とし，加工食品や菓子類のみならず，生活用品も扱う業態である。商圏は狭く，消費者の購入頻度も高い。また，緊急購入としての性格もあることから，コンビニが医薬品を扱うことが期待されてきた。しかし，薬事法によって医薬品の扱いに制限があることから，医薬品販売への参入には障壁があった。しかし，1999年には栄養ドリンクが，そして2004年にはビタミン剤がコンビニでも扱えるようになった。そして2009年の薬事法改正により，一部の大衆薬を新設された登録販売者が販売できるようになった。こうして進められる規制の段階的緩和にともない，業界誌では「ドラッグストア対コンビニ」という競合の激化が盛んにとりあげられていた。こうした動向に対し，ドラッグストア業界もアイテムの増強や営業時間延長などで対抗する姿勢をとっていた。たとえばマツモトキヨシは2003年以降，東京都心を中心に24時間営業店を展開しつつある。

　しかし，薬事法改正後の現在，ドラッグストアとコンビニとの関係をみると，ドラッグストア対コンビニという「競合」よりも，両者による「連携」が盛んにみられるようになった。この理由としては，①登録販売者の確保の難しさ，②医薬品販売スペースの確保の困難さ，③コンビニ用アイテムの開発コストの高さなどが挙げられている。すわなち，コンビニが医薬品を扱うよりも，ドラッグストアと連携することにより，お互いのデメリットを補完し，新たなメリットを生み出すという構図である。さらに，調剤機能を有しているドラッグストアと併設することにより，調剤の待ち時間のコンビニ利用を見込むケースもある。2000年以前にも店舗の併設は実験的に行われてきたが，2010年代後半以降，企業間連携が多くみられるようになった。以下では，近年みられるコンビニとの合体業態や併設店舗の例を，いくつか紹介しよう。

　まず，コンビニの品揃えを即時性の高い食品に特化させ，ドラッグストアと合体・併設するケースである。コンビニチェーンであるミニストップは，おにぎりや弁当，総菜などの取り扱いを強化した「ミニストップサテライト」とド

ラッグストアとの併設店を展開している。たとえば，ウエルシア関東とフランチャイズ契約によってドラッグストアとコンビニを合体させた「グリーンシア・ミニストップサテライト」を開発し，2009年から首都圏郊外を中心として出店をはじめた。ドラッグストア部分は大容量・ケース入り商品，コンビニ部分は少量商品を扱うことで，両社の競合を回避しているとともに，男性客，女性客の両者を取り込む狙いもある[9]。ほかにも，タキヤとの合体店や，CFSとミニストップ，タキヤの3社による新業態「れこっず」も同様の例として挙げられよう。さらに，ツルハHDとポプラ，アインファーマシーズとセブンイレブン，ココカラファインHDとサークルKサンクスなど，2000年代末より，ドラッグストアとコンビニとの連携が加速的に進んでいる[10]。

また，生鮮コンビニと合体するケースもみられる。マツモトキヨシは，生鮮食品も扱う生鮮コンビニ「ローソンストア100」を組み込んだ店舗を2010年7月に千葉県浦安市に出店した。店舗周辺は集合住宅，戸建住宅が立ち並ぶ郊外住宅地である。こうした地域の主な住民層は主婦や高齢者である。生鮮食料品を扱うコンビニを併設することで，それらの需要の取り込みを狙っているのである。

4. 今後ドラッグストア業界に求められるもの

荒井（2007）は，近年の社会・消費の「二極化」による中流意識の崩壊を背景として，小売業態が「付加価値追求」業態と「ボリューム追求」業態へと二極化することを指摘した。さらに後藤（2004）は，高質スーパーとスーパーセンターをとりあげ，前者を都市型業態，後者を農村型業態とし，スーパーという業態が多様に分化していく必然性を示した。これらの指摘は，本章で示してきたドラッグストア業界の動向と合致する。したがって，多様な消費者をかかえる都市部では利便性，専門性，付加価値などを高めて商圏縮小に対応した小商圏フォーマットが開発される一方で，人口密度の低い地方圏では低価格・大型化を目指す大商圏フォーマットの展開が進んでいくものと予想される。しかし，ドラッグストア業界は他業態との競合，新しい業態の開発，そして業界の

再編成の渦中であり，チェーンストアおよびグループによる経営・出店戦略の差が大きく，その動向は今後も流動的であるといえる。

　その一方で，利用者の視点に立った場合，今後ドラッグストアに何を求めることができるだろうか。この答えの1つに，「地域医療拠点」としての役割を挙げたい。高齢化の進行により日本は2007年には5人に1人が高齢者という「超高齢社会」に突入し，今後の医療費の高騰が懸念されている。老後の年金などに対する不安も高まるなか，世帯の経済状況によっては病院への通院・診察がためらわれ，軽い症状の場合は病院へ行かずに大衆薬のみで治癒する，という選択肢も考えられる。こうした状況においては，自分自身の健康に責任を持ち，軽度な身体の不調は自分で手当てする「セルフメデュケーション」の考え方が重要になってくる。2006年に医療法が改正された際，薬局が「医療提供施設」として位置づけられた。ドラッグストアは薬局が扱う医薬品だけでなく，美容そして健康に関する食品や生活用品も扱っている。独居高齢者を対象として配食サービスや安否確認などを行う店舗もみられるようになった。したがって地域医療を支える拠点としてだけでなく，「社会的インフラ」としての役割も期待されているといえよう。

（駒木伸比古）

[注]
1) 両組織とも東京都中央区に本部を置く薬粧小売ボランタリーチェーンであり，薬局・薬店によりそれぞれ設立された．オールジャパンドラッグには141社4,885店舗が（2010年3月現在），日本ドラッグチェーン会には110社が（2011年9月現在）それぞれ加盟している．
2) チェーン化を指向するドラッグストアの社会的な役割を果たすことを目的として，ドラッグストア企業を中心として設立された組織である．本部は神奈川県横浜市にあり，2011年4月現在，172社14,895店舗が加盟している．
3) 日本ホームセンター研究所編『日本ホームセンター名鑑』各年度版の巻頭言による．
4) 医薬品の特殊性や規制緩和については，中村（2007）などを参照されたい．
5) 厚生労働大臣が指定する，人体に対する作用が緩和なもの（機械器具類などを除く）またはこれらに準ずるものを指す．医薬品と化粧品の中間的な存在とされる．
6) 「特集　09年改正薬事法施行後をにらむドラッグストアのニューフォーマット開発戦略」『販売革新』46（8）：45-74. 2008年8月．

7)「特集　改正薬事法施行でドラッグストアはこう変わった」『激流』34（12）：13-44．2009年12月．
8)「特集　コンビニ大異変！　個店売り上げ減，店舗数飽和…」『週刊東洋経済』6216：34-77．2009年8月．
9)「6.1改正薬事法施行で競争必至!?　ドラッグストアが「強敵」になる日」『コンビニ』12（7）：48-62．2009年7月．
10)「ドラッグストアの脅威と迎撃策」『コンビニ』13（8）：2-18．2010年8月．

［文　献］
荒井良雄　2007．社会の二極化と小売業態．荒井良雄・箸本健二編『流通空間の再構築』1-17，古今書院．
岡村憲之　2008．複数フォーマット戦略　ニューフォーマット開発　3つの理由と4つの方向性．販売革新46-8：66-69．
後藤亜希子　2004．消費空間の「二極化」と新業態の台頭－高質志向スーパーとスーパーセンター．荒井良雄・箸本健二編『日本の流通と都市空間』235-253，古今書院．
商業界編　2008．『改正薬事法で変わる！　まる分かり　ドラッグストアガイドブック　30のQ&Aでよく分かる　ドラッグストアの役割と仕事』商業界．
中川宏道　2007．ドラッグストアチェーンの戦略と今後の成長性．流通情報451：15-23．
中村　努　2007．情報化の進展と医薬品流通の再編成．荒井良雄・箸本健二編『流通空間の再構築』159-175，古今書院．
箸本健二　2011．変わる消費・多様化する業態．地理56-2：22-29．
本藤貴康　2007．チャネル構造変化と卸売業の存続基盤－ドラッグストアの伸長とHBC流通に焦点をあてて．東京経大学会誌（経営学）254：95-111．
松村　清　2009．歴史検証　ウォルグリーン「コンビニエンス」戦略．コンビニ12-7：54-57．
宗像　守　2008．『ドラッグストアの常識－基礎編』商業界．

第6章　転換期にある出版物流通

　日本の出版物は,他の商品と比較するといくつかの特徴を持ち合わせている。まず,出版物は再販売価格維持制度という制度によって,出版社が決めた定価で販売されており,他の商品で一般的にみられる価格競争が存在しない。また,全国に出版物を流通させる取次部門(卸売部門)が大きな力を持っており,流通のなかでの小売部門の発言力が相対的に弱いという構造的特徴がある。

　ながらく変化に乏しいと言われていた出版物流通であるが,筆者は1990年代後半から転換期に入ったと考えている。たとえば店舗立地に関していうと,1980年代以降のコンビニの発展により,週刊誌を中心とした雑誌の販売拠点が増加しており,都心部に限られていた大型書店も1990年代に入って郊外化が顕著となっている。また,近年は日本でもインターネットを利用した買い物(ネット通販)が増加傾向にあるが,出版物はネット通販の利用の多い分野の1つになっている。特に,1995年にアメリカ合衆国で書籍販売を開始したアマゾン・ドット・コム(アマゾン)が,2000年に日本に進出してからというもの,日本でも出版物のネット通販は広がりをみせつつある。このように,日本の出版物流通では川下サイドに位置する小売部門において,さまざまな変化がみられるようになっているのである。

　そこで本章では,1990年代後半以降における出版物流通の変化について注目し,書籍・雑誌小売業(書店)の多様化に伴う出版物流通の再編成についてみていきたい。特に,日本の書籍ネット通販の現状を把握したうえで,さらにそうしたネット通販の発展が既存の出版物流通システム全体に及ぼす影響についても検討していくことにしたい。

1. 日本の出版物流通の特徴

1.1 出版物の流通経路

まず，一般的な出版物の流通システムについて全体像を説明しよう。出版物の種類は「書籍」と「雑誌」に大別される。両者を見分ける一番のポイントは発行に周期性があるかどうかである。雑誌は一般的に 1 カ月ごとあるいは 1 週間ごとといった形で定期的に刊行されるが，書籍は基本的に不定期である。なお，流通上では，雑誌コードと呼ばれる識別コードによって区別される[1]。

図 6-1 は日本の出版物販売額の推移を示したものである。書籍と雑誌の販売額の割合は，おおむね 2 対 3 であり，書籍の方がやや少ない。書籍・雑誌を合計した日本の出版物の年間販売額は，高度経済成長期に高い伸びを示し，1996 年には 2 兆 6,563 億円とピークを迎えたが，その後は減少傾向にある。2008 年にはピーク時の 8 割程度の 2 兆 177 億円まで落ち込んでいる。書籍のみでもほぼ同じ推移をたどっており，1990 年代半ばを境に減少傾向にある。

次に，これらの出版物の流通経路の特徴をみていこう。日本では出版物の大半は取次会社[2]と呼ばれる卸売業者を介して小売業者に渡っている（図 6-2）。その割合は書籍で 7 割近く，雑誌では 8 割にもなる（日本出版学会編 2010）[3]。消費者に出版物を販売している小売業者のおよそ 6 割はいわゆる書店であり，残りはコンビニや駅の売店などである。

出版社と取次会社と書店の数を比べてみると興味深いことがわかる（表 6-1）。まず目につくのは，取次部門を形成する企業あるいは事業所の数が非常に少ないことである。現在，日本出版取次協会（取協）に加盟している取次会社は 30 社ほどであり，そのうち書籍と雑誌の両方を取り扱ういわゆる総合取次と呼ばれる企業は実に 7 社にすぎない。ちなみに 2009 年現在，書店は全国で 14,556 店（『2010 出版物販売額の実態』），出版社は 3,815 社もあり，取次部門と比べてかなり企業・事業所数は多いといえる。

日本の取次業界のもう 1 つの特徴は，上位 2 社の経営規模が突出しており，寡占状態にある点である。決算期のずれはあるが 2009 年度の売上で比較すると，取次会社の上位 2 社はそれぞれ年間売上高 5,000 〜 6,000 億円強の大企業

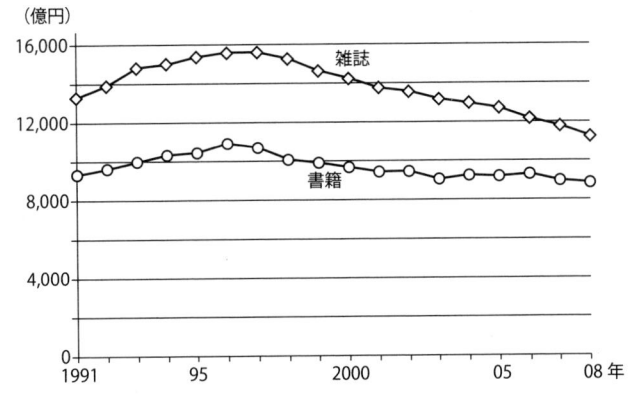

図6-1　日本における出版物推定販売金額の推移
（資料：「白書出版産業2010」により作成）

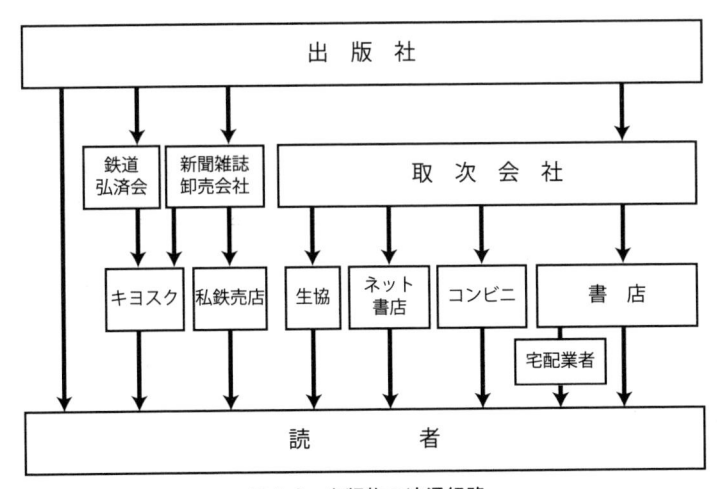

図6-2　出版物の流通経路
（資料：山田（1996）を一部改変）

である。上位2社の取次会社の寡占率については諸説あるが，2社を合計するとおおむね書店ルート[4]の7割以上になるといわれている。

一方，書店と出版社についてみてみると，書店1位の紀伊國屋書店で1,145億円，出版社1位の集英社でも約1,332億円にすぎない（帝国データバンク出版業界2009年度決算調査）。つまり売上高からみれば，大手取次会社の経営規

表 6-1　出版社・取次会社・書店の分布状況

	出版社	取次会社	書店
北海道	31	0	715
東北	52	0	1,024
関東	3,138	23	4,669
北陸	51	0	1,071
中部	72	0	1,750
近畿	341	3	2,621
中国	41	0	856
四国	20	1	557
九州	69	1	1,293
合　計	3,815	28	14,556

注：取次会社は取協加盟社(2011年12月現在)
(資料：出版物販売額の実態 (2010)，出版年鑑 (2011) により作成)

模は書店や出版社の上位企業のおよそ5～6倍にもなるわけである。これらを総合すると日本の出版物流通は生産者と小売業者が零細多寡である一方，中間部門は極端な寡占状態にあることがわかる。この結果，当業界では取次会社がチャネル・リーダーとしての役割を担っているのである。

次に，出版社，取次会社，書店の地理的関係をみていこう。出版社と取次会社の本社の約8割は関東地方に集中している（表6-1）。出版社が東京大都市圏に集中しているのは，日本における情報集積基地・情報発信基地として東京に勝る都市がないからであり，取次会社は仕入れ先である出版社との近接性を求めて東京大都市圏を志向していると考えられる。これに対して，小売店で関東地方に立地するものは全体の3割強にすぎない。小売販売額はその地域の住民が持つ購買力によって決まる。したがって，小売業者の数は人口規模にほぼ比例することになり，出版社や取次会社と比べると全国的に分散している。よって，出版物の商品流動をごく単純にいえば，東京を出発点として，全国各地へと送られるという構図になっており，このことから，一般的に東京から遠方の地方ほど輸送距離が伸び，より多くの輸送時間とコストがかかることがわかる。

1.2　出版物流通に関わる制度

日本の出版物流通は制度面からみても特徴的な点がある。ここでは出版物流通を理解するうえで重要な制度として，委託返品制度と再販売価格維持制度(再販制度)を取り上げる。

まず委託返品制度について説明しよう。委託返品制度とは，出版社が一定期間商品の販売を書店に委託するかわりに，その期間内であれば売れ残った商品

の返品を認める制度であり，ほとんどの出版物はこの制度のもとで流通する[5]。また，生産ロットに関して述べると，特に書籍の場合，一部のベストセラー作家の作品などを除いて，初期生産ロットは全体的に小さくなる傾向があり，数万部を売ればベストセラーと呼ばれる。すなわち，書籍は多品種少量で生産される商品の典型なのである。

このような多品種少量生産である書籍を仕入れる際に，買い切り制にすると小売店側の売れ残りリスクが大きくなる恐れがある。また，仕入れが売れ筋商品ばかりに偏り，多様な出版物の発行ができなくなる恐れもあるということで，出版物流通においてはこの委託返品制度が採用されているのである。書籍の市場出回り点数は現在数十万点にもなっている[6]。

次に再販制度について述べる。再販制度とは，ある商品の供給者が，その商品の取引先である事業者に対して，その次の取引先に販売する価格（再販売価格）を指示して，これを遵守させる制度である（辻 1990）。このような行為は通常，公正な競争を妨げるものとして独占禁止法で禁止されているが，出版物に関しては例外的に認められている。この再販制度によって，書籍・雑誌は，同一商品の販売価格が全国一律となり，書店は価格競争を回避することが可能となる。

ところが，再販制度によって販売価格が固定化されることは書店にとってメリットばかりではない。これによって書店では売れ残り商品の値引き販売も事実上不可能になってしまっているのである。先に述べた通り出版物は売れ行きの予測が難しく，ただでさえ買い切り制では小売業者の抱えるリスクが大きいといわれている。それに加えて再販制度によって値引きができないとなると，返品条件を付けなければ書店は十分な品揃えができないというわけである。

しかし，委託返品制度の弊害として，返品可能であるが故に，小売業者が安易な仕入れを行い，結果として小売側の過剰仕入れが発生しやすくなる傾向にある。実際，出版物の返品率は長期的には増加傾向にあり2008年の段階で書籍は4割強，雑誌も約3～4割が返品されている[7]。

2. 集約化が進む取次の物流システム

2.1 大手取次会社による物流システムの再編成

　1990年代以降，大手取次会社は物流システムの再編成を進めている。そのポイントは，物流拠点の集約化とシステムの合理化である。ここでは大手取次会社であるX社の書籍物流システムの合理化を，主としてその物流センターの立地と規模の変化からみていくことにしたい。日本の出版物流通は，取次部門における上位2社による寡占が著しいことは先に述べたが，X社はこの二大取次のうちの1社であり，事例として取り上げるに相応しいといえる。

　X社の販売網は全国に展開されており，国内のほとんどの主要出版社，大手書店と取引を行っている。また，一部の大手コンビニとも取引がある。X社の本社は東京都新宿区にあり，資本金45億円，売上高約5,472億円（2010年3月期）である。なお，X社の売上構成比は同じく2010年3月期，雑誌・コミック54.9%，書籍39.4%，マルチメディア5.7%となっている。

　X社は1990年代前半まで「書店および読者からの注文品を可能な限り早く届けるという，読者ニーズに応えるための有力な手段の1つは，読者に最も近い出先機関に豊富な在庫を持つことである」という考えのもと，地方物流拠点の拡充を図り，近畿地方や中京圏にそれぞれの地域を担当する物流拠点を建設していた。

　1992年に建設された中部ロジスティックスセンターは，当初は愛知，岐阜，三重3県の書店を対象としていたが，その2年後には富山，石川，福井の北陸3県の書店にまで対象を拡大した。近畿センターはX社の地方分散型物流拠点構想の第2弾として，中部センターに続いて建設されたもので，大阪，京都，神戸の3支店を1つのシステムのもとに統合することで，特に書店からの注文品管理を効率化することを目的としていた。

　しかし，X社は1990年代後半にはそれまでの地方分散型物流拠点構想を転換し，大規模拠点施設の建設による在庫集約化を目指すようになった。それではなぜこのような方針転換が行われたのであろうか。その主な理由は，書籍のアイテム数がきわめて膨大であることから，地方の書店からの注文を地方拠点

の在庫を賄うことができなかったことである。X社の社史によれば，近畿センターが担当する大阪，京都，神戸の3支店だけで1日平均30万点もの書店注文が入っていた。これほどの注文点数を100％賄うのは地方拠点では不可能であり，X社の中央倉庫からの出庫や，出版社への発注になるケースが頻発したのである。X社の中央倉庫や各出版社の物流拠点は東京とその周辺に集中していたため，在庫検索とその処理作業が分散的に行われ，返って非効率な面も生じてきた。結果として，X社では当初見込んだほどにリードタイムを短縮することができず，埼玉県桶川市に新たに物流センター（桶川センター）を建設し，それまで地方に分散していた在庫を集約化することで物流システムの効率化を図るよう方針を転換したのである。

2.2 拠点集約化による在庫一元管理

　桶川センターの建設構想は1999年に発表され，これ以降X社ではまず返品処理に関する作業を桶川センターに集約していくことになる。聞き取り調査によると，2005年以前は各支店でも返品受け付けが行われていたが，2005年以降，全国の書店からの返品はすべて桶川センターで受け付けるように変更された。その後，2007年には書籍注文品の出荷部門も全面稼働している。

　桶川センターは敷地面積65,400m^2，延床面積76,300m^2，地上5階建てであり，300億円の巨費が投じられた。在庫量は約80万点，700万冊（返品分を含むと1,800万冊）であり，その規模は商用書籍在庫拠点としてはほぼ日本最大である。なお桶川センターの最上階の5階部分は出版社の倉庫となっており，大手出版社を中心に40社程度が入居している。なお，出版社倉庫に置かれている商品は出版社の社外在庫として扱われる。

　これらの在庫は，X社が一元的に管理し，書店からの注文に即応できる体制が整えられた。書籍の注文では，取次会社に在庫がなく，出版社まで発注する必要が生じると，集荷のタイミングなどの事情により，大幅にリードタイムが長くなることがある。そこで，出版社まで取りにいくケースをできるだけ少なくすることが，リードタイムの大幅な短縮につながるのである。

3. 書店業界の変化

3.1　1990年代後半からの再編成

　ここでは，取次会社から書籍・雑誌の供給を受ける書店業界の状況をみていくことにする。まず，統計資料を中心に書店業界の動向を明らかにする。先にも述べた通り，現在日本で流通する出版物の約6割はいわゆる書店を通じて販売されており，残りがコンビニや駅の売店などで販売されている。商業統計によれば「書籍・雑誌小売業[8]」の総数は1988年に最大となり2万8,000店を超えたが，その後は減少を続けている。この要因は主として個人経営店の廃業にあり，法人店と個人店の数は1994年の調査で逆転している。2000年代に入ると法人店の数も減少がみられるようになったが，個人店の落ち込みはそれ以上に激しく業界の構造変化が進行している様子がうかがえる（図6-3）。

　続いて，2000年代以降の書店の売場面積の変化みてみると，2000年に全国で約122万坪だった書店の売場面積は書店数の減少にもかかわらず順調に増え続けており，2008年には140万坪を突破している。このように店舗数は減少しているにもかかわらず，全体の売場面積は増加しており，1店当たりの売場面積が拡大し店舗の大型化が進んでいる。

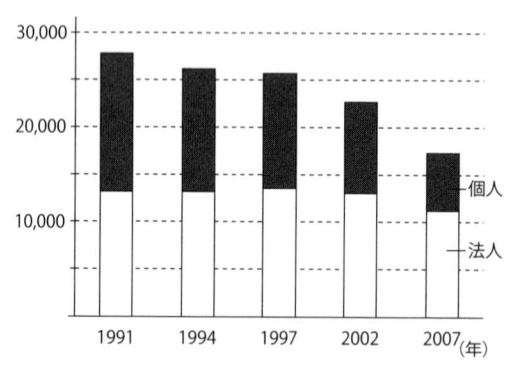

・2004年は簡易調査のため，書籍・雑誌小売業はデータなし．

図6-3　経営形態別書籍・雑誌小売業商店数
（資料：商業統計表により作成）

3.2 書店業界における競争

　ところで，我々は普段，書籍や雑誌をどのようなところで購入しているだろうか。最初に思い浮かぶのは書店であろうが，書籍・雑誌を購入できる場所はそれだけではない。たとえば欲しい本が書店になくてインターネットで注文したり，コミックや雑誌をコンビニで買ったりすることもあるだろう。このように，我々が書籍・雑誌を購入できる場所はさまざまであり，それぞれに特徴がある。それらの特徴をまとめたのが表6-2である。

　一口に書店といっても，その規模によって立地場所の傾向にはやや違いがある。まず最も店舗面積の広い「都心型大型書店」は中心市街地やターミナル駅周辺に立地していることが多い。これは広範な地域から集客するために公共交通機関利用者の取り込みを狙っているからである。また，品揃えは書籍中心であり，雑誌の販売比率は相対的に低い。なお，一般に店舗面積の小さい書店ほど雑誌の販売比率が上がる傾向がある。

　「郊外型大型書店」は都心型大型書店ほどではないが，それでも書店としてはかなり大規模な店舗を持っている。これらの書店はその名の通り郊外地域の幹線道路沿いへの出店が多く，広い駐車場を併設している。なお，近年は郊外店であっても書店だけで単独出店するのではなく，レンタル業を併設していたり，他の業種・業態の店舗と一緒に出店する場合が多い。

　「中小書店」は近年では書店のなかで最も経営的には厳しい状況にある。なぜなら，中小書店の販売活動の核となっている出版物はコミックや雑誌である

表6-2　消費者が利用できる書籍・雑誌の購入チャネル

	都心型大型書店	郊外型大型書店	中小書店	コンビニ	ネット書店
立地	中心市街地・ターミナル	郊外地域	旧市街地	都市部	―
売場面積	1,500～6,000m^2	300m^2～	300m^{2}未満	30～250m^2	―
品揃え	書籍中心	書籍・雑誌	雑誌中心	雑誌・コミック	書籍中心
併売商品	文具	CDレンタル・文具	文具	日用雑貨，食料品など	店によって異なる
主な企業	紀伊國屋書店，丸善，ジュンク堂など	三洋堂，宮脇書店など	―	セブンイレブン，ローソン	アマゾン，ビーケーワンなど

が，これらの商品はコンビニでの販売と競合するからである。しかも大半の中小書店は開店時間が 10 時頃から 20 時頃までとなっているのに対して，コンビニは 24 時間営業であるから，ここでも中小書店はコンビニ対して不利な状況にある。以上のような理由から，書店業界ではかつてはその大半を占めていた個人経営が少なくなり，今や出店の中心は大手のチェーン書店に移ってきている。

「ネット書店」は 1990 年代後半から 2000 年代初頭に登場した新しい販売チャネルである。オンライン書店やバーチャル書店などと呼ばれることもあるが，インターネットを利用した書籍の通信販売のことである[9]。近年の携帯電話やインターネットの普及に伴って利用者も急増している。ネット書店は，従来型の書店やコンビニ，アマゾンのような新規参入企業などによって運営されているが，インターネット環境さえあればどこでも買い物ができるという点では共通している。大手のネット書店になると書籍だけでなく，家電などの商品まで同時に扱っていることもある。次節ではこのネット書店についてさらに詳しくみていくことにしよう。

4. ネット書店の台頭

世界的にみるとネット書店の発展はアメリカ合衆国から始まっている。世界最大のネット書店であるアマゾンは 1994 年にワシントン州シアトルに誕生した。アマゾンはその後瞬く間に世界的な大企業となり，アメリカ合衆国本国以外にも海外進出をするようになった。2000 年にはアマゾンの 100% 出資子会社であるアマゾン・ジャパンが誕生している。

一方，日本国内のネット書店の登場は 1990 年代の半ば頃からであるといわれる。木下ほか（2001）によると日本で最初にネット書店を始めたのは丸善であり，1995 年に開設している。その後，紀伊國屋書店，八重洲ブックセンターといったナショナルチェーンが和書のネット通販を開始した。また，アマゾン・ジャパンの進出と前後して日本版のネット専業書店も登場している。

しかしネット書店の全体像については不明な部分も多い。その理由は統計資

表 6-3　ネット書店と大型書店の相違点

	ネット書店	大型書店
商圏	全国	店舗周辺
消費者の来店方法	ホームページ閲覧	物理的な移動を伴う
消費者の購買パターン	指名買い	ついで買い
消費者の選択範囲	データベースの件数(数十万件)	店頭在庫
商品調達先	取次会社	取次会社

(筆者作成)

　料などが未整備であることや，主要企業の多くが売上高などのデータを非公表としているためである[10]。さらに業界団体なども存在していないため，書籍を扱うネット書店の数を特定することも困難である。しかし，近年のインターネット利用者の順調な増加などを背景にネット書店の市場規模が拡大しているということはほぼ確実視されている。

　表 6-3 は，ネット書店と大型書店の違いをまとめたものである。まず商圏についてネット書店と大型書店を比較してみよう。大型書店は，商圏の大きさはほぼ店舗の大きさに比例するため，その広さには限界が生じる。ネット書店は消費者が実際に商品に触れることのできる店舗を現実空間上には持っていないが，顧客が買い物をするにはインターネットに接続する環境が整ってさえいればどこでも買い物ができる。

　次に，消費者の購買パターンであるが，ネット書店と大型書店における消費者の商品選択の仕方にはやや違いがあるといわれている。すなわち一般に書店での書籍の購入には「ついで買い」が多いが，ネット書店では「指名買い」が多くなる。大型書店の場合，仮に客が買いたい本が決まっている場合でも，来店すれば店頭でさまざまな本を目にすることになり，そちらに興味をそそられることも多い。また，そもそも明確な購入目的を持たずに来店するというケースも多いのである。大型書店の店頭には，消費者の購買動機を刺激する多様な因子があるともいえる。一方，ネット書店の場合は，多くの消費者はまず目的の本のタイトルやジャンルが決まっており，サイトに接続すると同時にキーワードで書誌情報の検索を行う。木下ほか(2001)によれば，ネット書店においてはある特定のタイトルに注文が集中することはまれであり，ネット書店自

表 6-4　ネット書店間の比較

運営主体	アマゾン	コンビニ	大手書店	取次会社
開始年	1996 年	1990 年代後半	1990 年代後半	1990 年代後半
取扱商品	書籍・雑誌以外の商品も多数	食料品などの購入も可能	書籍・雑誌中心	書籍・雑誌中心
受取場所	宅配・コンビニ店頭	店頭・宅配	店頭・宅配	書店店頭・宅配
備考	マーケットプレイスではアマゾン以外の業者との取引も可能	店頭受取りなら買物金額にかかわらず送料無料のチェーンも	書誌情報が充実している	最初はコンビニなどとの共同出資で事業展開

身で顧客からの要望に応えられるようにするためには，品揃えのハードルは非常に高くなる。

　日本における最大のネット書店は，アマゾン・ジャパンであるといわれている。アマゾン・ジャパンとそれ以外のネット書店を比較したのが表6-4である。ネット書店の運営主体としては，アマゾン・ジャパン以外にコンビニや大手書店，取次会社などがあるが，いずれにしてもネット書店では分散的な消費者の注文に対応できるだけの商品を確保できるだけの仕入れ能力が必要となり，また発注から納品までのタイムラグを出来るだけ少なくするための高度な物流システムを利用可能な点では共通している[11]。

　取扱商品では，大手書店や取次会社のネット書店が出版物を中心としているのに対して，アマゾン・ジャパンやコンビニでは出版物以外の商品も多数取り扱っている。特に，アマゾン・ジャパンは「マーケットプレイス」の導入により，取扱品目を爆発的に増やしている。これは，アマゾン・ジャパンのホームページ上にさまざまな主体から出品されている商品も掲載するものであり，新品だけでなく中古品の購入も可能な場合がある。

　鈴木（2006）は，アマゾンを事例に取り上げ，その収益のかなりの部分がいわゆる「ロングテール」といわれる，売れ筋以外の商品需要からもたらされており，このことがアマゾンに強力な市場競争力をもたらしていると主張している。マーケティングなどの分野においては，8割の売上は2割の商品数の売上によってもたらされるという，いわゆるパレートの法則が広く知られている。すなわち，「定番」や「売れ筋」と呼ばれる一部の商品が，全体の売上の大き

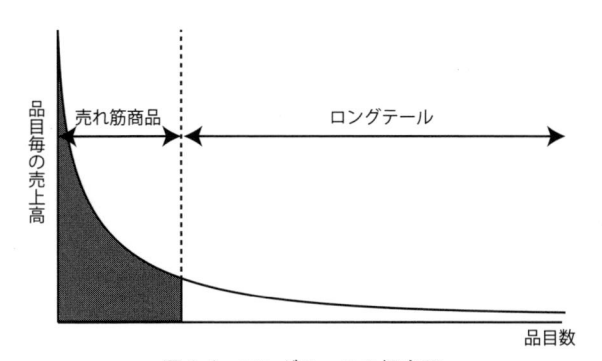

図 6-4　ロングテールの概念図
(クリス・アンダーソン (2009) の説明をもとに筆者作成)

な部分を占めるという経験則である。したがって，一般的にはこの2割の売れ筋商品をいかにして確保するかということが，経営上重要な課題になるといわれてきた。

　一方，ロングテールとはパレートの法則とは異なる考え方で，特にインターネットにおける新しいビジネスモデルの成功パターンを説明する時によく用いられる（図6-4)。この図からわかるように，売上高の大きい「売れ筋」商品は商品構成全体のごく一部であり，売上高の少ない品目がその他大多数を占めている。このような「非売れ筋」商品群のことをロングテールと呼ぶ。ロングテールの商品は，商品アイテム数が多いため売上高を合計するとかなりの額に達する。書籍の場合，ベストセラーとなる商品はきわめて限られており，圧倒的多数の商品は発行部数も少なく，回転率も低いいわゆるロングテール商品である。大型書店ではこういったロングテール商品は売れ筋商品の陰に隠れてしまうのであるが，ネット書店ではある特定のタイトルに注文が集中することは稀であり（木下ほか2001)，このロングテールに属している商品の売上高が経営を支えていると考えられている。

　最後に，ネット書店と大型書店のやや意外な共通点についても触れておこう。それは，両者とも商品調達では取次会社を活用しているということである。日本の出版物の大半は取次会社を経由して流通することはすでに述べたが，これは大型書店でもネット書店でも変わらない。たとえば，アメリカ合衆国では出

版社との直接取引が多いアマゾンも，日本では取次会社を経由して商品を調達しているといわれている[12]。すなわち取次会社の物流システムは，ネット書店の商品調達のためにも機能しているのである。ネット書店は消費者が商品を注文してから手元に届くまでにかかるリードタイムをできるだけ短縮するよう，ある意味では大型書店以上の努力を積み重ねているが，こうしたネット書店の企業努力が功を奏すためには，取次会社との連携も重要になってくるのである。

5. 今後の出版物流通とは

　以上，本章では主に2000年代おいて出版物流通業界に起こった変化とその特徴についてみてきた。出版物流通は，消費者からの注文に対する即応性という面においてきわめて問題が多い。ネット書店は，多くの場合大型書店が利用している共同配送システムは使わず，商品の配送に関しては宅配業者に外部委託しているケースがほとんどである。現在の共同配送システムは雑誌などの大量輸送には向くが，読者からの気まぐれな書籍の注文にフレキシブルに対応することは難しいのである。

　大型書店とネット通販のこのような違いは，商品需要の差からもみることができる。聞き取り調査によれば，X社のネット販売では予約や注文の傾向として，テレビやインターネット，書評等の紹介に対する即応性がきわめて高く，たとえばテレビ番組で有名タレントの発言があった翌日に，その本が受注ランキングの上位に登場するという状況がしばしば見受けられる。また，ジャンルとしては，アニメ関連商品や漫画コミック，アイドルタレントものなど若年層向け商品の予約が多いという傾向もみられる。

　ネット書店では，大型書店が大量販売できる雑誌を商材として持たないことに加え，いわゆるロングテール商品の販売割合が大きいことから，大型書店以上に需要予測が困難になると考えられる。このような困難な商環境のなかで勝ち抜くためには，ネット書店では大型書店以上にきめ細かな商品知識や洗練されたマーケティングが必要になると考えられる。さらに，ネット書店では，必然的に膨大な流通在庫を単品管理しなければならなくなることから，ネット書

籍は，物流に関しても大型書店以上に高度なシステムの構築を要求する業態である．

最近ではいわゆる電子書籍と呼ばれる新しい書籍媒体が発売されるなど，出版物自体も多様化しつつある．電子書籍とはこれまでの紙に印刷されてきた出版物とは違い，電子機器のディスプレイ上で閲覧する出版物であり，ネット上においてデジタル商品として流通する．本章で紹介してきたネット書店や電子書籍はまだ誕生から日が浅く，その影響については未知数の部分も多いが，一方でこうした新しい動きは，既存の出版物流通システムに大きな変革を迫っていく可能性も秘めているといえ，今後もその変化の過程を見守っていく必要があろう．

(秦　洋二)

［注］
1) たとえば，漫画のコミックスは流通上では雑誌扱いとなる．
2) いわゆる卸売業者にあたる企業のことを，出版業界ではこう呼ぶので，以下この呼称を用いる．
3) 取次会社が出版物流通において果たす役割の大きさは，国によってさまざまである．たとえば，アメリカなどは出版社と書店は直接取引が中心であり，ディストリビューターと呼ばれる取次会社に当たる企業を介して流通する出版物は全体の2割程度にすぎない．
4) 出版社から取次会社を介して書店に至る販売ルートのことを書店ルートと呼び，出版物の販売ルートの中心となっている．同様に，出版社から取次会社を経てコンビニへと流れる販売ルートはコンビニルートと呼ばれる．
5) 小田 (1999) によれば，雑誌流通において委託返品制度が初めて採用されたのは，1909年のことである．この年，実業之日本社が初めて『婦人世界』を委託販売で出版し，その成功をみて他の出版社にも委託返品制度が急速に広まった．
6) 市場出回り点数とは，現在書店などで入手可能な書籍のアイテム数のことである．なお，厳密な意味で市場出回り点数を正確に把握するのはきわめて困難であるが，参考までに日本書籍出版協会HP (アドレス　http://www.books.or.jp/) において提供されている現在入手可能な出回り既刊書籍のデータが約85万点である．
7) 書籍の場合，返品された商品がカバーの付け替えなどを施され，再出荷される可能性もあり，最終的な返品率はもう少し下がるともいわれる (山田 1996)．なお，日本出版学会編 (2010) によれば，2008年の書籍返品率は42.9%，月刊誌36.7%，

週刊誌 27.8% となっている．
8) 商業統計でいう「書籍・雑誌小売業」とは「主として書籍及び雑誌を小売する事業所」であり，洋書取次店，古本屋，楽譜小売業が含まれる．ただし，書籍・雑誌を賃貸する貸本屋は含まない．
9) ここでいうネット書店とは，紙媒体の書籍を販売する業者を指し，電子化された著作物（デジタルコンテンツ）をインターネットを介して販売する業者は含まない．
10) 業界最大手とみられているアマゾン・ジャパン，それに次ぐと目されているセブンネットショッピング，楽天ブックスはいずれも売上高非公表である．
11) こういった物流システムを自社で用意している企業ばかりではなく，物流に関しては完全に外注しているところもある．
12) ネット書店の日本での取引先については，小田（2007）や日本出版学会編（2010）などを参照．

［文　献］

小田光雄　1999.『出版社と書店はいかにして消えていくか』ぱる出版．
小田光雄　2007.『出版業界の危機と社会構造』論創社．
木下　修・星野　渉・吉田克己　2001.『オンライン書店の可能性を探る－書籍流通はどう変わるか－』日本エディタースクール．
クリス・アンダーソン著・篠森ゆりこ訳　2009.『ロングテール－「売れない商品」を宝の山に変える新戦略－［アップデート版］』早川書房．
鈴木貴博　2006.『アマゾンのロングテールは，二度笑う』講談社．
辻　吉彦　1990.『再販売価格維持制度－何が問題なのか－』小学館．
日本出版学会編　2010.『白書出版産業－データとチャートで読む出版の現在－』文化通信社．
山田淳夫　1996.『消える本屋－出版流通に何が起きているか－』アルメディア．

第7章　フードデザート問題の拡大と高齢者の孤立

　先進国で栄養失調者が急増しているという事実を，読者の皆さんは信じられるであろうか。一般に，栄養失調者の増加は発展途上国特有の問題として捉えられている。筆者自身も，2004年にイギリスに留学するまでは，そのように考えていた。留学先の先生から，イギリスで栄養失調者が増えていると聞き，とても驚いたことを覚えている。

　発展途上国における栄養失調は，貧困などから来る絶対的な食糧不足に起因する。一方，先進国では，買い物先の減少や極度の偏食，ジャンクフードの蔓延などによる食事内容の質的な悪化が，栄養失調の主要因である。先進国と発展途上国では栄養失調の問題において内容が異なる。しかし，栄養失調が社会的弱者の間で拡大している点で，両者は共通する。そして，我々が暮らす日本でも，栄養失調者は増加している。

　そこで本章では，先進国におけるフードデザート問題について，欧米諸国における事例を紹介するとともに，日本におけるその進展状況をみることによって，比較検討していく。さらに，フードデザート問題に解決法についても検討していきたいと考える。

1. フードデザート問題とは

　カートを引きながらシャッター通りをとぼとぼと歩くおばあちゃんの後ろ姿。このような姿を目にしたことはないだろうか。実際に目にしたことはなくても，テレビや新聞の報道を介して知っているという人は多いはずである。近年，駅前がシャッター通り化する地方都市を中心に，満足に買い物に行けず，日々の食材確保に苦労している高齢者が増えている。2010年5月14日には，

経済産業省の審議会「地域生活インフラを支える流通のあり方研究会」は，アンケートで買い物に苦労していると回答した高齢者の割合から，買い物弱者が全国に推定 600 万人存在すると報告した[1]。また，2011 年 8 月には，農林水産省農林政策研究所が日本全国の人口分布と食料品の位置関係を実際に算出し，自宅から 500m 以内に生鮮食料品店がなく，かつ自家用車を所有していない 65 歳以上高齢者が，全国に約 350 万人存在すると指摘した[2]。マスコミなどでは，この問題を買い物弱者として取り上げている。

一方，学術分野では，この問題はフードデザート（食の砂漠：Food Deserts, FDs と略記）問題として広く知られている。海外では FDs 問題研究が進んでおり，問題の解決策も含め，さまざまな研究報告がなされている。後述のように，FDs の性質や規模，発生要因は国や地域によって大きく異なる。日本における FDs 問題を解明するには，日本での研究蓄積が不可欠である。しかし，日本ではこの問題は注目され始めたばかりであり，一部マスコミの報道があるものの，学術的な調査は進んでいない。そのため，FDs 問題に対する誤解も目立つ。本稿の目的は，日本における FDs 問題の実態を学術的視点から報告することにある[3]。

FDs 問題は，1990 年代のイギリスを皮切りに，世界各地でさまざまな学問分野から調査が進められている社会問題である。イギリス政府は，FDs 問題を「FDs とは，栄養価の高い生鮮食料品を低価格で購入することが事実上不可能な，インナーエリアの一部地域」と位置づけている。これまでの先行研究を要約すると，FDs 問題は，①社会・経済環境の急速な変化のなかで生じた「生鮮食料品供給体制の崩壊」と，②「社会的弱者の集住」という 2 つの要素が重なったときに発生する社会的弱者層の生活環境悪化問題，と整理できる。生鮮食料品における買い物環境の悪化は，健康被害に直結する。「生鮮食料品供給体制の崩壊」には，空間的要因（商店街の空洞化などによる買い物利便性の低下）だけでなく，社会的要因（貧困や差別，社会からの孤立など）も含まれる。また，「社会的弱者」は，国や地域によって大きく異なる。欧米では外国人労働者に代表される低所得者層が FDs 問題の被害の中心である。その一方，現在の日本では，少子高齢化の進展のなかで高齢者層の間で FDs 問題が深刻化している。

FDsとは，単なる買い物先の消失ではない。その本質は弱者の排除（社会的排除問題）にある。海外のFDsは，生鮮食料品のみならず，教育や雇用の機会，社会福祉，公衆衛生，公共交通機関，医療機関など，さまざまな社会サービスが欠落している。こうした地域に住む住民は，生活環境の悪化や貧困，健康被害，人種差別，犯罪の多発などさまざまな排除に直面している。FDs問題はこうした社会的排除の一側面であり，その根底にはさまざまな排除が介在している。一方，少子高齢化や家族・地域コミュニティの希薄化が進む現在の日本は，欧米とは違った形でFDsが進展していると予想される。まずは，学術的視点からの実態解明が不可欠である。

2. 欧米諸国でのフードデザート問題

　大型店の郊外進出が顕在化したイギリスでは，1970～90年代半ばにインナーエリアに立地していた中小食料品店やショッピングセンターが相次いで廃業した。その結果，経済的理由などから郊外の大型店への移動が困難なインナーエリアの貧困層は，都心に残存する雑貨店（corner shop）での買い物を強いられた（伊東2011）。このような店舗は商品の値段が高く，野菜や果物などの生鮮品の品揃えが極端に悪い。そのため，貧困層における栄養事情が悪化し，がんや心臓血管疾患などの疾患発生率の上昇を招いたとする研究報告がなされている。FDsでは，買い物先以外にも医療機関や教育機関，雇用機会，福利サービス施設など，さまざまな社会サービスが欠落している。格差や貧困問題も深刻である。FDsの背景には，社会的排除問題が内在する。
　イギリスでは，1990年代末以降，政府主導のもと，地理学や栄養学，社会学，医学などさまざまな分野からの学際研究が進められた[4]。なかでも，食料品小売店への近接性やFDsの地域性が重要となるため，地理学的視点からの研究が有効となる。イギリスの場合，FDs問題の被害者は低所得者層や交通弱者，家事・育児に追われる人々（シングルマザーなど），高齢者，身体障害者，外国人労働者など多岐にわたる。こうした人々が集住する買い物先空白地帯では，野菜や果物の消費量が全国平均を大きく下回る。あるシングルマザー（母

19歳無職，娘3歳）は，週50ポンドの生活保護費のうち30ポンドを自身のタバコ代に費やし，子どもには近所の雑貨店で購入した安いレトルト食品を与えていた。彼女たちは，生鮮食料品を購入できるだけの十分な収入がないだけでなく，食と健康に関する知識や興味関心の欠落も著しい。

　イギリス以外の国々でも，FDs の研究蓄積がみられる。人種差別と商業機能の郊外化問題が著しいアメリカ合衆国では，アフリカ系アメリカ人を中心にFDs 問題が深刻化している（Morland et al 2002）。アメリカ合衆国の場合，生鮮食料品店の空白地域にファストフード店が多数出店し，栄養過多による肥満問題を誘発している。なかでも子どもの肥満が顕著である。貧困の構図や都市構造，福祉政策などは，国や地域によって大きく異なる。そのため，FDs の規模や被害者の属性，具体的な健康被害の内容などは，対象地域によって違っている。しかし，社会的弱者に対する生鮮食料品供給システムの崩壊がもたらす健康問題という点で，いずれのケースも共通する。また，単なる買い物先の消失だけでなく，背後に貧困や健康に対する知識不足などが介在している点も類似する。

3. 日本でのフードデザート問題

3.1　FDs エリアの買い物環境

　FDs 問題が発生していると推測される地域を，定量的に算出することはある程度可能である。東京都23区において FDs が発生していると推測される地域を地図化したのが図7-1である[5]。この図は，高齢者の分布（生鮮食料品の需要量）と生鮮食料品店の分布（同供給量）を算出し，需給バランスから FDs エリアを特定している。高齢者は片道500m 以内を徒歩で買い物に出かけると仮定してある。分析には地理情報システム（GIS）を用いた。この図から，都内各地で，FDs と予想される地域が広がっていることが伺える。なお，この図は生鮮食料品店までの空間的な近接性をもとに作成したものである。データ利用の制限上，現段階では自家用車所有の有無や公共交通機関の充実度，所得，家族構成までは地図に加味できていない。将来的には住民属性などを加味した

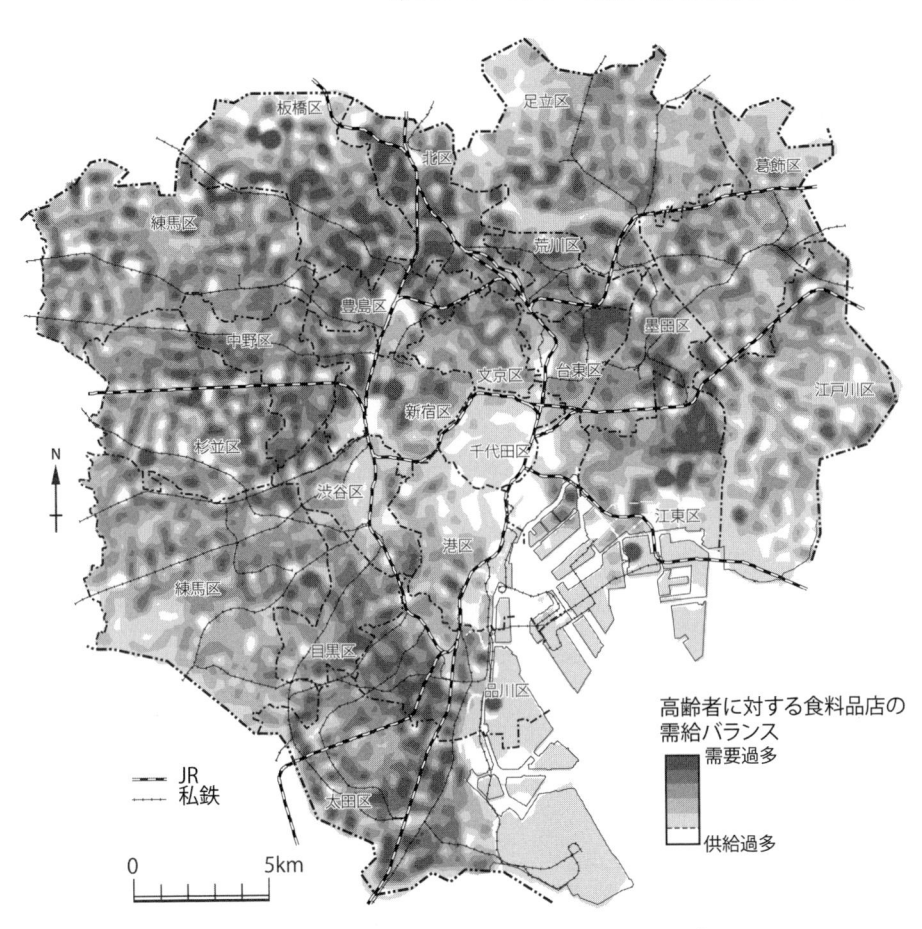

図 7-1 東京都 23 区におけるフードデザートマップ
(資料：NTT タウンページデータにより作成)

より精度の高い FDs マップを作製する予定であるが，現段階では実現できていない。そのため，本図は FDs エリアを特定するうえでの 1 つの目安であることに留意する必要である。なお，全国の県庁所在都市でも同様の地図を作成したが，多くの都市で FDs と予想される地域が広域にわたって抽出された。

　FDs は，全国各地で発生していると推測される（表 7-1）。大都市では，新規に流入してきた高所得者向けの商業施設が増えている再開発地域において，既

表7-1 フードデザートエリアの内訳

大都市	・都心部の再開発エリア ・高齢化が進むベッドタウン など
地方都市	・空洞化の進む既成市街地 ・高齢化が進むベッドタウン など
農村空間	・過疎地域（農山村） ・島嶼部 など

存住民が買い物先に困るケースが増えている。高齢化の進む郊外のベッドタウンでも，買い物環境は悪化している。地方都市では，中心商店街の空洞化による買い物先の減少が顕著である。また，人口の過疎化・高齢化が進む農村では，小売施設のみならず，医療機関，公共交通機関などの社会的インフラが消失しつつある。そこで，地方都市や過疎山村，東京都内のベッドタウンなどで現地調査を行った。以下，事例研究の概要を示す。

　北関東に位置する地方都市A市は，他の地方都市と同様に，1990年代ごろから中心商店街の空洞化が顕在化した。FDsマップを作成したところ，目抜き通りやその周辺でFDsエリアが抽出された。なお，駅前周辺では食料品スーパーの閉鎖が相次いでいるものの，新規開業あるいは増床する店もみられ，店舗はそれほど不足していなかった。一方，目抜き通りの奥に位置する住宅団地は食料品店の不足が深刻であり，高次のFDsエリアが検出された。FDsに住む高齢者を調査したところ，高齢者世帯の多くが単身あるいは夫婦二人世帯であり，週に1〜2回程度，片道平均で1.4kmの距離を，徒歩あるいは自転車で買い物に出かけていることがわかった（表7-2）。都市中心部でありながら，買い物に不自由している高齢者が多かった。生協などの宅配サービスや配食サービスの利用者はわずかである。

　北関東の農山村に位置するB地区は，限界集落にも指定されている中山間の過疎地域である。地区全体の高齢化率は40%程度である。山間部には，高齢化率が60%を上回る集落も点在する。生鮮食料品店や金融機関，医療機関，学校といった施設の減少も著しい。最寄りのスーパーはB地区から10kmほど離れており，病院は町はずれに1カ所残るのみである。公共交通機関の縮小も深刻である。

　聞き取りおよびアンケート調査によると，B地区ではコメや野菜を自家菜園および近所からのお裾分でまかなっている世帯が多い。自動車交通が少ないた

表 7-2　フードデザートエリアにおける高齢者世帯の買い物行動と栄養事情

	A市中心部(地方都市)	B地区(農山村)	C団地(ベッドタウン)
主な家族構成	単身, 夫婦二人世帯	夫婦二人, 親子世帯	単身, 夫婦二人世帯
自宅から食料品店までの平均距離(片道)	1.4km	数km	500m未満
主な移動手段	徒歩, 自転車	自家用車	徒歩, 自転車
食料品の入手先	スーパー	家庭菜園, スーパー	スーパー
地域コミュニティの活発度	中	高	低
低栄養のリスク(食品摂取の多様性得点4未満の世帯割合)	高 (49.3%)	低 (6.8%)	高 (42.9%)

(資料：アンケート調査により作成)

め，軽トラに乗って遠方まで買い出しに出る高齢者も目立つ。また，近隣に住む子どもたちが老親に代わって買い物を代行するケースも多い。B地区では家族や地域コミュニティが強固であり，互いに支え合いながら生活している。そのため，買い物には不自由していないという回答が目立った。

東京都の縁辺に位置するC団地は，1960年代に造成されたいわゆるベッドタウンである。都心へのアクセスにすぐれた好立地であり，60年代には若い世帯が全国から集まってきた。しかし，現在は住民の高齢化が顕著であり，2010年10月現在における65歳以上高齢化率は32.9%に達する(国勢調査)。団地住民の大多数は単身あるいは夫婦二人の高齢者世帯である。同団地では，コミュニティの希薄化や無縁化が深刻である。団地内に併設されていた商店街も，現在ではシャッター通りとなっている。ただし，団地周辺には総合スーパーをはじめとした生鮮食料品店が多い。団地内のどの地点からでも，最長で500m移動すればスーパーにたどり着ける好立地である。地域住民にインタビューしても，買い物に苦労しているという話は聞かなかった。

3.2　栄養状態の悪化

近年，高齢者の間で低栄養が拡大している。低栄養とは，偏食などにより本人が気付かないうちに栄養不足に陥る一種の栄養失調状態を意味する。先進国であるはずの日本で，栄養失調の高齢者が増えていることは，あまり知られて

いない。低栄養が拡大する要因は複数存在するが，買い物環境の悪化もその1つであると考えられる。では，FDsに生活する高齢者の栄養状態はどうであろうか。高齢者の栄養摂取と低栄養の関係を測定する指標として，熊谷ほか(2003)は食品摂取の多様性得点調査を開発している。これは，普段の食生活を分析することで，近い将来における低栄養問題発症のリスクを推定する方法である。本研究でも，熊谷などの老年栄養学の専門家の協力を受け，上述の3地域を事例に多様性得点調査を実施した。

　まずA市のFDsエリアで調査を実施したところ，回答者の約50%が低栄養（栄養失調）の可能性が高いという結果が得られた。単身・夫婦二人で自家用車を利用しない世帯に限定すると，同値は60%を上回った。A市中心部は全体的に高齢者の栄養事情が悪い。なかでも一番悪かったのは，生鮮食品店に比較的恵まれているはずの駅前地区であった。一方，FDsのレベルが最も深刻な地区の1つである住宅地区は，栄養事情は総じて良好であった。多種多様な人々が居住する駅前地区は，地域コミュニティが希薄になりがちである。一方，周囲に店がなくとも地域の結びつきが密な地域では，高齢者は全体的に元気であり，健康管理にも積極的になる。こうした差が，食品接種の多様性に反映されたものと推測される。

　同様の傾向は，B地区およびC団地でも確認された。周辺に生鮮カ食品店がないはずのB地区では，高齢者の栄養状態はきわめて良好であった。低栄養のリスクが予想された高齢者は，回答者全体の10%にも満たなかった。一方，買い物環境に優れるC団地では40%以上の世帯が基準値を下回っており，A市と同様に低栄養の拡大が危惧されるという結果であった。

　以上の分析から，A市やC団地のような都市部において，FDs問題が深刻化していることが明らかとなった。単純に買い物環境を比較すると，食料品店への近接性に優れるC団地では住民の栄養状態は良好であり，反対に店舗が少ないB地区では低栄養が拡大していると予想できる。しかし，実際には都市部において栄養状態は悪化していた。このことは，FDsが単なる店舗の消失によって生じるのではなく，ほかに大きな要因が存在することを示唆している。

3.3 コミュニティとのつながり

　無縁社会という言葉に代表されるように，現在の日本では高齢者の社会からの孤立が深刻である．生きる張りを失い自宅に引きこもるお年寄りにとっては，地理的に自宅から近い場所に店があっても，それは心理的に遠い店である．さらに，老年栄養学の専門家は，社会からの孤立は，買い物や調理，他者とのコミュニケーションといった能力の低下を招きうると警告している（熊谷 2011）．これも深刻な社会的排除であり，FDs 問題を誘発する大きな要因であると考えられる．そこで，コミュニティの希薄化が危惧される A 市および C 団地を事例に，社会学の手法を援用しつつ，高齢栄養事情と地域コミュニティとの関係を分析した．なお，B 地区の場合，住民の大半が積極的に自治会活動などの地域のイベントに参加している．日々の食事を家族や友人などと一緒に摂っているという回答も多く，人々のつながりが密であることが伺えた．

　まず，A 市の中心部を事例に，栄養状態の悪化要因を詳細に特定するための分析を行った．具体的には，食品摂取の多様性得点を被説明変数，年齢，性別，家族構成，自動車利用，買い物担当者，および買い物頻度を説明変数とするロジスティック回帰分析を実施した．分析の結果，買い物担当者および買い物頻度に関して，有意な結果が得られた．買い物担当者では，自分の子どもや近所の友人知人など，配偶者以外の人が買い物をする場合（ヘルパーさんを除く），本人が買い物をするケースより栄養状態が良好となる．また，買い物頻度が高いほど，低栄養のリスクは下がる．

　次に，C 団地では，食品摂取の多様性の高低と高齢者の個人属性（老研式活動能力指標，年齢，性別，家族構成など），および隣接世帯との関係を分析した．つまり，年齢や性別，家族構成，活動能力，近所付き合いのうち，どの指標が高齢者の栄養事情の悪化と強い関係があるかを考察した．分析の結果，老研式活動能力指標，性別，および隣接世帯との関係において有意な結果が得られた．要約すると，①老研式活動能力指標が定める「1km 休まず歩ける」「新聞を読める」「年金の書類を一人で書ける」「若い人に話しかけられる」といった，高齢者が自立的な生活を行ううえで不可欠な活動能力のうち，できないものが 1 つ増えるごとに，低栄養の確率が 10.5％上がる，②女性に比べて，男性は低栄

養になる確率が 2.5 倍高い，③隣接世帯との付き合いが疎となっている世帯は，一定の付き合いを保っている世帯に比べて，低栄養となる確率が 2.26 倍高い，という結果であった。

A 市および C 団地の分析とも，重要なのはコミュニティとのつながりである。A 市において，買い物担当者が重要であるという結果が出た。子どもが買い物を担当する世帯の多くは，子どもが老親と同居しているか，あるいは別居していても近所に住んでおり，普段から頻繁に交流している。友人・知人が買い物を代行する場合も同様である。C 団地の分析でも，および社会から孤立している人は低栄養状態に陥りやすいことが示唆されている。以上のことから，日本における FDs 問題では，コミュニティとのつながりが重要な要素となっていることが明らかとなった。

4. フードデザート問題の発生要因

以上，地方都市，過疎山村および都内のベッドタウンを事例に，FDs 問題の現状を報告した。前述のように，FDs 問題の本質は社会的排除問題にあり，空間的要因と社会的要因が大きく影響している。ではなぜ，近年 FDs 問題が急速に拡大しているのであろうか。日本における FDs 問題拡大の要因として，下記の 2 点を指摘したい。

要因の第 1 は，大都市圏の構造変容である。大都市圏の構造は絶えず変化する。都市構造が急激に変わるとき，一種のひずみが生じる。たとえば，大都市圏が急速に拡大した 1960 年代以降には，郊外に移住した新住民の間で，やはり買い物先の不足が表面化した。また，近郊農村では都心へと通勤・通学する都市住民と地元住民の混住化が進み，住民同士のトラブルなども招いた。

一方，東京大都市圏は 2000 年以降，都心への人口回帰，いわゆる再都市化が進んでいる（国勢調査）。その反面，地方都市では人口減少や経済の疲弊が著しい。人口減少やモータリゼーションの進展，大型店舗の出店規制の緩和なども相まって，大型ショッピングセンターの郊外出店と中心商店街の空洞化が急速に進んでいる。また，大都市圏の縮小は，高度経済成長期に建てられた郊

外の住宅団地の過疎化・高齢化も誘発している。これらもまた，ひずみの一種と考えられる。

　さらに，中山間集落や島嶼部では，人口の高齢化・過疎化に拍車がかかっている。地方都市に地理的に近い中山間集落では，近隣の都市に住む子ども世帯からの生活支援を受けることができた老親が多かった。しかし，近年における地方都市の衰退は，別居子世帯の外部流出を招き，中山間集落の高齢者世帯の生活環境を悪化させる結果となっている。なお，今後，急速な高齢化が進むのは大都市郊外の住宅団地である。郊外は自家用車利用が前提となっているため，店舗や住宅地が分散している。人口の高齢化が進んだ場合，生活環境の悪化は地方都市の中心部より深刻である。早急な対策が求められる。

　要因の第2は，弱者の拡大である。大都市圏の郊外化初期，郊外の住宅団地に移住した新住民の多くは，確かに買い物先に不自由していた。しかし，若く，かつ経済力もある彼らがFDs問題に直面することはほとんどなかった。一方，現在買い物先の空白地帯に落ち込んでいる高齢者は，かつての新住民とは異なり，いわゆる社会的弱者である場合が多い。現在，高齢者層の二極化のなかで，低所得高齢者の生活悪化が顕在化している。基礎年金の受給額は1カ月平均で単身者約6万円，夫婦世帯約13万円と低額であるが，基礎年金のみの受給者は全国で1,187万人に達する[6]。また，年金や恩給受給者のいない高齢者世帯は，約32万世帯に及ぶ[7]。経済的に厳しい世帯では，生活協同組合の宅配事業サービスや配食事業サービスを受けられない事例が多い。近年における介護保険の切り詰めも，低所得の高齢者層の生活に大きな影響を与えている。

　家族や地域コミュニティの弱体化も，社会的弱者を増加させる大きな原因である。近年，親族や友人，地域社会との接点が断たれ自宅に引きこもる独居老人が急増している。孤独死問題も深刻である。FDs問題に関しても，買い物を手伝ってくれる友人知人がいないケースや，周囲から孤立しているため生協の宅配サービスや介護保険の買い物ヘルパーサービスの存在を知らなかったというケースも多い。周囲から孤立する高齢者の多くは，食や健康に対する興味関心自体も失っているため，食生活が乱れがちである。さらに，健康な食生活への興味味関心は知的能動性を押し下げ，低栄養問題を加速させる。

なお，経済合理性を追求した近年の社会システムも，FDs問題に間接的にかかわっている。利益を希求するチェーンストアや病院，バス会社などは，採算性の低い過疎地域や地方都市を中心にサービスを縮小させ，生鮮食料品や医療，交通などの社会サービスの空白地帯を拡大させた。企業が利益を追求するのは当然である。しかし，企業と地域は二人三脚の関係にある。人口や経済が右肩上がりに伸びていた1990年代以前，企業は自社の利益追求に専念していれば良かった。チェーンストアを例にとると，不採算店を撤退することで買い物弱者が生まれても，地方行政や家族，地域社会がサポートできた。しかし，少子高齢化や経済の停滞，核家族化，地域コミュニティの崩壊などが深刻化している今日，不採算地域からの企業の撤退はFDs問題に直結する。FDs問題に代表される生活環境の悪化は地域の衰退を促進させ，結果的に企業にもマイナスの影響をもたらす。いま，地域社会に対する企業の在り方が問われている。

5．フードデザート問題の解決策とは

最後に，FDsの問題解決策について言及したい。前述の経済産業省の調査報告では，商店街の維持や宅配サービス・移動販売事業の促進，タッチパネルなどの簡便な手段によるネット通販システムの普及，公共交通手段の確保などの必要性が指摘されている。これを受け，地元商店街小売企業などが，全国で青空市場や買い物代行サービス，デマンド交通の運行，移動スーパーなどの事業を行っている。しかし，これらの事業の大半は経営の面で苦戦している。買い物先に苦労する高齢者が集住する地区に出店しても，買い物客が集まらない。また，一般に高齢になるほど食料品の購入金額は下がる。ネットスーパーや宅配サービスの主要顧客は，子育てをする母親などの若い世帯である。実際，買い物弱者支援事業の大半は，採算が合わずに補助金に依存する状態にある。買い物弱者支援事業は，見直しが必要であろう。

本章で繰り返し指摘してきたとおり，FDs問題の本質は社会的排除にある。現段階の日本の場合，高齢者の社会からの孤立がFDs問題に及ぼす影響が大きいと考えられる。FDsの解決策を考えるうえでも，この点に注目する必要が

ある。FDs の解決策を考えて行くうえで，地域コミュニティの活用と連携体制の構築が不可欠であると考える。前述の通り，買い物弱者対策事業で一番苦戦しているのが，集客である。

　一方，少数であるが，大量の高齢者を集めている取り組みも存在する。地元の事情に精通した中・高年の女性たちが組織する NPO 団体主体の施設などである。私の知る限り，FDs 対策で成功している取り組みは，いずれも事業者と高齢者との間に親密な人間関係が構築されている。自宅に引きこもる高齢者は，外との接点を持ちたがらない。引きこもる高齢者にとって，近所にある知らない店は，結局遠い店である。普段からコミュニケーションを十分に取り，信頼されているからこそ，地域のこうした店に高齢者が集まってくるのであろう。

　また，地域コミュニティが活発な地域では，高齢者は総じて元気である。多少遠方の店にでも，元気に買い物に出かけている。重要なのは社会からの孤立の解消，いわゆる「人と人とのつながり」の再生である。地域コミュニティの力を上手く活用すること，また全国の地域コミュニティが活性化するような対策を進めることが，重要であると考える。

　第 2 は，地域コミュニティとチェーンストア，行政の連携である。地域コミュニティや NPO が運営する買い物場で一番苦慮しているのは，生鮮食料品の仕入れと衛生管理である。この点を流通のプロであるチェーンストアが補完すれば，事業は効率化する。地方行政に対する要望もしばしば耳にする。高齢者に声がけするときに一番重要なのは，信用である。NPO の取り組みは，警戒心の強い高齢者からとかく不信の目で見られやすい。行政の後ろ盾があるだけで，高齢者の信頼度が違ってくる。公民館や学校などの公共施設を使うことができれば，信頼度が高まるだけでなくコスト削減にもつながる。地域コミュニティ，チェーンストア，行政の 3 者が連携を協議する機会を作るだけでも，大きな成果が得られると思われる。しかし，多くの地域では，買い物弱者の支援をするさまざまな組織や団体が意見を交わす場が存在しない。個々に事業を展開し，採算がとれずに苦戦している。FDs 問題の担当部署が商工，高齢者福祉，公共交通，都市計画など複数にまたがるため，担当部署が不明瞭となり，地方行政が動きにくくなっていることも，3 者の連携をとりにくくする一因であろう。

この点の改善が必要である。

　買い物弱者支援事業を，中心商店街が主体となって進めている地域が多い。しかし，買い物弱者の支援事業は大きな利益が期待できる事業ではない。また，ビジネスモデルも構築されていない。このような事業を，厳しい経営環境にある個人商店や商店街が一手に請け負うのは難しいだろう。その一方で，最近では近年，チェーンストアによる取り組みが増えている。なかには，採算性を確保した取り組みもある。たとえばセブンイレブンでは，茨城県を皮切りに，いくつかの県で移動トラック事業を展開し，黒字化を実現している。単なる移動トラックではなく，地域住民のネットワークを活用した販売方法を取っている点，および地域住民の交流の場づくりに力を入れている点が，同プロジェクトの特徴である。地域住民のネットワークの活用に関しては，地域住民のみならず，市役所や県庁，社会福祉協議会などの支援も受けている。3者が連携した成功例ともいえよう。

　現在，小売業は大きな変革期にある。FDs問題は，人々の消費の在り方の変化を示す1つの指標ともいえる。大量生産・大量販売の時代は終わり，新たなビジネスモデルが必要とされ始めている。巨大な物流システムを構築して画一的な商品販売を行ってきたコンビニが，近年では地域コミュニティに着目しはじめている事実も，小売業のドラスティックな変化を示唆している。これからの流通空間を端的に予測することは難しい。しかし，大量生産・大量販売に代わるキーワードとして，コミュニティが重要となることは間違いないだろう。

（岩間信之）

［注］
1) 経済産業省　2010『地域生活インフラを支える流通のあり方研究会報告書－地域社会とともに生きる流通－』. http://www.meti.go.jp/press/20100514004/20100514004-3.pdf（2011年10月31日閲覧）.
2) 農林水産省農林水産政策研究所食料品アクセス研究チーム『食料品アクセス問題の現状と対応方向－いわゆるフードデザート問題をめぐって－』http://www.maff.go.jp/primaff/meeting/gaiyo/seika_hokoku/2011/110802_siryou.html（2011年10月31日閲覧）.
3) 本稿は岩間編（2011）の要約としての性格が強い.

4) 地理学による代表的な実証研究としては Wrigley et al（2003）をあげることができる．
5) 分析の詳細は岩間ほか（2011）を参照．
6) 社会保険庁『平成18年度社会保険事業の概況』http://www.sia.go.jp/infom/tokei/gaikyo2006/gaikyo.pdf（2011年3月5日閲覧）．
7) 厚生労働省『平成19年度国民生活基礎調査の概況』http://www.mhlw.go.jp/toukei/list/20-19.html（2011年3月5日閲覧）．

［文　献］
伊東　理　2011．『イギリスの小売商業　政策・開発・都市－地理学からのアプローチ』関西大学出版部．
岩間信之編著　2011．『フードデザート問題－無縁社会が生む「食の砂漠」』農林統計協会．
岩間信之・田中耕市・佐々木緑・駒木伸比古・池田真志　2011．日本における食の砂漠：フードデザート問題の現状－A市の事例－．日本循環器病予防学会誌 46：56-63．
熊谷　修　2011．『介護されたくないなら粗食はやめなさい－ピンピンコロリの栄養学－』講談．
熊谷　修・渡辺修一郎・柴田　博　2003．地域在宅高齢者における食品摂取の多様性と高次生活機能低下の関連．日本公衆衛生雑誌 50：1117-1124．
Morland K, Wing S, and Diez-Roux A. 2002 The contextual effect of the local food environment on resident's diet: the Atherosclerosis Risk in Communities Study. *American Journal of Public Health* 92: 1761-1767.
Wrigley N, Warm D, and Margetts B. 2003 Deprivation, diet, and food-retail access: findings from the Leeds 'food deserts' study. *Environment and Planning A* 35-1: 151-188.

第8章　食品流通と食品情報の流通の乖離

　産地表示や賞味期限などの食品偽装事件が相次ぐなかで，こうした現象を地理学における流通研究の立場からどのように解釈したらよいだろうか。本章では食品流通と食品情報流通の乖離が空間的，地理的にどのように表出するのかを事例分析を通じて紹介したい。

　はじめに，こうした状況を理解するためのツールとしてフードシステムの枠組みを提示したうえで，産地偽装が発生するメカニズムを地理学的に把握する方法を示す。続いて，具体的な食品偽装事件を取り上げ，食品情報の偽装によってどのように不適切な食品が流通し，地理的に拡散するのかを示す。さらに私たちの食品や食品の安全性に対する認識とそれらの実体との乖離を輸入食品の例から紹介する。これらを通じて食品偽装のみならず，ひろく食の安全性の問題に対する認識を深めてほしい。はたして私たちの食べている食品は安全なのか，そもそも食品の安全とは何なのか，そして私たちには何ができるのか。

1. フードシステムと産地偽装

　産地表示や賞味期限の偽装があとを絶たないことや，輸入食品から相次いで有害物質が検出されることなど食品事故の多発を受けて，食の安全性に対する議論が近年急速に高まっている。地理学，あるいは流通研究においてもこれら食の安全性は重要なテーマである（荒木 2008）。本章では特に，食品流通と食品情報の流通という観点に着目して，食の安全性を検討したい。その際に用いるのがフードシステムという枠組みである。

1.1　フードシステムの枠組み

　フードシステムとは図 8-1 に示すように，農業や漁業による食材の生産から，それらの加工，流通をへて消費者に供されるまでの一連の体系をいう。また，食材が生産される場所や加工される場所，消費される場所を投影すれば，フードシステムの地図を描くこともできる。基本的に，私たちが食べている食料は農業か漁業を含めた狩猟採集によってその材料が供給されている。これは何千年と変わっていない。しかし，この百年あるいは数十年のうちに食材の供給から消費に至る仕組みは大きな変化を遂げてきた。日本人の多くが農業に携わっていた時代，基本的に食料は自給自足か，そうでなくても近在の土地から供給されていた。フードシステムの地図，すなわち，図 8-1 の両端はきわめてローカルなスケールで完結していたのである。しかし，今日私たちが日常的に口にする食料の供給は近在の土地からだけでは間に合わない。市町村を越えて，都道府県を越えて，さらに国境を越えてたくさんの食料が私たちの消費を支えている。北海道や九州でとれた野菜が日本中で食べられ，膨大な量の小麦や大豆やトウモロコシが輸入されている。私たちのフードシステムの地図はきわめて広域的で，生産から消費までの距離も大きくなった。図 8-1 の両端は世界規模に広がった。同時に，自らが口にする食料ではあっても，誰が栽培し，誰が加工し，誰が取引したのかは知らない。また，今日どのような仕組みで食品が食

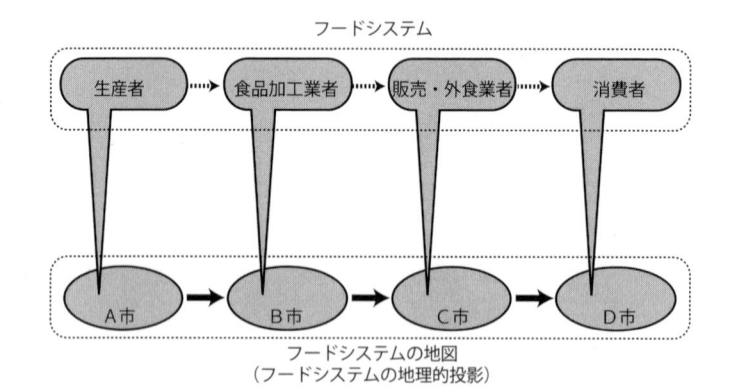

図 8-1　フードシステムの概念図
（筆者作成）

卓まで届けられているのかというフードシステムの全貌を知っているものもいない。フードシステムは広域化しただけではなく，高度化，複雑化しているのである。

1.2 産地偽装のメカニズム

フードシステムが広域化，複雑化してくると，当然ではあるがフードシステムの上流に位置する生産サイドの情報が下流に位置する消費者サイドに十分に伝わりにくくなるということが生じる。フードシステムがローカルなスケールで稼働していた時代には，消費者からも生産現場は可視的であったが，今日ではそうはいかない。昨日の夕食の食材の生産現場を見たことのある人ははたしてどのくらいいるだろうか。すなわち消費者にとって図 8-1 の生産・加工・流通はブラックボックスになっているのである。こうした状況下では，食品そのものだけではなく食品情報が大きな意味を持つ。誰が作ったのかわからない食品なのであるから，その食品の安全性を担保してくれる情報が重要なのである。

しかしながら，実際に私たちが持つ食品の情報はきわめて限定的である。たとえば，スーパーでパンを買った場合，どの店で買ったのかという流通の末端部分は知ることができる。しかし，窯を設置している店舗でない限り，どこで加工されたのかは明確ではない。また，原料の小麦粉や，菓子パンなどに使われるジャムや餡の産地もわからないし，そのこと自体を気にすることもない。同様のことは私たちの日常的に口にしているほとんどすべての食品に当てはまる。ここで，情報がなくとも食品供給が適切に機能しているのであれば大きな問題はない。実際，私たちが口にするすべての食材の履歴を完全にフォローすることはきわめて困難である。

しかし，フードシステムの下流部から上流が見えにくいことから，情報が操作される場合がある。食品情報の操作は事故として起こる場合もあるが，何らかの意図を持って行われる場合もあり，そうした場合は食品偽装事件となる[1]。こうした背景には，食品情報が食品の価値を大きく左右してしまうという状況がある。農学的，栄養学的に同じ作物であったとしても，国産品か輸入品かでその食品の価値は変わってしまう。たとえ安全な食品であっても，アメリカ産

の牛肉や中国産の野菜,加工食品が敬遠されるということが繰り返されてきた。逆に，特定のブランドが冠されることで，通常よりも高い価値が付加されることもある。たとえば「魚沼」や「松阪」を謳った農産物が高い価格で取引されるのは周知の通りである。しかし私たちは，その食品を食べただけで，その食品の出自を言い当てることはできない。うまい，まずいはわかっても，味覚や食感だけから産地を言い当てるのは至難の業である。そこで，食品に付与される食品情報が重要になってくるのであるが，すでに述べたように今日の広域で複雑なフードシステムはその全容を見渡すことが難しく，食品情報を操作することでその食品の価値を大きくも小さくもできる余地が生まれてしまうのである。結果として，食品流通と食品情報流通の間に乖離が生じることがある。

2. 食品情報の扱われ方：三笠フーズ事件の事例

　ここでは具体的事例を取り上げながら，実際の食品情報の取り扱われ方とそれがもたらす影響について考えてみたい。取り上げる事例は2008年に発覚した三笠フーズ社による事故米穀の転売事件である。この事件では，同社が本来食用には使用できない事故米穀を食用と偽って販売し，事故米の混入が疑われる商品が広く販売されたというものであり，多くの食品製造業者や流通業者，小売業者，そして消費者が被害を被った。この事件は，上述のような理解に沿えばどのように把握することができるだろうか。
　また，多くの食品事故や事件において被害を拡大させるのが，いわゆる「風評被害」というものである。この事件においても風評被害は広く認められたが，その背景にはどのようなメカニズムが働いていたのか，食品業者にはどのような影響を与えたのかをみていこう。

2.1　事件の概要と流通ルート

　2008年9月[2]に明るみに出た三笠フーズ事件とは，本来食用には供することのできない事故米穀を食用と偽って販売した食品偽装事件で，米，米粉は多くの加工食品の原料として使用されるために，その被害は広く全国各地に広

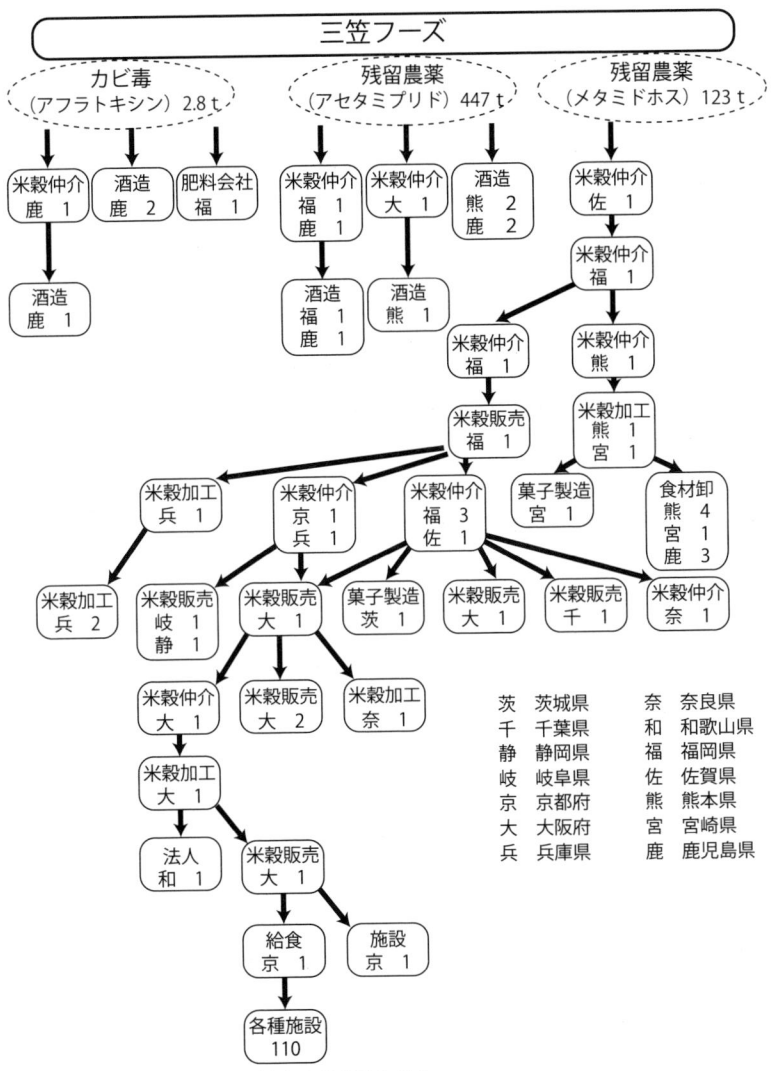

第8章 食品流通と食品情報の流通の乖離　125

```
                          ┌─────────────┐
                          │  三笠フーズ  │
                          └─────────────┘
         ╱                      │                        ╲
    カビ毒                   残留農薬                   残留農薬
 (アフラトキシン) 2.8 t    (アセタミプリド) 447 t    (メタミドホス) 123 t
```

カビ毒（アフラトキシン）2.8 t	残留農薬（アセタミプリド）447 t	残留農薬（メタミドホス）123 t
米穀仲介 鹿1 → 酒造 鹿1 ／ 酒造 鹿2 ／ 肥料会社 福1	米穀仲介 福1／鹿1 → 酒造 福1／鹿1 ／ 米穀仲介 大1 → 酒造 熊1 ／ 酒造 熊2／鹿2 → 米穀仲介 福1 → 米穀販売 福1	米穀仲介 佐1 → 米穀仲介 福1 → 米穀仲介 熊1 → 米穀加工 熊1／宮1

（主な流通経路）

- 米穀販売 福1 →
  - 米穀加工 兵1 → 米穀加工 兵2
  - 米穀仲介 京1／兵1 → 米穀販売 岐1／静1
  - 米穀仲介 福3／佐1 →
    - 米穀販売 大1 → 米穀販売 大2 ／ 米穀加工 奈1
    - 米穀販売 大1 → 米穀仲介 大1 → 米穀加工 大1 → 法人 和1 ／ 米穀販売 大1 → 給食 京1 → 各種施設 110 ／ 施設 京1
    - 菓子製造 茨1
    - 米穀販売 大1
    - 米穀販売 千1
    - 米穀仲介 奈1
- 米穀加工 熊1／宮1 → 菓子製造 宮1 ／ 食材卸 熊4／宮1／鹿3

漢字記号の凡例：
- 茨　茨城県
- 千　千葉県
- 静　静岡県
- 岐　岐阜県
- 京　京都府
- 大　大阪府
- 兵　兵庫県
- 奈　奈良県
- 和　和歌山県
- 福　福岡県
- 佐　佐賀県
- 熊　熊本県
- 宮　宮崎県
- 鹿　鹿児島県

・漢字記号は所在地を，数字は業者数を示す．
・出典は農林水産省が平成20年9月12日現在で発表した資料による．
・同日時点で流通経路の解明は途上にあり，全容を示しているわけではない．
　このため最末端に連なる多くの和菓子製造業者などは，ここには描かれていない．

図8-2　事故米穀の流通経路
（資料：農林水産省発表資料に基づき筆者作成）

がった。事故米穀を食用と偽って転売したのが、当時大阪に本社を置いていた米穀加工販売業者の三笠フーズ株式会社であった。図 8-1 に則せば加工・流通段階での偽装ということになるが、実際の流通経路はもっと複雑である。図 8-2 は、農林水産省が同年 9 月 12 日現在として発表した三笠フーズによる事故米穀の不正規流通経路である。事件に対応して農林水産省は流通経路の解明の調査に着手し、この図はその調査の途上で発表されたものである。一方、図 8-3 は 10 月 3 日に一通りの調査がおおむね終了した段階で発表された不正規流通の概要をもとに、事故米穀の地理的拡散の状況を示した地図である[3]。この図からは、わずか 1 社の取り扱った米が 57 社の中間流通業者を経て 392 社にものぼる製造販売業者に流れ、全国各地の消費者へと供されたことがうかがえる。一方、図 8-2 は調査途上で作成された図であるため、図 8-3 に示される多数の製造・販売業者（その多くは和菓子製造業者）などは記入されていない。しかしながら、詳細な経路が示されておりこれまで未解明であった米穀流通の実態を示す資料として注目することができる。

　まず、事故米穀のルートは大きく 3 つに分けられる。第 1 が中国、ベトナム、米国産のうるち米 9.5 トンからカビの発生が確認されたもので、そのうち市場流通したのは 2.8 トンとされている（アフラトキシンルート）。第 2 がベトナム産のうるち米 598 トンから残留農薬が検出されたもので、そのうち 447 トンが市場流通したとされる（アセタミプリドルート）。第 3 が中国産のもち米 800 トンから残留農薬（メタミドホス）が検出されたもので、そのうち 123 トンが市場に流通したとされている（メタミドホスルート）。

　ここで、三笠フーズ社が購入した事故米穀はいずれも政府から販売されたものである。日本では国内で生産された米や輸入された米を政府米として購入しており、購入後に残留農薬が検出されたり、カビが発生したりしたものは事故米穀として、非食用に用途を限定して販売されていたためである[4]。残留農薬の検出やカビの発生は国産米でも起こりうる事態であり、それが根本的な問題ではない。事故は何らかの形で発生し、食用に生産された米が、食用に供することができない事態はおこりうるものである。また、こうした事故米穀が非食用として適切に処理されていれば問題はないのであるが、この事件の場合、こ

第 8 章　食品流通と食品情報の流通の乖離　127

カビ毒（アフラトキシン）

残留農薬（アセタミプリド）

中国3/23社

北陸3/9社

東北0/2社

東海0/4社　関東2/5社

残留農薬（メタミドホス）

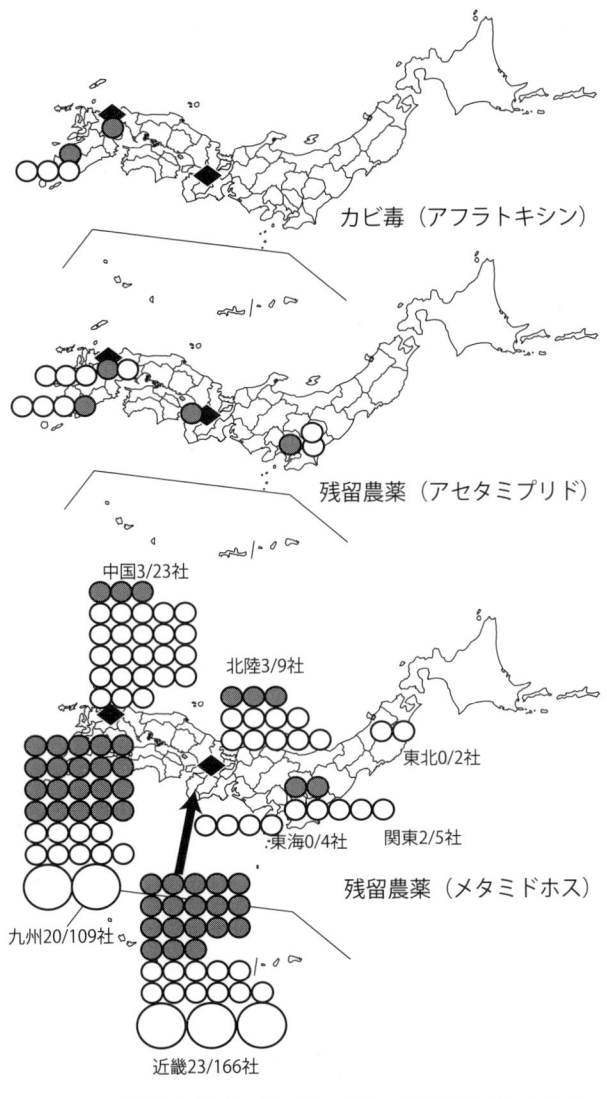

九州20/109社

近畿23/166社

◆ 三笠フーズ本社及び九州工場　○ 製造・販売業者（1点1社）
● 中間流通業者（1点1社）　○ 製造・販売業者（1点50社）

図 8-3　事故米穀の地理的拡散
（資料：農林水産省発表資料に基づき筆者作成）

れら中国産，ベトナム産，米国産の事故米穀を三笠フーズ社が事故米穀ではないものと偽装して取り扱ったのである。政府を通じて三笠フーズ社まで届いた本来は中国産，ベトナム産，アメリカ産である米穀が，ここで別の米穀に偽装され，食品情報が置き換えられたのである。その後，三笠フーズ社以降の流通経路は通常の食用米穀としての流通経路をたどる。

　三笠フーズ社以降の経路であるが，きわめて興味深い点を指摘できる。図8-2，図8-3にみるように，アフラトキシンルート，アセタミプリドルートともに酒造会社に仕向けられたものは比較的経路が単純である。特に，アセタミプリドルートは市場流通量が447トンときわめて大きいものの，介在するのは大阪，福岡，鹿児島の米穀仲介3社と東京の食品卸1社の合計4社で，東京，福岡，熊本，鹿児島の合計9社の酒造会社に仕向けられたことになっている。同様に，アフラトキシンルートは鹿児島の米穀仲介業者，福岡の肥料会社を経て，鹿児島の酒造会社3社に仕向けられたことになっている。

　これに対して，メタミドホスルートの流通経路はきわめて複雑である。介在する中間流通業者は51社にのぼり，和菓子，米菓，給食，米穀，外食などの業者合計317社に仕向けられたことになっている。また，仕向先の業者の所在地も九州から東北に至るまでの全国各地に広がっている。これはメタミドホスルートの市場流通量123トンを考慮すれば，アセタミプリドルートと比べ少量ながら，事故米穀は細かな流通ルートに乗って広範に広がったものとみることができる[5]。特に図8-2によると，三笠フーズから出荷されてから，京都府の給食業者の手に渡り，各種施設に配膳されるまでに最大で9つの米穀仲介や米穀販売業者を経由していることである。なお，この図は調査の途上で中間報告的に発表されたものであり，すべての仕向け先が記入されているわけではない。むしろ，メタミドホスルートの仕向け先として大多数を占める和菓子製造業者がほとんど記入されていないことから，この図の流通経路のさらに先にこれら和菓子製造業者が連なっていることを勘案すれば，実際の流通経路はこの図以上に複雑で，さらに多くの転売が繰り返されていることがうかがえる。

　以上が，事故米穀の実際の（解明された）流通経路である。これに対して，食品情報はどのように流通し，どのような影響をもたらしたのであろうか。当

初これらは一般に食用に供せられる米として流通していた。しかし，これは偽装された食品情報であった。その後，三笠フーズ社による偽装の疑いが浮上し，農林水産省が調査に乗り出し，調査結果は程なく公表された。それが，図 8-2，図 8-3 に示される経路，および 390 社を超える業者のリストである。ここに実際の食品情報と偽装された食品情報の乖離が明らかにされたわけである。

2.2 誰が被害者だったのか

もちろん，有害物質が混入しているかも知れない食品を購入した消費者は紛れもなく被害者である。しかしそれだけではなく，この事件は米穀流通そのものにも大きな損傷を与えたのである。筆者はこの事件に関わって，全国の都道府県単位に組織される酒造組合，酒販組合，菓子工業組合に対してアンケート調査を実施し，風評被害の有無を問うた（荒木 2011）。その結果，農林水産省の資料では流通が確認されていない地方においても，売上の落ち込みやなかには廃業に至ったケースも確認された。その際，事件の影響の大きさ，深刻さは酒造・酒販業界に比べて，和菓子業界においてより強いことが明らかになった。また，事件そのものは無論のこと，事件に対する農林水産省の対応を含めて最もネガティブな反応が示されたのが和菓子製造業界であった。その背景には多くの菓子製造業者が個人経営の店舗で製造販売を行っている小規模な業者が多いこと[6]があげられる。

事件が明るみに出て以降，消費者の直接的な矢面に立たされたのが，消費者に事故米穀の混入の疑いがある商品を販売した小売業者であった。消費者がとりうる対応としてこれはやむを得ないことであるが，その際，小規模な製造販売を生業としていた和菓子業者は消費者からの厳しい目が向けられた。これは公表されたリストに多くの製造販売を営む和菓子業者が掲載されていたからでもある。同様に混入が疑われる食品を販売していたかも知れないスーパーや酒販店はこのリストには 1 件も掲載されていない。また，関係する酒造業者はリストに掲載されているものの，製造が主で，販売の機会は少ないため，消費者からの厳しい対応の矢面に直接立たされることはなかった。これらが，和菓子

製造業者の受けた厳しい影響の背景として考えられる。

そこで，さらに筆者はリストに掲載された業者に対してもアンケート調査を実施し，彼らの被った被害の実際を明らかにした（荒木 2011）。そこから浮かび上がってくるのは，食品流通体系（フードシステム）の末端につながる小規模な業者の悲痛な声である。彼らの多くが訴えたのは，自身も事故米穀とは知らずに使用したにもかかわらず，あたかも故意に使用したように消費者からみられたということであった。そのような認識を消費者に与えたマスコミの報道の仕方，ある意味では不十分なままにリストを公開し，それに対する救済策も措置されない農林水産省の対応に対しても同様に怒りの声が聞かれた。実際，業者リストが公表されたことで，多くのマスコミがリスト掲載業者を取材し報道した。その際のマスコミの立場は，和菓子業者が故意に事故米穀を購入し，製造販売したのではないかという疑いを向けさせるには十分なものであった。しかしながら，図8-2にも明らかなように，実際に流通経路の末端に位置する和菓子業者の手に渡るまでに，三笠フーズの手を離れてから最大で10回近くもの転売が繰り返されている。この状況で，最終的に販売した小規模の和菓子製造販売業者が自店に至るまでの複雑な流通経路を把握していたとは考えられない[7]。この意味で，和菓子製造販売業者も知らずに事故米穀をつかまされていた被害者ということができる。しかし，マスコミをはじめとして多くの消費者は加害者として認識したということにこの事件の大きな闇がある。

以上の三笠フーズ事件の事例から，偽装事件の被害は風評被害として広範に影響を及ぼすこと，その際，フードシステムの末端につながる小規模な業者が大きなダメージを被ることが明らかになった。私たちは実際の食品流通と食品流通の乖離ということだけでなく，食品情報をどのように取り扱うのかということに対してももっと意識的でなければならない。ここで食品情報についてであるが，このような事件が起こった場合などには，私たちが大半の情報を入手するのはマスコミからである（荒木 2006）。このマスコミの情報はどのように考えたらよいのであろうか。次節では今日の私たちの意思決定に大きな影響力を持つともいえるマスコミからの食品情報について検討する。

3. 輸入食品の安全性に対する認識と実際

　ここでは実際の食品検査の結果とマスコミ報道を検討しながら食品流通と食品情報の乖離を考えていきたい。具体的には輸入食品の安全性を取り上げる。「輸入食品は安全性において不安がある。」というような漠然とした認識は多くの読者が持っているかもしれない。あるいはもう少しいえば「中国産の食品は…」とか「アメリカ産の牛肉は…」とかかもしれない。では，実際の輸入食品の安全性はどのようになっているのだろうか。これに関しては厚生労働省「輸入食品監視統計」によって，検査の結果が詳しく公開されている。これによって輸入食品の安全性を国別，食品別に把握することができる。いわばこれがおそらく最も信頼できる輸入食品の安全性の実態であろう。では，私たちが認識している輸入食品の安全性とはどのようなものだろうか。ここに示すのは新聞主要4紙から輸入食品に関わる記事を収集したデータである。この新聞記事を分析することで，私たちの一般的な輸入食品に対する認識を浮き上がらせることができる。いわば，私たちが日常的に入手する輸入食品に関する食品情報である。輸入食品監視統計と新聞記事，2つの資料の示す安全な食品と危険な食品ははたして同じものであるのか，異なっているのか。

3.1　輸入食品の新聞報道

　まず，新聞記事をみてみよう。取り上げた新聞は朝日，毎日，読売，日経の4紙で，2007年1月～2008年12月に渡って，各紙の縮刷版から輸入食品に関する記事をすべてピックアップし，国別，品目別に集計した。その結果，2007年には239件で約130,430文字相当，2008年には480件で約488,510文字相当の記事を確認することができた。内訳は表8-1に示されるが，年度によって大きな変動のあることがうかがえる。すなわち，2007年にはアメリカ州に関わる記事，品目別では肉・魚に関わる記事が多いのに対して，2008年度には一転してアジア州の記事と加工食品に関わる記事が多くなっている。ちなみに2007年のアメリカ州に関わる記事127件の内訳は肉類に関する記事が86件，穀物が11件，魚介類が10件，野菜・果実が5件，その他が15件とな

表 8-1 輸入食品に関する新聞記事の内訳

年度	2007	2008
国別		
アメリカ州	127	60
アジア州	85	367
ヨーロッパ州	27	14
大洋州	12	8
その他	5	6
全記事数	239	480
品目別		
肉・魚	154	78
野菜・果実	28	30
穀物類	24	46
加工食品	17	327
その他	20	28
全記事数	239	480

注：記事の内容に重複があるため国別，品目別の合計値は年度ごとの全記事数とは合致しない．
(資料：朝日，毎日，読売，日経各紙の縮刷版により集計)

る[8]。また，南米を扱った記事は4件で，それ以外の記事にはすべてアメリカ合衆国が取り上げられている。同様に，2008年で最も記事の多いアジア州367件のうち，347件が中国を含む記事であり，そのうち250件が加工食品に関わる記事であった。これはすなわち，2007年にはアメリカ産牛肉のBSE問題を巡り，日米がせめぎ合いを続けていた時期であり，2008年は中国製の冷凍ギョウザから有害物質が発見された事件を巡り，大きな社会問題となっていた時期となる。

3.2 厚生労働省の統計にみる輸入食品の安全性

次に輸入食品監視統計であるが，厚生労働省は輸入食品の安全性確保を図るために毎年，輸入食品監視指導計画に基づきモニタリング検査や検査命令の発動，その他さまざまの対策を講じている[9]。一連の監視指導業務の結果として，年度ごとに輸入食品の届け出件数，輸入重量，検査件数や検査数量，食品衛生法違反件数や違反数量などの状況をまとめたものがこの統計である。それによると2008年の輸入数量は31,551,097トン，検査数量は6,645,216トン，違反数量は59,468トンである。図8-4はこの統計に基づく2008年度の国別状況を表したものであり，円の大きさが輸入量の多寡を，濃淡が違反率（検査数量に占める違反数量）を示し，表8-2では主要国の具体的な数値を示している[10]。これによると輸入量が100万トンを超える国としてアメリカ合衆国を筆頭に，カナダ，中国，オーストラリア，タイ，フィリピン，ブラジルが続く。一方，違反率が高いのがエチオピアの42%で，以下モザンビーク，エクアドル，イエメン，ガーナが

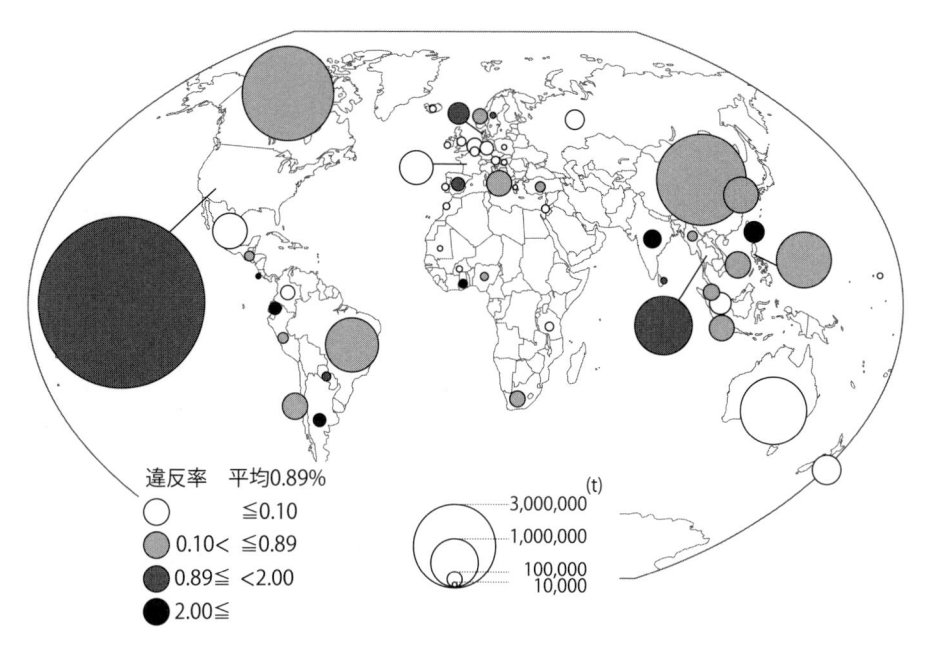

第 8 章　食品流通と食品情報の流通の乖離　133

違反率　平均 0.89%
○　　　　≦0.10
●(薄灰)　0.10< ≦0.89
●(濃灰)　0.89≦ <2.00
●(黒)　　2.00≦

(t)
3,000,000
1,000,000
100,000
10,000

・違反率は検査数量に対する違反数量として求めた．

図 8-4　国別輸入量と違反率
(資料：厚生労働省「輸入食品監視統計」により作成)

5%を超えている。しかしこれらの国の多くは輸入量そのものが 1 万トン以下の国が多く，図中に表記されていないものも少なくない。こうしたなかで，一定程度の輸入量を持った国のなかで違反率が高いものがアルゼンチン（輸入量 7 万トン，違反率 2.40%），台湾（同 18 万トン，2.29%），インド（同 14 万トン，2.02%），タイ（同 147 万トン，1.68%），デンマーク（同 20 万トン，1.56%）などである。なお，違反率の全体平均は 0.89% であった。ちなみに違反率が低いのはメキシコ（53.4 万トン），ニュージーランド（輸入量 36.9 万トン），シンガポール（21.0 万トン），ロシア（16.4 万トン），コロンビア（9.2 万トン）などでいずれも 0% である。ここで，輸入量が 100 万トンを超える上位に目を移すと，上記タイの他にアメリカ合衆国がやや平均を上回っている。また，カナダと中国は輸入量がほぼ拮抗しているものの，検査量では大きな開きが

表 8-2　主要国別輸入量，検査料，違反量（2008年度）

国　名	輸入量（トン）	検査量（トン）	違反量（トン）	違反率（％）（違反量／検査量）
100万トンを超える上位				
アメリカ合衆国	12,539,684	4,612,777	44,732	0.97
（トウモロコシ）	3,907,004	3,898,829	43,236	1.11
（小麦）	3,394,117	478,372	922	0.19
（大豆）	258,996	26,780	0	0.00
（牛肉）	66,240	12,122	0	0.00
カナダ	3,788,489	174,004	1,137	0.65
中華人民共和国	3,561,180	944,819	2,148	0.23
（野菜：冷凍食品）	259,496	113,168	205	0.18
（ユリ科野菜）	223,822	54,764	41	0.07
オーストラリア	1,954,060	175,044	24	0.01
タイ	1,472,303	230,747	3,866	1.68
フィリピン	1,327,592	34,118	38	0.11
ブラジル	1,248,408	29,220	139	0.48
5％を超える違反率上位				
エチオピア	4,963	2,990	1,268	42.41
モザンビーク	6,162	802	299	37.28
エクアドル	66,046	3,960	1,179	29.77
イエメン	281	192	30	15.63
ガーナ	32,434	31,726	2,250	7.09

（資料：厚生労働省「輸入食品監視統計」により作成）

ある。それにもかかわらず中国産品は違反率ではカナダよりも低い[11]。

　ここでアメリカ合衆国の違反率0.97％という数字を高いと考えるのか平均的と考えるのかという判断は控える。同様に中国の違反率0.23％を低いと考えるのかどうかについても同じである。数字の評価は別として，これが厚生労働省による輸入食品監視業務から明らかにされた結果である。むしろ注目してほしいのは，先に示した新聞記事の集計との差異である。新聞記事を見る限り，アメリカ合衆国の牛肉，中国の加工食品の危険性が強調されているが，実際のアメリカ合衆国からの輸入食品が食品衛生法に違反しているのは輸入食品全体の平均をやや上回る程度であり，中国からの輸入食品の違反率は全体平均を大幅に下回っているというのが実際である。さらに品目別にみるとアメリカ合衆国

の輸入食品の大部分を占めるのが穀物類で，トウモロコシ391万トン，小麦339万トン，大豆251万トンとなり，これらで同国からの輸入量の8割近くを占める（表8-2）。これに対してアメリカ合衆国からの牛肉輸入量は7万トン（2008年），4万トン（2007年）にすぎず，アメリカ合衆国からの輸入食品の食品衛生法違反は多くがトウモロコシによっている。一方，中国からの輸入で上位に相当する品目は冷凍野菜で26万トン，以下，ユリ科野菜の22万トン，塩蔵野菜12万トン，水煮野菜12万トン，切り身・むき身の鮮魚類（冷凍含む）12万トンなどとなっており，決して加工食品が大きな比率を占めているわけではない[12]。

3.3　食品の安全性に対する認識と実体の乖離を認識せよ

　このようにみてくると私たちが日常的に接している食品情報，ここでは特に輸入食品の安全性に関する情報と，実際の食品の安全性との間には少なからぬズレが生じていることを認識しておくべきである。マスコミを賑わわせたアメリカ産牛肉のBSE問題，中国産冷凍ギョウザの毒物混入事件は，わが国の輸入食品の検査体系のなかでは，決して違反件数の多いものではない。アメリカ産品に関しては牛肉よりもはるかに多くの輸入トウモロコシが食品衛生法に違反しているのである。しかしながら，2008年の記事にはトウモロコシ価格の高騰を扱う記事はあってもその安全性を問題にする記事はないというのが実情である。一方，中国産食品の危険性は多くが指摘するところではあるが，食品衛生法違反という見地からは決して違反率が高いわけではない。むしろ，アメリカ合衆国やカナダよりも，さらに全体の平均と比べても中国の違反率は低いのである。

　無論，食品衛生法違反の件数や数量が少なくても大きな社会問題になる背景には，少量でも危険性や悪質性が大きいことやそれが与える影響の大きさなど，さまざまな要件が関連しており，それはそれで検討する必要があることは事実である。しかし，ここでは私たちが日常接する食品情報，言い換えればマスコミから提供される食品情報は，決して実態を余すことなく伝えているわけではないということを認識しておきたい。それらの情報は，部分的，限定的には事実であるが，決して全容ではない。また，そうした仕組みは恣意的に情報を操

作できる余地があるということも認識しておく必要がある。

4. 流通の広域化と情報信憑性

　ここまで，食品流通と食品情報の流通，及び両者の乖離という観点から検討を加えた。それを通じて今日の食品流通システムの問題点を指摘できる。第1に今日の広域流通システム，大量流通システムが構造的に食品流通と食品情報流通の管理に対して脆弱性を持っていることである。遠隔地で生産，加工される食品情報を私たちは直接入手することは難しい。多くの消費者が生産者や加工者の顔を知らないままに食品を食べているように，広域・大量流通システムの中では消費者に至るまでに食品情報は大きく減衰する。

　第2にこうした状況のなかで食品事故が発生した場合には，食料供給システム上の弱者に少なからぬダメージを与えるということである。正確な食品情報を適切に管理し，食品情報を共有するとともに，事故や事件が発生した際のリスクも共有できる仕組みを早急に構築しなければならない。

　第3には，実際の流通と私たちが認識している食品情報の間に大きな乖離があるということである。広域・大量流通システムのなかでは食品情報は限定的にならざるを得ず，乖離はやむを得ない側面もある。しかしながら，私たちはこの乖離の存在を認識し，常に情報発信者に注意するとともに提供される食品情報の限界を見極めなければならない。食品偽装が頻発するということは，裏返せば，食品情報が食品流通をコントロールできるということでもある。その意味で，乖離が意図的に引き起こされているのならば，それによって食品流通を支配することもできるのである。この危険性を認識しておかねばならないのが今日の食品流通システムでもある。

　今般の東日本大震災や原発事故にかかわっても農産物や水産物をはじめとした多くの風評被害が指摘されている。こうしたケースも，食品流通と食品情報の流通の乖離と考えることができるが，いたずらにこうした状況が放置されると，震災そのものの被害以上のダメージを被災地にもたらすばかりではなく，復興の大きな足かせになってしまう。いかにして，実際のフードシステムの地

図と頭のなかにあるフードシステムの地図（メンタルマップ）の乖離を小さくしていけるかが重要である．そのためには消費者個々人が偏見にとらわれた判断をしないことはもちろんであるが，消費者が誤った判断をしないような正確な情報の提供やそれを担保するための制度や仕組みの構築を急がねばならない．

　確かに，スローフードや地産地消といった運動がみられるし，生産や流通の履歴を明示し価値を高めた食品も存在する．しかし，今日の食料消費のボリュームはそれらに比べて圧倒的に大きい．特定の高付加価値食品の食品情報が明らかにされることは悪いことではない．しかし，私たちの日々の食生活を支える多くの一般的な食材についての情報は決して十分とはいえない．求められるのは食料供給の底辺を支えるこの部分に対する食料の安全保障と，食品情報の安全保障の仕組みなのである．

（荒木一視）

[注]
1) ここでは特に産地偽装を想定しているが，同様の実際の食品と食品情報の乖離という観点は広く食品偽装一般に応用できる．たとえば，産地に関わる情報，地理情報のみならず，それが有機栽培で栽培されたものか，無農薬栽培なのか，あるいはフェアトレード商品なのか，などといった情報についても同様に考えることができる．
2) 同5日に農水省が自主回収指示を発表．
3) なお，これとは別に流通経路上の関係する390社余のリストも公表されている．
4) 事件後こうした措置は行われていない．積み戻されるか処分されるかされ，いかなる形でも事故米穀が市場に流通することがないようにされている．
5) ここで注意しておかなければならないのは酒造業者の場合は，それ以降の仕向け先が示されていないことである．実際に酒造業者の手から酒が販売されるのではなく，多くの場合は酒販店を経由して消費者の手に届くわけであるが，今回の農林水産省の調査では，酒販店は取り上げられていない．仮に，酒造業者よりも先の流通ルートの解明がなされていたならば，メタミドホスルート同様，あるいはそれ以上の複雑で広範囲に及ぶ流通経路が浮かび上がっていたかもしれないことを記しておきたい．
6) 同じ食品製造業でも菓子製造業者の規模が酒造業者に比べてきわめて小さい．
7) そもそも詳細な流通経路が業者で共有できる仕組みが整っていたのなら，農林水

産省の調査は必要がなかったわけであるし，末端の業者にのみすべての流通経路に関する情報管理の責任を求めるのは酷である．
8) 記事の内容には重複があるため，品目別の合計が全記事数とは合致しない．
9) 厚生労働省のこの事業に関しては以下のサイトに詳しい．http://www.mhlw.go.jp/topics/yunyu/tp0130-1.html（2012年8月1日閲覧）
10) 同統計では件数と数量（トン）の双方の数字を示しており，件数ベースで把握するか，数量ベースで把握するかによって結果には差が出る．また，全量検査をしているわけではなく，2008年の輸入数量に占める検査数量は約2割程度である．さらに，表2に示すように一律2割ではなく，国や品目によってこの比率は異なる．このため，違反件数に対する母数を輸入量とするか検査量とするかによっても差がでることを付記しておく．また，その数字の解釈においても注意を払う必要がある．
11) なお，年度による極端な変動はなく，2007年の輸入量は32,261,071トン，検査数量6,732,086トン，違反数量49,284トンで違反率0.73%であった．同様に，2007年度の中国からの輸入量は431万トン，違反率0.36%，アメリカ合衆国は1,309万トン，0.79%であり，2007年度と2008年度で大きな変動があるわけではない．違反率も両年次とも中国は平均をかなり下回り，アメリカ合衆国は若干上回る．
12) 当時問題になった冷凍ギョウザがこの統計のどこに分類されていたのかは正確にはわからないが，中国からの冷凍食品の輸入量は5万トンに満たない量である．

［文　献］

荒木一視　2006．2004年山口県阿東町で発生した鳥インフルエンザと鶏肉・鶏卵供給体系－フードシステムにおける食料の安全性とイメージ－．経済地理学年報 52：138-157．

荒木一視　2008．食料自給とフードセキュリティ．地理 53-7：64-70．

荒木一視　2011．広域食品中通とフードセキュリティ上の脆弱性－三笠フーズ社の事故米穀不正規流通を事例として－．人文地理 63：130-148．

第 9 章　過疎化地域における流通システムの維持可能性

　これまで説明したように，大都市圏では少子高齢化，人口の都心回帰，拡大する所得と消費の格差などによって，市場のモザイク化が進んでいる。その結果，量販型の流通システムが再編成を迫られ，小商圏に対応した流通システムが台頭してきた。一方，農村地域を中心とした非大都市圏では，大都市圏より急速に人口が高齢化し，消費市場の縮小化がより顕著である。その結果，非大都市圏での量販型の流通システムは，ショッピングセンター開発やディスカウント化によって各店舗の商圏を広域化して対応してきた。
　しかし，そうした大型店が近くに存在せず人口減少のより激しくなっている過疎化地域[1]では，生活必需品を供給する流通システムの衰退が大きな課題となっている。小商圏型である地域商店の廃業が進んでいった結果，交通弱者である高齢者が気軽に買物できる機会がなくなっている。近年，「買い物難民」という言葉がマスメディアで取り上げられるようになっているが（杉田 2008），生活必需品の購入が過疎化地域では困難になっているのである。そこで本章では，過疎化地域において流通システムがいかに維持されているのかについて考察する。
　本章は沖縄本島北部を事例として検討する。沖縄本島北部では，「共同売店」という集落経営のコミュニティショップが今なお存続している。また，コープおきなわによる「共同購入」も浸透しており，過疎化地域における無店舗販売の可能性についても検討できる。このように，事例地域ではローカルな主体による流通システムが維持されており，沖縄本島以外の過疎化地域における流通システムの維持可能性のヒントになると考えるからである。
　本研究では，共同売店と共同購入を事例として，いかに小売業が過疎化地域で維持されているのかについて，①商品の仕入れ，販売という流通の一連の流

れがどのように行われているのか，特に，商品の長距離配送の実態について検討する。さらに，②チェーンストアとの価格競争にさらされているなか，どのような営業販売が行われているのか，③共同売店や共同購入という小商圏型の流通システムは今後も存続できるのか，についても検討したい。

1. 沖縄本島北部の概要

　流通システムについての議論を展開する前に，本節では沖縄本島北部の人口高齢化と観光化についてみてみたい。沖縄本島は，都市化が進んでいる本島南部と農村地域が中心の本島北部とに地域区分することができる。本島南部は，那覇市，浦添市，宜野湾市や沖縄市などが存在し，市街地が連続していることから沖縄コナベーション（都市連接地域）と呼ばれている（堂前1997）。米軍基地に張り付くように市街地が形成され，人口と諸産業の密度が高いことから，沖縄県の中枢地域となっている。一方，沖縄本島北部は，中心都市として名護市が存在しているが，やんばる（山原）の森が広がる人口密度が低い地域となっている。1980年代以降からリゾートホテルの立地が進み，農業に変わって観光が主要産業となりつつある。

　図9-1は，2005年における名護市を除く沖縄本島北部における人口分布と高齢化の状況を字別に示したものである。本島北端に行くに従って集落の人口規模が小さくなり，かつ高齢化が顕著である。2005年段階で高齢化率50％以上の限界集落は存在していないが，本島北端の国頭村では40％を超える集落が存在しており，高齢者のみ世帯も多くなっている。高齢化が顕著な地域は，農業や土木業などが主要産業であり，雇用先が少ないことから若者層の流出が激しい。一方，名護市から南西方面の恩納村ではリゾートホテルが多く立地しており，名護市から北西方面の本部町には美ら海水族館が存在する。こうした観光化した地域には若い世代が働ける場所が存在するため，比較的人口規模の大きな集落が多く，人口高齢化も著しくない。

　そして，沖縄本島北部では本島南部での流通システム再編成の影響を受けている。人口密度の高い本島南部で発展してきたスーパーやコンビニは，1980

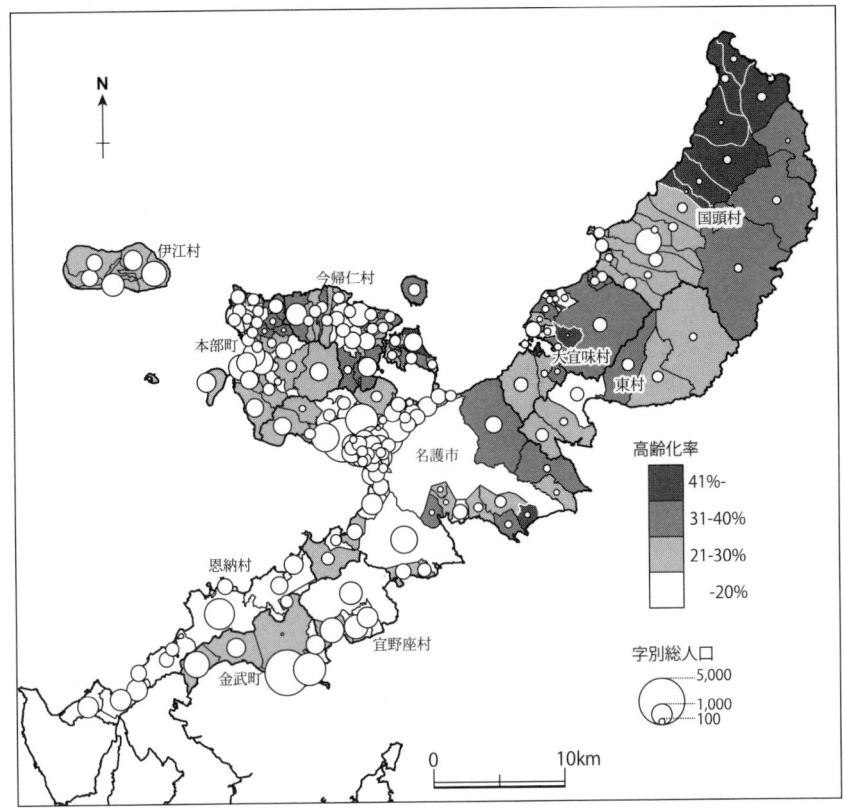

図9-1　沖縄本島北部における字別人口と高齢化率（2005年）
（資料：「国勢調査」により作成）

年代より本島北部に積極的に進出している．特に，名護市の郊外地域への進出が激しく，イオンのショッピングセンターや全国チェーンのロードサイド型店舗の進出などもみられる．

　このような名護市への商業集積は，本島北部全体の商業へ影響を与えている．国道58号線を中心として名護市と本島北部の各地域が幹線道路で結ばれており，若い世代を中心として自動車を利用した名護市での買い物が年々増えている状況である．その結果，農村地域に存在するさまざまな業種の小売店は売上高を低下させつつあり，加えて名護市の中心商店街でもシャッター通り化が顕

著となっている。

　また2000年代に入ると，名護市以外の本島北部地域にコンビニが進出するようになった。リゾートホテルなどの観光客を狙ったコンビニの立地が進んでおり，2010年現在では沖縄本島最北端に位置する国頭村まで出店を確認することができる。名護市の卸売業者へのインタビューによると，リゾートホテル2件に対してコンビニ1件の割合で立地する傾向があり，こうしたコンビニは観光客だけでなく地元の若い世代を取り込みつつある。

2. 共同売店の現状と商品調達

　前章で述べたように沖縄本島北部では，名護市に小売機能が集中している一方，それ以外の地域で小売機能が衰退している。本章では，高齢者にとって身近な存在である共同売店（写真9-1）の現状について検討し，地域小売業の存続可能性ついて検討したい。特に，商品仕入の現状を把握し，共同売店の流通チャネルとしての可能性について検討したい。

2.1　共同売店の現状

　まず共同売店の略史を述べる。沖縄で初めて生まれた共同売店は，1906（明治39）年，国頭村奥集落に設立された奥共同売店である（奥共同店100周年記念事業実行委員会 2008）。阿仁屋ほか（1979, 1983）によると，20世紀初頭には沖縄本島北部で共同売店が数多く生まれ，本島北部だけでなく本島周辺の離島にもみられるようになり，1980年代には120カ所ほどの共同売店を確認することができる。しかし，金城ほか（2003）が指摘しているように，1980年代から共同売店の運営に陰りがみられるようになり，1990年代から閉鎖が顕著となっている。2006年には68カ所へと減少している（マキノアツシ 2006）。

　共同売店の現状については，小川（2008）による詳細な調査で確認することができる。図9-2は2006年における共同売店の分布を示したものであるが，歯抜けのように共同売店が閉鎖していることがわかる。小川（2008）によると，現在の共同売店では，①農産物などの出荷機能の低下，②精米などの加工機能

第 9 章　過疎化地域における流通システムの維持可能性　143

写真 9-1　沖縄の共同売店（宇嘉共同店）
(2008 年 12 月　土屋撮影)

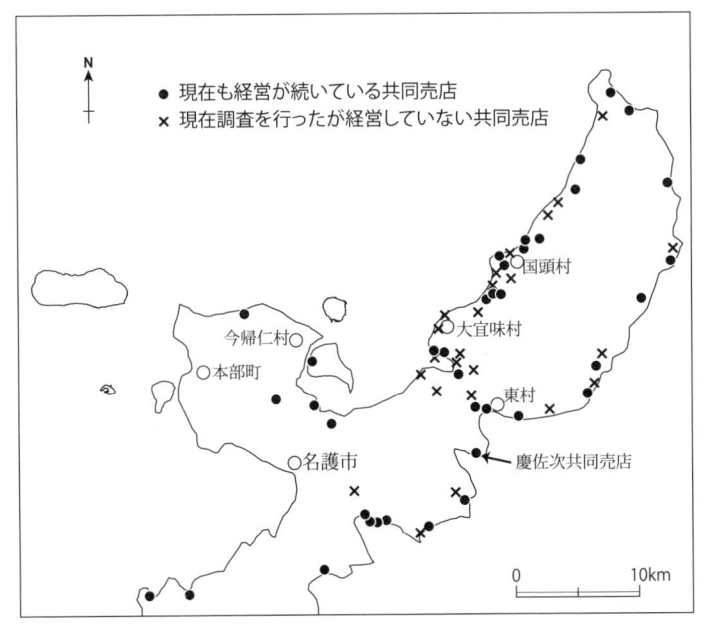

図 9-2　沖縄本島北部における共同売店の分布（2007 年）
(資料：小川 (2008) より作成)

の低下，③社会福祉的な機能の低下，の 3 点が顕著となり，多くの共同売店で運営基盤の衰退化が進んでいる。

写真 9-2　慶佐次共同売店
（2008 年 12 月　土屋撮影）

　このように厳しい現状にさらされている共同売店であるが，さまざまな分野からの発言からその存在意義が高まっていることも確認できる。たとえば，宮城（2004）によると，多くの本島北部の住民，出身者は，集落に残されている高齢者のためにも共同売店をなくしてはいけないと考えている。「生活防衛」施設として共同売店は再評価されつつあるのも現状である。
　では共同売店はどのように運営されているのか，慶佐次共同売店（図 9-2，写真 9-2）を事例にみてみたい。慶佐次共同売店は，国頭郡東村に存在する共同売店である。もともと国道から離れた場所に位置していたが，1990 年代中頃に国道沿いに移転した。さらに，慶佐次集落の人々が作った無農薬野菜，パイナップルなどのフルーツ，花卉類を積極的に販売していった結果，地域外の人々を顧客として取り入れることに成功している。
　区長，主任，パートタイマー 2 名で運営しており，店舗には常時 1 名のパートタイマーを配置している。商品アイテム数は 500〜600 品目でコンビニよりも小さな店舗である。店舗に隣接して農産物直売所があり，集落で生産された農産物を委託販売している。販売手数料として，集落住民から売価の 10%，集落外住民から売価の 15% を徴収している。
　仕入れ先は 20 業者ほど確保している。毎日仕入れているのは食料品であり，名護市にある卸売業者に午前中に FAX で注文し，午後に納品されるという。

飲料，文具などは週に1～2回発注している。また，週末に販売した商品を補充するため月曜日には10社ほどに納入を依頼するという。金曜日も週末の売上に備えるため発注・納品が多くなる。

　地域の高齢者は，この共同売店に強く依存しながら生活している。多くの高齢者が1日1回以上買物のために共同売店を訪れているが，店舗前のベンチに座りながらユンタク（おしゃべり）をするなど，売店は集落の核となる施設になっている。また，地域の成人会は共同売店の商品券を高齢者に支給しており，そのことが高齢者の利用を促進している面があるという。

2.2　卸売業者による商品配送

　では共同売店へはどのように商品が配送されているのか。卸売業者による商品配送についてみてみる。共同売店は，名護市内の卸売業者に商品仕入れを依存している。もし卸売業者からの商品供給がなければ，自ら名護市内などのスーパー等に出向いて商品を購入しなければならないが，共同売店は商品仕入量が少ないことから自ら移動などのコストを負担することは不可能であるからである。

　では共同売店に商品供給している名護市の卸売業はどのような状況なのであろうか。商業統計から1990年代以降の状況についてみてみると，事業所数では1991年は148店舗，1999年は121店舗，2007年は118店舗と減少，年間販売額では1991年は324億円，1999年は275億円，2007年は246億円と推移しており，衰退傾向が明瞭となっている。そして共同売店と関係の深い飲食料品卸売業に注目すると，事業所数では1999年は53店舗，2007年は48店舗，年間販売額では1999年は115億円，2007年は88億円であり，衰退が著しくなっている。

　名護市は，沖縄本島における北部の卸売拠点として位置づけられる。二次卸が中心で，本島南部のメーカーや一次卸から商品を仕入れ，本島北部地域に点在する小売店へ商品納入している。しかし，名護市の商店街や農村地域に点在する地元商店が衰退するとともに売上を低迷させており，名護市の卸売業界はチェーンストアの発展によってその役割を低下させているといえよう。

名護市の食品卸売業者による共同売店への配送についてみてみたい。聞き取り調査によると，名護市，大宜味村，国頭村，東村，今帰仁村，本部町，恩納村の共同売店に対する食料品配送は，2010年12月段階において名護市内の6卸売業者と沖縄市の1卸売業者が分担している。

　1つの事例を紹介すると，崎浜商店は名護市内に存在する最大手の食品卸売業者である。オリオンビール，久米仙，業務用花王商品の特約店であり，小売店に限らずリゾートホテルなど多くの販売先を持っている。特に，名護市と国頭郡（恩納村以北のヤンバル地域）に立地しているほとんどのリゾートホテルに対してオリオンビールと業務用トイレタリーを独占販売している。従業員数は，役員3名，正社員24名，パートタイマー3名の構成となっている。名護市内には倉庫を兼ねた事務所があり，配送トラック（軽を含む）を15台所有している。

　販売先ごとの売上構成であるが，リゾートホテルへの販売は全体の約40%を占め，名護市と本部町に立地しているイオン系列の店舗への販売は約8%を占めている。地元名護市内の飲食店では約20%，病院や老人ホームなどの諸施設では約20%である。共同売店への販売は全体の約5%であり，きわめて小額となっている。創業当初は共同売店への販売が約7割を占めており，崎浜商店は共同売店を基盤として発展してきた経緯がある。そのため現在でも国頭村の共同売店との取引を継続している。

　共同売店への配送については，かつて月，水，金曜日の週3回の配送であったが，2000年より水，土曜日の週2回へと変更している。各共同売店との取引高が減少し，毎回の配送において採算ラインを割るケースが多くなったためである。

　崎浜商店では，共同売店への配送において2.5トンのトラックを使用している。配送スケジュールは，午前中に注文を受けて商品をトラックに積み込み，午後1時から配送トラックが出発する。国頭村の共同売店を8〜9店舗巡回し，19時までには名護市に戻る。1回の配送での売上は30万〜70万であり，一方，ホテルルートの売上の場合は1回当たり50〜100万円であるという。崎浜商店の場合，1トラックの日商において30万円が採算ラインである。納入商品

は買い切り制（返品なし）であるため，遠距離配送を維持することが可能になっている。共同売店を担当するトラックは，水，土曜日以外の日には自販機ルートを担当しており，共同売店へのルートを確保するために他の販売ルートと組み合わせている。

2.3 卸売業者からみた共同売店の課題

共同売店の取引先である卸売業者は，崎浜商店のようにリゾートホテルなど小売店以外の販路を開拓することや，自ら小売業を営むことよって存続を計っている。このように名護市に立地する二次卸は，共同売店や個人商店の閉鎖が相次ぐなかで存続するため多事業化を進めているのである。

このように，名護市内の卸売業者はもはや共同売店を主要な取引先としていない。一方で，過疎化している沖縄本島北部の現実をふまえると，地域の生活を支えていく存在として今後も共同売店が重要である。そこで聞き取りから，卸売業者の立場から共同売店に対して求めていることをまとめ，現在の共同売店が抱えている運営上の問題点を検討したい。

第1には，多くの共同売店で品揃えに対する意識が低いことである。卸売業者からみると，集落住民のニーズを把握し，戦略的な品揃えを実施している売店は少ないという。名護市のスーパーなどとの競争のなかでこれらの店舗は，安売りを採用する傾向にあり，その結果，ますます魅力的な商品が少なくなる悪循環に落ちいっている場合が多い。また，品揃えがお年寄り向けになる傾向もあり，ますます若い世代の利用が減少する傾向にある。品揃えが保守的で，新しい商品アイテムにチャレンジしない売店が多いのである。

第2には，集落による経営の場合，共同売店の経営ノウハウが受け継がれにくいという点である。大半の集落経営の共同売店では主任の任期は3～5年であり，集落住民の持ち回りで選出される。交代する際に引き継ぎが十分でない場合，経営ノウハウの受け継ぎが十分でなく，それまでの取引関係が継続できないことがあるという。商店運営の改善が継続的に行われにくい状況であり，長期的なビジョンも持ちづらい面がある。

このように共同売店は，集落による共同運営のためか，経営改善への努力が

不十分な売店がみられる。集落にある共同売店に魅力を感じない住民は，名護市などに立地する魅力的な小売店で買物するようになっており，そのことは若い世代で顕著である。こうしたなか，卸売業者が品揃えなど販売戦略の提案を行い，取引先である共同売店の存続を計っている側面もあるのである。

3. 無店舗販売の展開：コープおきなわによる共同購入

前章では共同売店の存続可能性について検討したが，商品調達面など経営上のさまざまな問題が存在していることを確認した。本節では，沖縄本島北部の過疎化地域に展開しているコープおきなわの共同購入について検討したい。

3.1 コープおきなわの共同購入システム

まず，コープおきなわにおける商品供給事業全体について説明したい。コープおきなわには「店舗供給」と「共同購入」の2つの供給システムが存在する。店舗供給事業[2]は，主に人口密度の高い都市部で展開されており，那覇市や沖縄市など沖縄本島南部が中心である。一方，共同購入事業は，本島南部の都市部だけでなく本島北部や沖縄本島周辺の離島，石垣島などの八重山諸島にも展開しており，沖縄県全土にわたっている。もともとコープおきなわは共同購入から商品供給事業を始めたが，沖縄本島南部の都市部における組織率の高まりとともに店舗事業を展開していった。すなわち組合員数の密度が高まるとともに大量販売が可能な店舗供給を主体とするようになったのである。

では共同購入は，どのような供給システムによって運営されているのか。図9-3は，コープおきなわにおける共同購入の供給システムを示したものである。共同購入には，共同配達（グループ購入）と個人宅配（個人購入）の2種類が存在する。かつては共同配達のみであったが，1990年代以降より利用者を増加させるために個人宅配が導入されている。個人宅配は，共同配達に比べると商品配送トラックの配達先が多くなり，各配送先での取扱量が少なくなる。そのためコープおきなわでは，個人宅配の場合，1回の配送につき240円の手数料を徴収している。なお，個人宅配においても2人で注文すれば手数料が半

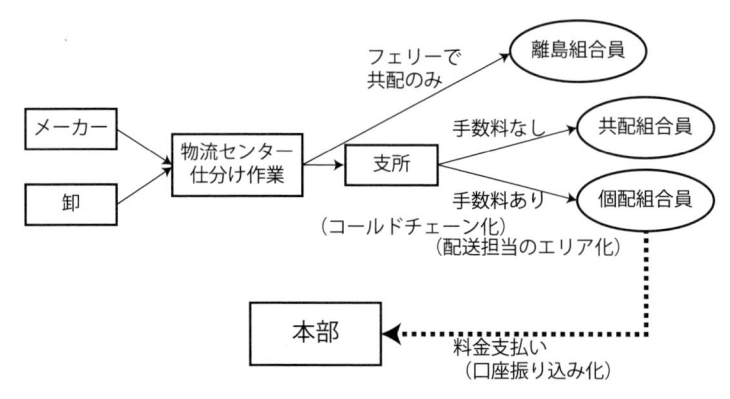

第 9 章　過疎化地域における流通システムの維持可能性　149

図 9-3　コープおきなわにおける共同購入の仕組み
（資料：聞き取り調査により作成）

額の 120 円となるサービスや，1 回の利用で 1 万円を超えると手数料が半額の 120 円に，1 万 5 千円を超えると手数料なしのサービスを実施している。

　チラシと注文書は毎週配付され，チラシが届いた 1 週間後までに注文し，注文を出した 1 週間後に商品が配送される。商品情報の提供，注文，配送が 2 週間サイクルで繰り返される。各組合員からの注文書は配送担当者が回収し，各支所，事務所に集められる。各支所では注文を集約して本部に送り，本部はメーカーや卸売業者に発注する。メーカーや卸売業者からの商品仕入は浦添市の物流センターで一括管理され，仕入後には各グループ，個人ごとに商品が仕分けられる。仕分けられた商品は各支店に配送され，各支所ではトラックのドライバーが，各グループ，個人宅に配送する。代金の支払いは月 2 回で，ドライバーへの現金支払いと口座引落しの 2 種類を選択することができる。

　共同購入は店舗運営と比較すると，人件費，店舗管理費（光熱費など）などコストを安く済ませることができる。最近では個人宅配が増えているが，個人宅配には一定の手数料を徴収するためコスト面で大きな問題はない。そこでコープおきなわでは，配送距離，時間にかかわらず販売価格を一定としている。また各支所が担当できる地理的範囲が広いことから，人口密度が低く，高齢化している地域でも十分に供給が可能である。

3.2 名護支所における共同購入の運営状況

　沖縄本島北部では，どのようにコープおきなわの共同購入が運営されているのであろうか。図9-4は，本島北部地域の配送拠点である名護支所における供給状況と配送ルートの1例を示したものである。なお，名護支所が管轄する地域は恩納村や金武町以北の地域であり，沖縄本島北部の全域を管轄エリアとしている。他の支所と比較すると広い地域をカバーしており，配送ルートも長距離である場合が多い。

　商品配送業務を行っているのは，月曜から金曜までの週5日間である。2009年段階で16名の配達ドライバーが在籍しており，正規職員3名，契約専任職員4名，パートタイマー9名によって構成されている。正規職員と契約専任職員は週5日の勤務であるが，パートタイマーは週2～3日の勤務となっている。配送車は，保冷設備付き配送トラックの4トン車が中心となっており，パートタイマーでも運転することができるという。

　では各トラック（写真9-3）はどのように本島北部を配送しているのであろうか，図9-4の配送ルートの例からみてみたい。なおこのルートは，名護支所において最も移動距離の長いケースである。午前8時50分に名護支所を出発し，最初の配達先である与那集落まで40分ほど要する。国頭村の最北端である辺戸集落で正午近くとなり休憩となる。その後，国頭村の東海岸の集落を巡回した後には名護支所へ向かい，到着するのがおよそ16時50分になる。このケースでは，出発時間が最も早く到着時間が最も遅くなっており，ガソリン代などの経費も多くかかるが，供給高については他のルートとほぼ同等となっている。

　配送ドライバーは，各利用者の自宅の門前に赴き，商品を配達するとともに次週配達分の注文書を受け取る。このルートの場合，配達先の多くは高齢者世帯であり，年金を受給しているなかで農業を営んでいる世帯が中心であるという。よって，配達先が留守である場合が多く，配達担当者は商品を留め置きする場合が多い。また，利用者に商品を渡す際には積極的に話しかけ，地域の情報を収集するとともに新規利用者の開拓も行っている。

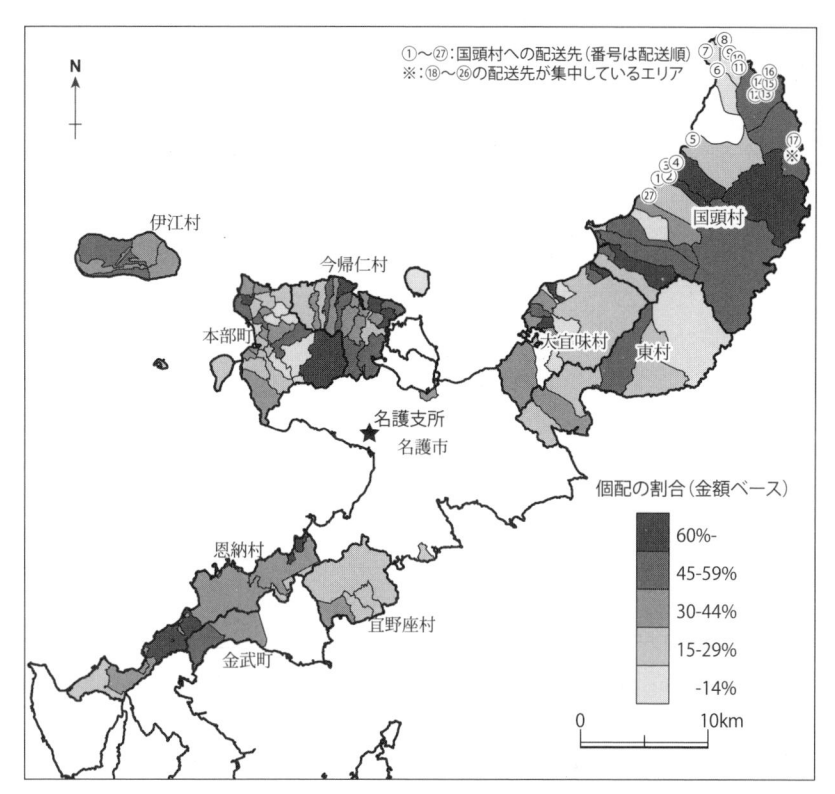

第 9 章　過疎化地域における流通システムの維持可能性　151

図 9-4　名護支所における共同購入の個別割合と配送ルート例（2009 年 12 月）
（資料：コープおきなわの資料により作成）

写真 9-3　コープおきなわの共同購入配達トラック
（2010 年 3 月　土屋撮影）

3.3 名護支所管轄地域における共同購入の利用状況

では共同購入は利用者にとってどのように活用されているのであろうか。共同購入ではチラシを用い販売活動を行っているが，その品揃えは大型店と同等に幅広い。よって，沖縄本島北部の過疎化地域では魅力的な商品購入チャネルとなっており，さまざまな商品の購入意欲の強い20代から40代の世代の利用が中心である。

また，冷凍食品を購入する手段として共同購入を利用する場合が多いようである。沖縄県は亜熱帯に属するため，保冷が必要な商品は日中常温下で長い時間持ち歩くことができない。冷凍食品などは名護市にある大型店で購入することが可能であるが，店舗から帰宅するまでの時間が1時間以上かかってしまう。そうしたなか，温度管理が徹底された状態で自宅まで配送してもらえる共同購入は，地域の人々にとって安心して購入できる流通チャネルとなっている。

では共同購入の利用面には，どのような地域差が存在するのであろうか。図9-4から共同購入に占める個人宅配の割合をみてみると，個人宅配の割合が低く地域，すなわち共同配達が多い地域とは，事務所や諸施設など職場班が組みやすい地域である。国頭村の辺戸名集落など，役所や事務所が多い地域が典型的である。

一方，個人宅配の割合が高い地域とは，①観光施設が隣接していて若い世代が多く居住している地域と，②高齢化が顕著な地域で人口規模の小さな集落である。もともと地域社会のつながりが強い地域であるので，地域や職場を単位としてグループが組まれることが多かったが，最近では新規加入者の多くが個人宅配を選択するようになっている。また高齢者のみの世帯が増えるなかで，隣近所で商品注文を取りまとめることが難しくなっていることから，個人宅配が増加している。

このように共同購入は，人口規模の縮小，人口の高齢化，世帯規模の縮小化といった地域の変化によって利用のあり方が変化してきている。なお名護支所では，多くの集落で個人宅配の割合が高まっており，かつ，全体の利用高が減少してきている。

3.4 共同購入の課題

2008年,コープおきなわでは,共同購入事業において初めての赤字を計上した。その理由は,①共同購入事業の供給高が減少傾向となり,各支所の人員や配送トラックの配置が過剰となったこと,②個人宅配の割合が高まった結果,仕分けコスト,配送コストが増加したこと,の2点であるという。

2009年度よりコープおきなわでは共同購入事業の見直しが進められている。第1に,物流システムの見直しであり,物流センターと各支部の機能分担を明確にした。2008年度までは,冷凍食品の仕分けを各支部で行っていたため,各ドライバーは出発までの準備作業が多かった。その後2009年度よりコールドチェーン[3]が導入され,支部での商品仕分け作業を削減することによって,1ドライバー当たりの配送件数を増やすことに成功した。その結果,配送トラックとドライバーの数を削減することに成功している。また,各組合員の支払いの口座引落し化も行われ,各配達ドライバーの作業を削減し,各組合員への対応に専念できるようにしている。

第2に,1集落1ドライバーの地域担当制を導入したことである。それまでは,組合員数が多い大きな集落には,複数のドライバーが担当していた。各集落に固定したドライバーを割り当てることによって,①組合員とのつながりを強くする,②組合員の状況を踏まえたサービスを展開する,③地域を熟知して新規利用者の獲得を進める,の3つの改善が実現されることとなった。

4. 過疎化地域で維持できる流通システムとは

このように本章では,沖縄本島北部における流通システムの維持可能性について検討した。特に,さまざまな問題を抱えながらもローカル主体による流通システムが維持されていることが注目される。

では過疎化地域においてどのように流通システムを維持することが可能であろうか。上述のように沖縄本島北部では,共同売店の「店舗型チャネル」,共同購入の「無店舗型チャネル」を確認することができた。まず両者の特徴をまとめ,沖縄本島北部における流通システムを展望するとともに,過疎化地域に

おける流通システムのあり方について展開してみたい。

　共同売店などの店舗型チャネルの場合，長所として，①いつでも買物できること，②比較的近い場所にあること，③地域社会の拠点になりうること，が指摘できるが，欠点として，①品揃えに限界があること，②商品調達に限界があること，③十分な需要がないと成り立たないこと，が挙げられる。沖縄本島北部では過疎化が顕著なっており，近年では長所よりも短所のほうが大きな意味を持つようになっている。

　一方，共同購入などの無店舗型チャネルの場合，長所として，①品揃えが充実していること，②大量販売による低価格販売が可能であること，③設備投資が少ないこと，④運営コストが比較的安いこと，が指摘できるが，欠点として，①いつでも買物できないこと，②高齢者にとって手続きが煩雑であること，③スポット的な利用ができない（継続利用が前提である）こと，が挙げられる。共同購入などの無店舗販売は，参入コスト，運営コストともに安いため過疎化地域に展開しやすいが，一方，利便性に限界があるため無店舗販売のみで地域生活を支えることはできないのである。

　このように，2つの流通チャネルには長所と欠点がある。1つのチャネルでは地域住民のニーズすべてに対応することが難しいことから，過疎化地域といえども多チャネルを確保することが重要である。実際に沖縄本島北部では，現在でも共同売店と共同購入の2つのチャネルが維持されていることが地域住民の安心源となっている。しかし，限界集落が増加して共同売店が維持できなくなった場合には，より公共的，福祉的な方策を考えざるを得ないであろう。

　ところで，沖縄本島北部では確認することができなかったが，他の過疎化地域や限界集落で活躍している「移動店舗型チャネル」，すなわち「移動スーパー」や「移動コンビニ」も可能性のある1つの流通チャネルであろう。移動店舗型は，店舗型と無店舗型の中間的なものと位置づけられ，両者の欠点を補うことができると考えられる。沖縄本島北部では，共同売店が存在しているため参入余地が小さかったが，今後，共同売店の閉鎖が進んでいった場合には「移動店舗型チャネル」が台頭してくるのではないか。

　　　　　　　　　　　　　　　　　　　　　　　　　　（土屋　純）

［注］
1) 本章で過疎化地域という言葉を用いたのは，沖縄本島北部全体として過疎化が進んでいるためである．沖縄本島北部において過疎地域である市町村は，本部町，伊江村，大宜味村，東村，国頭村で，それ以外の市町村には過疎地域がない．しかし，沖縄本島北部を通して人口減少や高齢化している地域が多く含まれることから，過疎化しつつある地域という意味で用いることとした．
2) コープおきなわの店舗事業では，食料品スーパーを7店舗，総合スーパーを1店舗を展開している．
3) コープおきなわのコールドチェーンでは，集配センターで配達先ごとに冷凍食品を仕分けし，コールドボックスに梱包してしまう．支所では，コールドボックスを配送車に積載するのみとなる．そうすることによって，誤配を防ぐとともに，温度管理を徹底することができる．

［文　献］
阿仁屋政昭・玉城隆雄・堂前亮平　1979．共同店と村落共同体（1）－沖縄本島北部農村地域の事例－．南島文化創刊号：47-186．
阿仁屋政昭・玉城隆雄・堂前亮平　1983．共同店と村落共同体（2）．南島文化5：165-229．
小川　護　2008．沖縄本島北部の共同売店の立地と経営形態の変化－国頭村・大宜味村・東村を事例として－．沖縄地理8：13-24．
奥共同店100周年記念事業実行委員会　2008．『奥共同店』奥共同店．
金城一雄・小林　甫・上原冨二男・上地武昭・宮城能彦　2003．『戦後沖縄の共同店の変容』沖縄大学地域研究所所報．
杉田　聡　2008．『買物難民－もうひとつの高齢者問題－』大月書店．
堂前亮平　1997．『沖縄の都市空間』古今書院．
マキシアツシ　2006．『共同店ものがたり』創英社．
宮城能彦　2004．共同売店から見えてくる沖縄村落の現在村落．社会研究11：13-24．

第10章　離島における医薬品流通の維持

　国内のほとんどの医薬品は，医薬品卸売業者を経由して，薬局や医療機関に届けられている。医薬品の流通は人命に直接かかわることから，緊急時であっても滞ることがあってはならない。とりわけ，離島や山間部への配送コストは割高で採算性が低いにもかかわらず，患者の必要とする医薬品は，医療機関や薬局に適切なタイミングで届けられなければならない。その重要な役割を担ってきたのが医薬品卸であった。
　しかし近年，医薬品卸にとって配送先や品目数が増えるなど物流にかかる費用が増加している。また，人口減少や高齢化に伴って，離島や山間部に必要なものを届けるためのコストがますます増加している。誰もが医薬品にアクセスでき，かつ効率のよい流通の仕組みをどのように維持していけばよいか。本章では，医薬品という公共性の高い商品が離島の医療機関や薬局に運ばれる仕組みを明らかにし，今後のあり方を考察する。

1. 離島における医療用医薬品流通

1.1　離島における医薬品流通のコスト構造

　一般的に，離島の商品は本土[1]より価格が高くなるが，それは配送コストが高いからである。まず，本土から離島まで商品を船で運ぶには，海上輸送費がかかる。加えて，離島のガソリン代は本土よりも1～2割高いため，商品を小売店の店頭まで運ぶための陸上輸送費が割高となる。一般的な商品の場合，最終的な小売価格は，メーカーの出荷価格に，配送に要したコストと，卸売業者や小売業者の利益を加えた額になるため，本土より高くなる。消費者が割高な商品を購入することで配送コストを負担していることになる。

しかし，医師の処方が必要な医薬品の場合，患者は居住地域によらず同じ医薬品であれば，同じ値段で購入できる。離島でも本土と変わらない価格で医薬品が提供されている。なぜ離島でも患者は本土と同じ価格で医薬品を購入できるのだろうか。

その理由は，医薬品の最終価格である薬価は，国が定めているためである。他の商品と違って，販売者は医薬品の価格を自由に設定できない。つまり，医薬品卸は医薬品の商品価格に配送コストを反映させることができないのである。医薬品卸は医療機関や薬局への納入価格と，製薬企業の出荷価格との差額から必要とされる配送コストを差し引いて，残りを自らの利益とする。したがって，医薬品卸が自らの利益を確保するためには，配送コストを極力抑える必要がある。

現在，離島の割高な配送コストは，医薬品卸と薬局や医療機関が分担している。一方，離島における需要の絶対量は小さく，配送効率化によって得られるコスト削減の効果は限られている。今後，人口の減少にともなって，離島の医薬品需要はますます縮小していくことが予想されている。現在の利益配分の構造では，医薬品卸が利益を確保するのに苦慮しており，必要な医薬品を必要な場所に適時配送する仕組みを維持することが難しくなっている。

1.2 医薬品流通の特徴と近年の変化

医薬品には，①医療用医薬品，②一般用医薬品，③その他の流通経路で販売される医薬品，の3タイプがあり，それぞれ取引形態が異なる（中村 2003）。①は医師の処方せんに基づいて使用されるが，②は医師の処方せんが不要で，誰もが薬局・薬店で購入できる。③は「富山の置き薬」などである。市場規模は全体で6兆7,791億円（2010年）にのぼり，医療用医薬品が全体の91％を占める（厚生労働省，薬事工業生産動態統計）。

医療用医薬品の価格は薬事法に定められた薬価基準によっており，販売も薬局および医薬品販売業者に限定される。その理由は，医療用医薬品の効能が一般用医薬品に比べて強く，副作用を起こす危険性が高いためである。医療用医薬品の対象となる疾患は多岐にわたり，品目数が多い。加えて，緊急性が高く

表 10-1 医薬品流通環境の変化

1990 年代初めまで	1990 年代後半以降	医薬品卸への影響
・製薬企業に価格決定権があり，医薬品卸に損失補てんする． ・医療機関は処方した医療用医薬品を院内で調剤する． ・保険薬局の医療用医薬品の販売は少ない． ・患者は医療機関内で医薬品を受け取る．	・価格制度の変更によって，価格決定権は製薬企業から医薬品卸へ移る． ・医薬分業によって，医療機関は院外処方せんを発行し，保険薬局は医薬品の販売を増やす． ・後発医薬品の拡大によって品目数が増加する．	・配送先数，品目数の増加 ・高頻度小ロット配送，返品 ・医療機関や薬局との価格交渉 ・使用期限や副作用情報などの高度な商品情報の提供，複雑な在庫管理，債権管理

（筆者作成）

需要予測が難しいものが多い．そのため，医薬品卸には時間の制約がきわめて厳しい配送システムと複雑な在庫管理が要求される．

一方，製薬企業と医薬品卸，医薬品卸と医療機関や薬局との取引価格は，市場競争に任されている[2]．近年，医薬品の配送先や品目数が増えるなど物流にかかる費用が増加している．医薬品卸は多数の薬局に対して，医薬品を高頻度で配送することが要請されている．その背景には 1990 年代以降，医療費の抑制を目的とした制度の変更がある（表 10-1）．医薬分業[3]のもとでは，医師から処方せんを受け取った患者は，どの薬局で医薬品を受け取るかを自由に選ぶことができるようになった．薬局は原則として，訪れた患者が必要とする医薬品を迅速に提供する義務がある．さらに近年，同じ成分を使用した安価な医薬品（ジェネリック医薬品など）が増加している．そのため，薬局にとって用意すべき医薬品を事前に予測し，在庫として保有するのはコストがかかりすぎるために難しい．したがって，在庫にない医薬品については医薬品卸に緊急発注せざるを得なくなっている．

さらに，医薬品卸は配送業務に加え，使用期限や副作用情報などの高度な商品情報の提供，複雑な在庫管理，債権管理，価格交渉など高度な機能を果たさなければならない．製薬企業や医療品卸の営業担当者が，医療機関や薬局にさまざまな情報提供をしなければならず，特に離島の場合，そうした情報提供に関わる移動コストも大きな負担となる．

2. 長崎県における医療環境

　上記のような離島における医薬品流通の実状を把握するため，長崎県の離島を本章の事例としたい。まず，長崎県の離島を構成する，五島市，新上五島町，壱岐市，対馬市の医療環境を概観する（表10-2）[4]。長崎県による2006年10月現在の推計人口によると，五島市4.4万人，新上五島町2.4万人，壱岐市3.1万人，対馬市3.7万人となっている。薬局は人口規模に応じて各地域に9〜20施設存在し，人口10万人当たり薬局数は，37〜52施設と長崎県（47.1施設）や全国平均（41.1施設）と同様の水準となる。薬局1施設当たり人口も，1,900人〜2,700人となり，長崎県（2,125人）や全国（2,432人）とほぼ同じ水準とみてよい。

　10万人対の薬局に勤務する薬剤師は，いずれの市町においても，長崎県（102.2人），全国（106.2人）を下回っている。10万人当たり病院や診療所など医療機関は，壱岐市の診療所を除いて，全国平均を上回っている。10万人対の病院病床数は，人口当たりの病院が多い壱岐市において1,856床と突出する一方，対馬市において1,126床と地域差がみられる。

　以上のことから，薬局，医療機関などの医療関係機関は，10万人対では離島は全国に比べ少ないものの，人口規模に応じておおむね整備されている。ただ，離島の薬局薬剤師は，本土や全国平均と比べて相対的に少ない。また，10万人対の病院病床数に離島間のばらつきがあったり，壱岐市のように診療所数と比べて病院数が相対的に多かったりするなど，離島間で医療資源の地域差がみられる[5]。

　日本の医薬分業率は，1989年の11.3％から2006年の55.8％と一貫して伸びている[6]。特に，長崎県では，同期間に医薬分業率が18.7％から60.1％と全国平均を上回る割合で推移している。本章の対象地域である五島市を圏域とする五島医療圏に注目すると，2004年現在，同値は55.4％と長崎県の平均を下回るものの，1989年から43.6ポイント増加している。これは，患者数の多い五島中央病院，富江病院が院外処方せんを発行したことによる影響が大きい。こ

表 10-2 長崎県の離島における薬局および医療機関等の設置状況

	人口 (2006年10月)	薬局数 (2007年3月)	(10万人対)	薬局勤務薬剤師数	(10万人対)	薬剤師会員数	医療機関数 (2006年10月) 病院	(10万人対)	診療所	(10万人対)	10万人対病院病床数
日本	127,770,000	52,539	41.1	135,716	106.2	100,259	8,971	7.0	100,082	78.3	1,273.1
長崎県	1,466,512	690	47.1	1,499	102.2	−	167	11.4	1,463	99.8	1,899.3
五島市	43,742	20	45.7	29	66.3	26	5	11.4	44	100.6	1,280.2
新上五島町	24,334	9	37.0	13	53.4	11	3	12.3	18	74.0	1,216.4
壱岐市	30,933	16	51.7	28	90.5	17	7	22.6	16	51.7	1,855.6
対馬市	37,468	14	37.4	28	74.7	23	3	8.0	32	85.4	1,126.3

注:−は不明.
(資料:日本薬剤師会ホームページ,長崎県「平成 18 年長崎県医療統計」,(社)長崎県薬剤師会離島対策小委員会のアンケート調査により作成)

うした院外処方せんの発行に対応するため,薬局のうち 90％が処方せんに基づいた調剤を行っている.

薬局の収入の大部分は,処方せんに基づく薬剤師の調剤行為によっているため,多くの処方せんを扱うほど薬局の収入が増加する.五島医療圏における薬局の扱う月間処方せん枚数は,医薬分業が進んだことによって,同時期に 6,806 枚から 21,724 枚に 3 倍以上増加した.一方,実際に処方せんを扱った薬局数(請求薬局)も,同時期に 6 施設から 18 施設に急増した.その結果,1 薬局当たり月間処方せん受付枚数は 1996 年の 1,134 枚から 2000 年の 1,485 枚に増加したが,2004 年には 1,207 枚へと減少に転じた.長崎県全体でこの値をみると,1,425 枚(1996 年),1,469 枚(2000 年),1,429 枚(2004 年)とほとんど変わらない.このことから,五島において,新規発行された院外処方せんの獲得をめぐって,新規参入する薬局が増加するなど薬局間の競争が本土より激化していると推察される.このような医薬分業にともなう院外処方せん枚数の増加と処方せん獲得を目指す薬局間の競争は,五島医療圏以外の上五島,壱岐,対馬の各医療圏においても進展している.

3. 長崎県の離島における医薬品流通システム

3.1 医薬品卸の営業・配送体制

では，医薬品卸は長崎県の離島に対してどのように商品を配送しているのか。各医薬品卸は，営業所を配置して営業担当者を常駐させるか，本土からの定期的な訪問によって医薬品を配送している。医薬品卸の営業所分布をみると，人口が3万人を超える比較的人口規模の大きい五島市，対馬市，壱岐市には医薬品卸の営業所が立地する（図10-1）。一方，人口が3万人未満の比較的人口規模の小さい新上五島町や周辺の離島には，営業所は立地せず，各医薬品卸は長崎本土から直接医薬品を配送している。長崎県内の離島のうち，対馬市と壱岐市において，博多港から船を利用すると時間距離が短いことから，2社がそれぞれ営業所を配置することで，福岡市から配送される医薬品を在庫している。

加えて，各社の営業担当者の活動状況を整理すると，五島市福江島の下五島地区には医薬品卸4社が営業所を配置して，営業担当者を常駐させている一方，

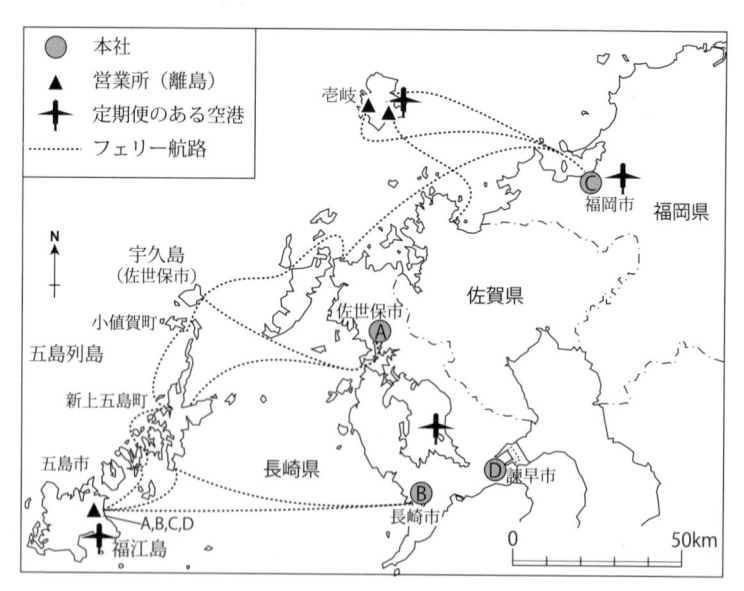

図10-1 長崎県五島列島および壱岐における医薬品卸の分布（2009年）
（資料：医薬品卸各社のホームページにより作成）

営業所を配置せずに本土から直接訪問する医薬品卸が2社存在する。新上五島町や小値賀町などには，いずれも営業所が配置されておらず，各社は原則として週4回，訪問による営業活動や配送活動を行っている。壱岐市，対馬市では，2社がそれぞれ営業所を配置している以外に，壱岐市のみに訪問による営業を行う医薬品卸が2社存在する。

それとは対照的に，処方せんを必要としない一般用医薬品を取り扱う営業所は離島には配置されていない。各地域に訪問する医薬品卸が1～2社のみであり，訪問頻度は月2回から2カ月に1回までと医療用医薬品に比べて非常に少ない。こうした相違は，医療用医薬品と一般用医薬品の商品特性の違いによって説明できる。医療用医薬品は一般用医薬品に比べて，緊急性を要するうえに，品目数が多く需要予測が困難なものが多い。加えて，医師の処方が必要な生命に直接関連する商品であり，一般用医薬品に比べて薬価が高価であるので，薬価に占める配送コストの割合が低い。こうした商品特性があるため，発注当たりの配送量は少なく，配送頻度は高くなる傾向がある。以下では，断りのない限り，五島列島における医療用医薬品の流通システムと医薬品卸の役割を検討する。

3.2 五島市福江島の事例

本項では，医薬品卸4社が営業所を配置している，五島市福江島を事例地域に，医薬品流通システムにおいて医薬品卸が果たす役割を検討しよう。

五島市に属する福江島は，長崎空港から飛行機で約30分，長崎市から高速フェリーで約1時間半を要する五島市で最大の有人島である。五島市と新上五島町には病院が8施設（856床）存在する。福江島には長崎県病院企業団に属する長崎県五島中央病院および長崎県富江病院を中心として，民間病院が2施設運営されている（図10-2）。さらに，五島市と新上五島町には一般診療所が62施設（282床）あるが，24施設が福江島東部の福江地区，なかでも9つの商店街が集まる中心市街地に偏在している。

薬局は，五島市と新上五島町に29施設存在するが，うち8施設が福江の中心市街地内に集中している。また，福江島に営業所を置く医薬品卸4社は，い

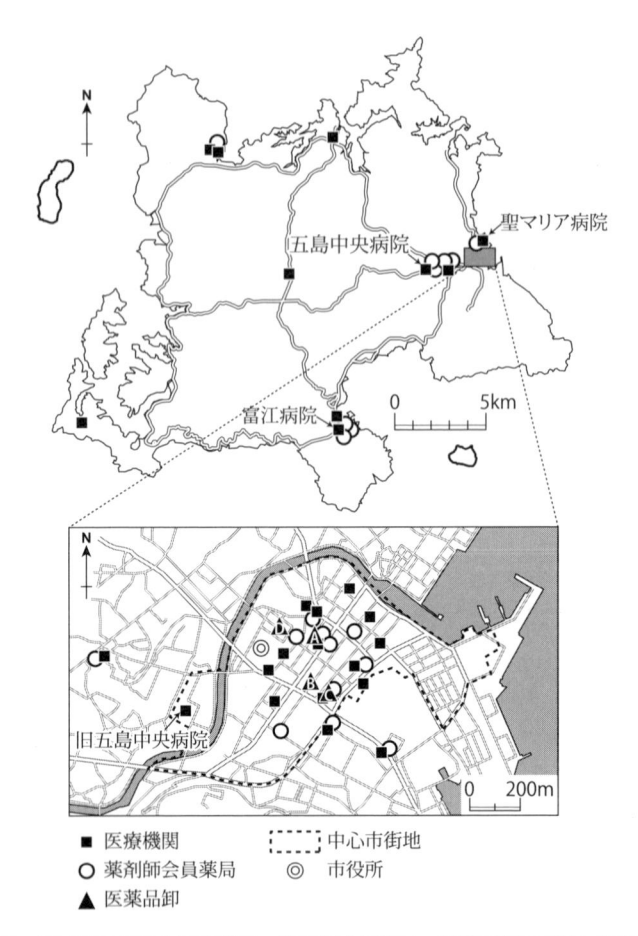

図10-2 福江島における医療機関，薬剤師会員薬局，医薬品卸の分布（2009年）

凡例：
■ 医療機関
○ 薬剤師会員薬局
▲ 医薬品卸
┈ 中心市街地
◎ 市役所

ずれもこの中心市街地に営業所を配置している。顧客たる医療機関や薬局が中心市街地に偏在していることからすれば，医薬品卸が営業所を同地域に配置することは合理的である。なぜなら，営業所から顧客までのトータルの配送距離が短くなり，受注から配送までに要する時間が短縮されるからである。

福江島に営業所を配置している4社（A社～D社）は，寡占市場を形成していると推察される。2007年度における長崎県内の医療用医薬品市場は922

表 10-3　福江島に営業所を置く医薬品卸の概要

企業名	本社所在都市	設立年	売上高（億円）	テリトリー（営業所数）	従業員数（人）	取引先件数（件）	取扱品目 全社	取扱品目 五島	社内オンライン化時期	オンライン化率 (%) 発注 全社	発注 五島	受注 全社	受注 五島
A社	佐世保市	1936	230 (2008.11)	長崎 (7), 佐賀 (1)	272	2,000	34,262	2,507	1981.12	90	100	32.6	15.6
B社	長崎市	1946	205 (2009.3)	長崎 (6)	232	1,935	8,000	2,000	1984	99	99	21.0	10.4
C社	福岡市	1949	1,510 (2009.3)	九州 (41)	1,693	12,700	75,000	2,000	1986	87	23	32	11
D社	諫早市	1927	362 (2009)	長崎 (7), 佐賀 (2), 福岡 (1), 熊本 (2)	520	5,400	20,000	3,000	1979.9	99	99	23.7	14.5

(資料：ヒアリングおよびドラッグマガジン「平成22年版　日本医薬品企業要覧卸業編」により作成)

億円（アールアンドディ「医薬品卸売業年鑑2009年版」）となっている。そのうち，A社（21.9 %），B社（21.6 %），C社（18.3 %），D社（18.1 %）で79.8 %のシェアを占める寡占状態であり，福江島でも同様の寡占市場が形成されていると考えられる(表10-3)。C社は九州地方全域をテリトリーにする一方，A，B，D社は長崎県を中心に活動している。売上高や従業員規模，取引先件数や取扱品目はそうしたテリトリーの大きさに比例している。一方，五島営業所における医薬品の取扱品目数は各社とも2,000～3,000品目と似通っている。

　下五島地区における配送体制をみると，各社とも本土にある物流センターから1日1回船便で福江島にある営業所に配送される（図10-3）。各社の営業所のテリトリーは，福江島（適宜配送）および奈留島（週1～2回配送）である。営業担当者が医薬品を配送すると同時に，営業活動も行う配送体制が採用されている。

　営業活動と配送活動を分離するには受発注業務のオンライン化が不可欠であるが，五島営業所の薬局からの受注オンライン化率は1割台ときわめて低い。その理由として，医薬品卸へのヒアリングによると，①各営業担当者がそれぞれ得意先を抱えており，受注分の医薬品の配送活動とともに営業活動を展開す

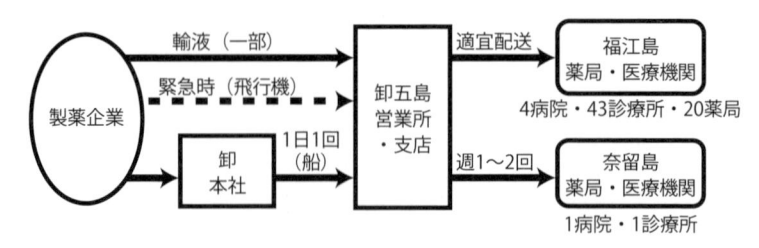

図 10-3　長崎県の下五島地区への医薬品流通経路
(資料：ヒアリングにより筆者作成)

るほうが顧客満足度が高くなること，②そもそも営業担当者が少ないため，オンライン化が進んだとしても営業人員を減らす余地は少ないこと，である。一方，製薬企業への発注オンライン化率は，全社で 87～99％であり，五島営業所の発注オンライン化率も，長崎営業所への電話による発注を通じて在庫補充をしている C 社を除いて，ほぼ 100％である。

　船による配送は，医薬品の配送コストを押し上げる要因となる。たとえば，ある医薬品卸の仕入れから販売までに要する費用は，各離島への配送と宿泊費を含めて月 31 万円で，うち配送コスト（ガソリン代を除く）は月 9.2 万円という。これは同社の全配送コストの 5.9％にあたり，全社売上高に占める五島営業所の売上高 2.0％を大幅に上回る。このことから，離島における売上高に占める配送コストの割合は，長崎本土と比べて相当高い。さらに，配送車に用いる別途ガソリン代として月 7.6 万円を要するが，これは本土よりも 17％高いという。

3.3　医薬品卸の経営構造と配送コスト分担の仕組み

　2008 年度における全国の医薬品卸の営業担当者 1 人当たり月間売上高は 3,500 万円であった（図 10-4）。一方，医薬品卸 4 社の月間売上高は，1,700～2,100 万円と 5～6 割の水準である。さらに，これらの売上高のうち，各社へのヒアリングより五島営業所の同指標を算出すると，各社とも全社のそれよりもさらに低い 650～1,100 万円にとどまる。

　しかしながら，粗利率[7]についてみると，全国の医薬品卸では 7.6％であるのに対して，対象卸 4 社では 8％台と 0.6～1.3 ポイント高い。さらに，五島

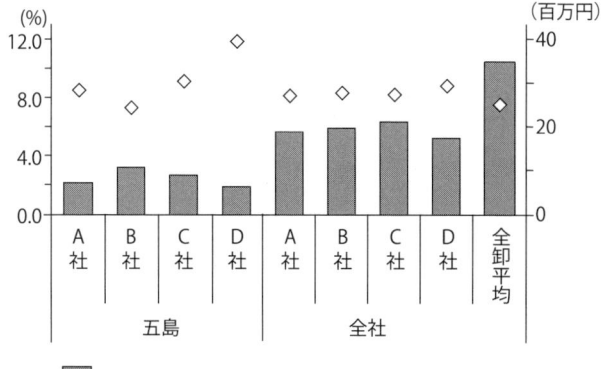

図10-4　医薬品卸の粗利率と従業員生産性
(資料：クレコンリサーチ＆コンサルティング編「医療用卸マーケットサマリー（2008年版）」により作成)

・決算期は，A社：2007年11月期，B，C社：2008年3月期，D社：2008年2月期

営業所における卸4社の粗利率を算出すると，7.4％と全社よりも低くなるB社を除けば0.4〜3.0ポイント高くなり，8.6〜11.9％を示す。そもそも，五島列島の医薬品市場は48億円程度（長崎県の約5％）と需要の絶対量が小さい。加えて，従業員が頻繁に輸送費のかかる配送を行っているため，従業員当たりの売上高は小さくなる。しかし，従業員当たりの利益率はむしろ高いため，高い人件費や配送コストを含む販売管理費をある程度吸収できると考えられる。

薬価は全国一律に設定され，製薬企業から医薬品卸への仕入原価も全国一律に設定されている（図10-5）。五島営業所の粗利率が高いということは，薬価から仕入原価と売買差益を引いた薬価差益の割合が低いことを意味する。事実，福江島に立地する薬局へのヒアリングを通じて，割高の配送コストを上乗せした高い納入価格を受け入れているとの回答を得た。従来，薬価差益が生まれずに薬価差がゼロになるケースもあったという[8]。すなわち，医薬品卸は高頻度かつ少量の配送を実現して，顧客の在庫リスクを軽減する見返りとして，顧客から売買差益を獲得することにより採算性を確保している。

一方，医薬品卸は配送活動以外に，医薬品に付随する情報を的確に伝達する

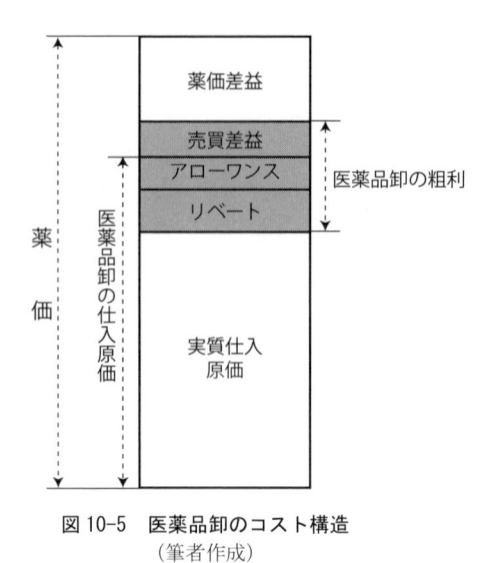

図10-5　医薬品卸のコスト構造
(筆者作成)

機能も担っている。本土の医薬品卸の営業担当者は，製薬企業の医薬情報担当者（Medical Representative，以下 MR と略す）が訪問しきれない小規模な診療所や薬局を訪問して，添付文書に記載されていない臨床データや症例などの補完情報を提供することが多い。しかし，五島列島では，交通費や宿泊費など訪問活動のための必要経費が高く，MR の訪問頻度は本土の3分の1程度と少ない。そこで，医薬品卸の営業担当者が単独で医療機関や薬局を訪問するケースが多い。

さらに，医薬品卸の営業担当者は，通常は MR が主催する医薬品の情報を提供するための勉強会を主催することもあるという。このように，離島では MR の訪問費用がかさむため，製薬企業は自ら行うべき営業活動の一部を医薬品卸に担当させている。その見返りとして，製薬企業は医薬品卸に対して，支払代金の一部を戻したり，販売報奨金を支払ったりしている可能性がある。こうした製薬企業の販売戦略は，当初設定された仕入原価を実質的に引き下げることとなり，医薬品卸にとっては粗利率の向上，ひいては収益確保の手段の1つになっている可能性を指摘しておく必要がある。

3.4 薬局が抱える問題と医薬品卸の対応

　医薬品卸の主要な顧客である薬局は，現在の離島に対する流通をどのように評価しているのか。長崎県薬剤師会が長崎県の離島（五島市，新上五島町，壱岐市，対馬市）に立地する会員薬局に対して実施したアンケート調査[9]からは，在庫管理が難しい，低いサービス水準に対する不満がみられる。

　第1に，流通上の問題点では，調剤に関して，①島内に在庫している医薬品がない（11件），②台風など天候の影響を受ける（5件），③地場卸（島内に本社を置く卸）が不在のため緊急時に取り寄せることができない（3件），④特許切れの医薬品と同じ成分を使用した，メーカー直販の安価な医薬品が入手できない（2件）などの，離島の隔絶性に起因した配送体制の不備が指摘された。一方，一般用医薬品や雑貨に関して，⑤配送頻度が週2回と制限されている（3件），⑥注文の最低発注量が大きすぎる（2件）など配送頻度や配送量についての問題点が指摘された。

　第2に，処方せんの受け入れに関する問題点では，①島外の処方せんに書かれた医薬品のうち，在庫のない医薬品の調達ができない（11件），②医薬品の確保に時間を要する（8件），③在庫医薬品の使用期限が切れてしまう（3件）といった，島内患者における受療行動の島外化や，需要の絶対量の小ささに起因した在庫管理の困難性が指摘された。

　こうした問題は，薬局の在庫では必要な医薬品がそろわないために，医薬品卸に緊急配送を依頼することにつながる。これに対して，医薬品卸は受注締切時刻を延長する，在庫を病院に配置する，営業所の在庫を積み増すといった対策を講じることで，欠品や緊急配送が生じるリスクを回避している。

　たとえば，台風などしけによる欠航は年に5回ほどあり，従来は月に1～2回の頻度で本土から飛行機によって医薬品を配送していた。この飛行機便による配送コストの負担を避けるため，B社は，受注締切時刻を前日の15時から18時半まで延長することによって，緊急受注を減らすよう努めている。加えて，本社から五島営業所への緊急配送に備えて，本社にはやや多くの在庫を保有している。

またC社は，緊急性の高い在庫は各病院に置くことで，欠品と緊急配送のリスクを回避している。在庫の有効期限が半年以内に迫ると，同社は無償で有効期限の長い新製品と入れ替える。さらにD社では，五島営業所の在庫を全社平均より多めに配置したり，気象状況を予測しながら，事前に在庫の確保をしたりしているという。こうした取り組みによって，現在では各社とも飛行機便の利用は年に1～2回ほどに制限できている。

4. 離島の医薬品流通は維持できるのか

　最終価格が市場原理で決定される一般的な商品では，配送コストは商品価格に反映されるため，離島の商品価格は本土と比べて高くなる。しかし，医薬品の場合，薬価は全国一律で定められている一方，流通段階の取引価格は，医薬品卸と，顧客である医療機関や薬局との自由競争に基づいている。そのため，配送コストなど流通経費の増分は，医薬品卸が製薬企業の出荷価格と医療機関や薬局の納入価格との差額から捻出しなければならない。

　一方，医薬品卸は誰もが医薬品にアクセスできるよう，非効率な高頻度かつ多品種少量配送を維持することもまた求められている。そこで，医薬品卸は規模の拡大によって，情報化を通じた効率的な流通システムを構築して利益の確保に努めている。また，医薬品卸は，製薬企業の営業機能を補完するとともに，医療機関や薬局の欠品や余剰のリスクを軽減している。これまで医薬品卸や薬局，医療機関が割高の配送コストを意識しなくてもよかったのは，市場の安定的成長を背景に，医薬品卸や医療機関，薬局との間でコストを分担したり，製薬企業による損失補てんに依存するなど，医薬品業界特有の商慣習があったからである。しかし，医療機関や薬局に従来のようなコスト分担の余地がなくなれば，医薬品卸は粗利からさらなるコストを捻出する必要がある。

　各地方自治体は財政難を抱えており，赤字体質の医療機関運営においても，予算を削減するなかで提供すべき医療サービスを取捨選択する必要に迫られている。実際に近年，複数の医療機関が経営合理化や市町村合併にともなって，共同入札で医薬品を購入する例がみられる[10]。共同入札の結果，納入価格が

低下するとともに医薬品卸の営業担当者とMRとの関係が解消されてしまうと，医薬品卸のコスト負担能力や情報提供機能が低下するおそれがある。

　さらに今後，収益悪化が継続すれば，医薬品卸4社がこれまで福江島において維持してきた営業所を撤退する可能性がある。すでに，医薬品卸は駐在する営業担当者の数を限界まで減らしている。今後，人口減少にともなって，医薬品需要が減少し，営業所を撤退する医薬品卸が現れる可能性がある[11]。そうした地域において，医薬品卸が割高になった配送コストを納入価格に転嫁できなければ，営業所の撤退とそれにともなう営業活動の停滞，リードタイムの延長，配送頻度の低下など，必要な医薬品の迅速な配送や関連する情報提供に支障をきたす可能性がある。

　医薬品流通に関する一連の制度変更をきっかけとして，個別企業の努力では，医薬品の流通を維持するのが難しくなっている。離島の配送コストが割高になる非効率な流通は，情報化によるコスト削減だけでは大幅な効率化には限界がある。本章の事例が示した医薬品卸における対応の苦慮は，効率化を追求してきた20世紀型流通の限界をいみじくも示唆しているのではないか。

　平常時に必要な医薬品の迅速な配送を維持できなくなると，非常時にも安定供給できなくなるリスクが高まる。震災やパンデミック（世界的大流行）などの非常事態が発生した場合，特定の場所における突発的な医薬品の需要に対して，必要な医薬品を必要な場所に適時配送するという社会的機能を果たせなくなる可能性がある。

　今後，誰もが医薬品にアクセスできる状態を維持するためには，それぞれの流通主体のコスト分担と利益配分のバランスがとれるような，従来とは異なる仕組みが求められるのではないか。今後，公的医療保険制度の基盤となる21世紀型の医薬品流通システムのあり方について，発想の転換が求められている。

　　　　　　　　　　　　　　　　　　　　　　　　　　　　（中村　努）

［注］
1) 本土とは本来，離島や属国に対して用いる言葉であり，本章では離島以外の九州を指す．1990年代以降，卸売業界は上位集中化が進み，医療機関や薬局が集中する都市部では，大手医薬品卸が一定のリードタイムのなかで多品種の医薬品を少

量ずつ高頻度で配送する流通システムを実現している（川端 1990，川端 1995，中村 2003）．
2) 製薬企業は効率的な販売網を構築するため，地域ごとに医薬品卸を指定して，販売権を独占的に与える代わりに価格決定権を握っていた．一方，医薬品卸の販売先である医療機関は，薬価と仕入れ値の差額である薬価差益から利益を得ていた．医薬品卸は自ら医薬品の価格を決めることはなく，製薬企業の系列下で配送業務のみを担当していた．しかし 1992 年，製薬企業が卸の価格形成に直接関与しないよう制度が変更され，製薬企業は卸に医薬品を販売した後は価格などに関与しなくなった．現在，医薬品卸は自ら価格設定を行って利益を確保しなければならない．
3) 医薬分業とは，医師が患者に医薬品を渡す代わりに院外処方せんを発行し，患者は医療機関の外にある薬局に処方せんを持っていき，医薬品を購入する制度である．ただし，ある医療機関が医薬分業を実施したとしても，特に，入院患者に対して使用する医薬品などは，従来通り医療機関内で調剤される．医薬品卸は従来，医療機関に商品を納入していればよかったが，新たに薬局に医薬品を納入する必要が生じた．
4) 五島地区の行政区画は，下五島地区（福江島，久賀島，奈留島）が福江市，富江町，玉之浦町，三井楽町，岐宿町，奈留町，上五島地区（若松島，中通島）が上五島町，新魚目町，有川町，奈良尾町，若松町の 1 市 10 町からなっていたが，2004 年 8 月 1 日をもって下五島地区の 1 市 5 町が合併し五島市に，また上五島地区の 5 町が合併し新上五島町になった．福江島は，長崎港の西方海上約 100km の五島列島の南西部に位置する 326km^2 の五島列島で最大の有人島である．
5) 長崎県において無医地区が 4 地区，無医地区に準じる地区が 9 地区指定されているが，この 13 地区がすべて離島に存在することから，長崎県にとって離島医療の充実が僻地医療対策に直結する重要な課題となっている（中里ほか 2007）．しかし，全国的にみると，長崎県の無医地区数は少ないほうであり，僻地診療所の設置や出張診療，あるいは巡回診療などによって，離島住民の一般医療へのアクセスは比較的確保されているものと考えられる（厚生労働省 2005）．
6) 医薬分業の進展度，すなわち分業率を計る指標として，医療機関における処方せん発行件数に対する，薬局の受け取り枚数を指す処方せん受取率を使用した．
7) ここでいう粗利は，薬価から薬価差益と仕入価格を引いた売買差益（差損）に，追加補填されるリベートと販売報奨金のアローワンスを加えた額を指す．リベートおよびアローワンスは，いずれも製薬企業が医薬品卸に対して販売金額，販売数量等の状況に応じて支払う金銭であり，仕入価格の修正として経理処理されるものをリベート，販促費として経理処理されるものをアローワンスと区別される（公正取引委員会 2006）．言い換えれば，製薬企業は，顧客が支払うべき売買差益の一部を集約，医薬品卸に再配分することで，医薬品卸と顧客との価格交渉に間

接的に関与しているといえる（日本医薬品卸業連合会 2003）．
8) その当時，医薬品卸は製薬企業ごとに系列化されており，製薬企業からのリベートによって利益を補填していたという．
9) 長崎県薬剤師会離島対策小委員会が，長崎県薬剤師会に所属する離島の対馬支部 20 人，壱岐支部 17 人，五島支部 49 人および佐世保支部所属の小値賀町 1 人の薬剤師計 87 人に対して，2007 年に行ったアンケート調査の結果に基づいている．87 人中 47 人から回答を得ている（回収率 54.0%）．
10) 第 1 に，医療機関の経営合理化によって，納入価格が低下している．2009 年度，長崎県病院企業団の 8 病院が医薬品を共同入札した結果，納品先や請求先は分散したまま，五島列島における薬価が数%下がって本土と同程度になったという．そのため，五島列島を配送エリアにする医薬品卸が，本土並みに低下した納入価格を受け入れたとしても，縮小する粗利から配送コストを捻出するのに苦慮している．

　第 2 に，市町村合併によって，納入価格が低下している．宇久島が属した長崎県宇久町は，2006 年 3 月，小佐々町とともに佐世保市に編入され，宇久島に立地する佐世保市立総合病院宇久診療所は，佐世保市立総合病院との共同入札によって納入価格を数%下げた．納入価格の低下は，これまで医療機関が分担してきた，離島の高い流通コストを医薬品卸に転嫁することになる．

　また，これまで医薬品卸の営業担当者は，それぞれ取引のある製薬企業の MR と連携して営業活動を展開してきた．共同入札によって，製薬企業はそれぞれ 1 社の医薬品卸と独占的に取引することになるため，従来培われてきた MR と医薬品卸の営業担当者との関係がなくなるケースがあるという．
11) ある医薬品卸へのヒアリングによると，人口 5～10 万人あるいは月間売上高 1 億円が，営業所配置の最低基準であるとの回答があった．現在の下五島地区の人口は 7 万人弱，五島列島の市場が年間 48 億円で，医薬品卸 4 社がそれぞれ 4 分の 1 のシェアを分け合っているとすると，1 社当たり月間売上高は 1 億円となる．これは，かろうじて営業所の配置基準を満たす水準である．こうした営業所の配置基準はあくまで 1 つの目安であって，実際には営業所を経由した場合と，本土から直接配送した場合とで配送効率を比較したうえで，最終的に営業所の存廃が決定されると考えられる．

[文　献]

川端基夫　1990．卸売業の情報化と立地－医薬品卸を例に－．経済地理学年報 36：96-115．

川端基夫　1995．消費財卸売業における情報ネットワーク化と立地変容．地理学評論 68-A：303-321．

公正取引委員会　2006.『医療用医薬品の流通実態に関する調査報告書』公正取引委員会.
厚生労働省　2005.『平成16年度無医地区等調査・無歯科医師地区等調査の概況』厚生労働省.
中里未央・瀬尾　幸・井上　勝・岡本直紀・吉谷清光・西澤保二・川村伴和・村中一夫・中村リリ子・中山初則・浜端ひずる・神田哲郎・山西幹夫・前田隆浩　2007. 長崎県の離島・へき地医療と五島市の高齢者医療．五島中央病院紀要9：29-38.
中村　努　2003. 東北地方における医薬品卸の情報化対応．季刊地理学55：20-34.
日本医薬品卸業連合会　2003.『医療用医薬品卸売業将来ビジョン2003』日本医薬品卸業連合会.

第11章 2006年のまちづくり3法改正と地方都市における大型店の立地変化

　「大規模小売店舗立地法（大店立地法）」「中心市街地における市街地の整備改善及び商業等の活性化の一体的推進に関する法律（中心市街地活性化法）」「(改正) 都市計画法」のいわゆる「まちづくり3法」が1998年に成立して，10年以上が経過した。都市計画の視点から大型店の立地を規制しようと，まちづくり3法は創設されたにもかかわらず，大型店の出店増加や郊外立地，店舗の大規模化は止まらず，中心市街地の空洞化にも歯止めはかからなかった。

　このようななか，まちづくり3法は，人口減少時代の社会に対応するために，都市機能の郊外への拡散を抑制する一方で，中心市街地の再生を図り，都市のコンパクト化とにぎわいの回復を目指して，都市計画法と中心市街地活性化法が2006年に改正された。

　本章では，2009年4月に政令指定都市に移行した地方中核都市・岡山市を取り上げて，大型店の立地動向を明らかにするとともに，2006年の都市計画法改正による立地規制の強化が大型店の立地に与える影響やチェーンストアの出店戦略の転換について検討する。

1. 都市計画法と大型店の立地規制

　そもそも大型店はどのような法律に基づいて立地が許可されるのであろうか。まちづくり3法に限定していうと，出店場所が「都市計画法」による土地利用規制で立地できるかどうかが判断され，可能な場所であれば「大店立地法」の届出による審査で立地が決定される。図11-1を参照しながらみてみたい。

　その都市計画法であるが，大型店の立地に影響する制度として，大きく「区域区分」と「用途地域」の2つがある[1]。「区域区分」は，いわゆる「線引き」

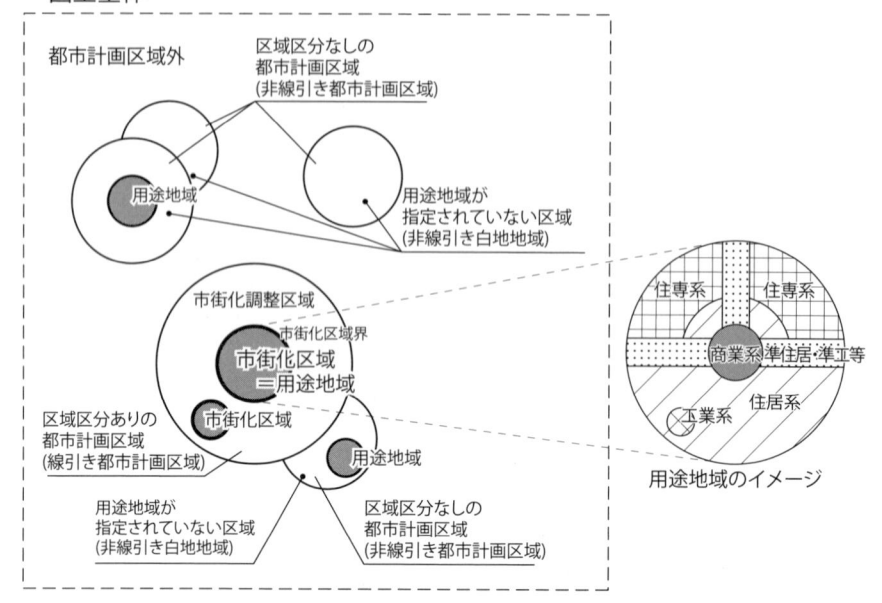

図 11-1　都市計画区域および区域区分，用途地域の模式図
(筆者作成)

と呼ばれ，すでに市街地を形成している区域とおおむね10年以内に優先的，計画的に市街化を図るべき区域の「市街化区域」と，市街化を抑制すべき「市街化調整区域」とに区分する制度である。その目的は，無秩序な市街地拡大の防止と良好な市街地の形成を図ることにある。

一方，「用途地域」は，用途の混在を防ぐことを目的とし，住宅，商業，工業など市街地の大枠としての土地利用を定めるもので，現在12種類ある。すなわち，これらの都市計画制度の目的は，区域区分制度によって，市街地と市街地でない地域に区分し，市街地では用途地域制度によって，住宅用地や商業用地，工業用地などに区分し，住み良いまちを形成することにある。

ただし，この2つの制度が活用できる区域は，日本国土の約26.5％を占める「都市計画区域」に限定される[2]。また，すべての都市計画区域に区域区分が設定されているわけではない。三大都市圏の既成市街地や政令指定都市などを

表 11-1 用途地域等における大型店の立地規制見直しの概要

用途地域等		改正前	改正後
用途地域	第1種低層住居専用地域（1低層）	50m² 超不可	同左
	第2種低層住居専用地域（2低層）	150m² 超不可	
	第1種中高層住居専用地域（1中高）	500m² 超不可	
	第2種中高層住居専用地域（2中高）	1,500m² 超不可	
	第1種住居地域（1住居）	3,000m² 超不可	
	第2種住居地域（2住居）	制限なし	大規模集客施設（注1）は用途地域の変更または用途を緩和する地区計画決定により立地可能
	準住居地域（準住居）		
	工業地域（工業）		
	近隣商業地域（近商）		制限なし
	商業地域（商業）		
	準工業地域（準工）		（注2）
	工業専用地域（工専）	用途地域の変更または地区計画決定が必要	同左
市街化調整区域（調整）		原則不可 ただし，計画的大規模開発は許可（病院・福祉施設・学校等は許可不要）	大規模開発も含め，原則不可 地区計画を定めた場合，適合するものは許可（病院・福祉施設・学校等は許可を必要とする）
非線引き白地地域及び準都市計画区域の用途地域未指定の地域		制限なし	大規模集客施設は，用途地域の指定により立地可能 また，非線引き白地地域では，用途を緩和する地区計画でも立地可能

注：1) 大規模集客施設とは，床面積1万 m² 超の店舗，映画館，アミューズメント施設等を指す．
　　2) 三大都市圏および政令指定都市を除く地方都市では，準工業地域において大規模集客施設の立地を抑制する特別用途地区を指定することが，中心市街地活性化法の基本計画の認定を受けるための条件とされる．
　　3) 用途地域等における（　）内の表記は，各用途地域等の略称を示し，図11-1, 11-2 も同様である．また，商業系用途地域（商業系）とは近隣商業地域,商業地域を指す．同様に,工業系用途地域（工業系）とは準工業地域，工業地域，工業専用地域を，住居系用途地域（住居系）とは第1種低層住居専用地域，第2種低層住居専用地域，第1種中高層住居専用地域，第2種中高層住居専用地域，第1種住居地域，第2種住居地域，準住居地域を指す．そして，住居専用系用途地域（住専系）とは第1種低層住居専用地域，第2種低層住居専用地域，第1種中高層住居専用地域，第2種中高層住居専用地域を示す．なお，これら以外では都市計画区域外は（都計外），開発許可条例区域は（条例）とする．
（資料：国土交通省ホームページにより作成）

含む都市計画区域では，区域区分が義務づけられているものの，その他の都市計画区域では，都道府県が地域の実情に応じて判断する仕組みになっている。また，市街化区域では用途地域の指定が不可欠であるが，区域区分の設定のない都市計画区域（以下，非線引き都市計画区域）では必須ではないため，用途地域の指定がないこともある（以下，非線引き白地地域）。

2006年の都市計画法改正以前では，大型店の立地は，市街化調整区域では原則不可であったものの，非線引き白地地域や都市計画区域外では，大型店の立地に床面積の制限はなかった（表11-1 ※「改正前」に該当）。用途地域では，第2種中高層住居専用地域でも，床面積が1,500m^{2}以下の大型店なら立地が可能であり，第2種住居地域や準工業地域などでの立地は，床面積の大きさに制限はなかった。そのため，大型店の立地は8種類の用途地域で可能であり，準工業地域や非線引き白地地域，都市計画区域外などでは，大型店の立地に床面積の制限はなかった。

2. まちづくり3法の政策転換と2006年改正の概要

2.1 まちづくり3法の政策転換

まちづくり3法はなぜ，2006年の見直しの際，大型店の立地規制を強化する政策へと転換されたのであろうか。それは前述のように，また既存研究でも指摘されていたように，市街化調整区域では大型店の出店が抑制される一方で，用途地域や非線引き白地地域，都市計画区域外では大型店の立地を規制できなかったからである（明石2003，2005，阿部2003）。言い換えると，大型店の立地を規制するには，区域区分の活用とともに，用途地域や非線引き白地地域，都市計画区域外においては何らかの用途規制の補完が必要であった。

こうした問題解決のために，1998年と2000年の都市計画法改正により制度が充実されていた。両年の改正では，①用途地域において大型店の立地規制が緩やかなことに対しては特別用途地区[3]の見直し，②非線引き白地地域など建築物の用途規制がかけられないことに対しては特定用途制限地域の創設，③都市計画区域外で都市計画法による規制が及ばないことに対しては準都市計画

区域の創設，がなされた．市町村は，これらの都市計画制度を，地域の実情に応じてきめ細かく指定することにより，大型店など商業施設の立地を規制することが可能となっていた．

しかし，大型店が出店する市町村では，雇用機会や税収等の確保などの効果が見込まれるため，こうした制度は積極的に活用されなかった．一方，豊田市のように，大型店の立地規制を強化する特別用途地区を指定しても，豊田市と比して規制の緩い周辺市町で大型店の立地が進むといったこともみられた（明石 2005）．

結果的に，まちづくり 3 法施行後も，大型店の出店攻勢は衰えることなく，店舗立地の郊外化と店舗の大規模化に歯止めがかからなかった[4]．そして，その傾向は三大都市圏と比して，地方都市で著しいとされる．そのゆえ，郊外における大型店の立地規制を強化したうえで，中心市街地の再生を図ることを目的に，都市計画法と中心市街地活性化法が 2006 年に改正されたのである．

2.2 まちづくり 3 法改正の概要

中心市街地活性化法の主な改正内容は，基本理念・責務規定の創設や中心市街地活性化協議会の法定化，「選択と集中」による支援措置の大幅な拡充などであり，2006 年 8 月に施行された．

一方，都市計画法では，床面積 1 万 m^2 以上の店舗や映画館，アミューズメント施設など（以下，大規模集客施設）の立地に関する見直しが行われ，その改正内容は 2007 年 11 月に施行された（表 11-1 ※「改正後」に該当）．大規模集客施設の立地に対しては，以下の 3 点の改正内容が大きく影響する．

第 1 は，用途地域における立地規制である．大規模集客施設の立地は，近隣商業地域，商業地域，準工業地域に限定された．これにより，非線引き白地地域などでも大規模集客施設の立地が規制される．第 2 は，都道府県などに大規模集客施設の出店を規制する権限が付与されたことである．これにより，市町村が用途地域を変更する際，都道府県知事が，影響を受けるであろう関係市町村から意見を求めることができるようになった．そのため，市町村が大規模集客施設の立地誘導のために，用途地域を変更しようとしても，広域調整の結果，

都道府県知事が同意しないことも想定される。第3は,開発許可制度における市街化調整区域の大規模計画開発に関する特例が廃止されたことである。これにより,大規模集客施設を含む大規模な開発は,原則として不可能になった。

その結果,大規模集客施設の立地は,用途地域内では3つの用途地域に限定され,非線引き白地地域や市街化調整区域では原則として規制されることになった。一方,床面積1万m^2未満の大型店の立地には,従来の制度が引き続き適用され,規制するには,①用途地域では特別用途地区の指定,②非線引き白地地域では特定用途制限地域の指定,③都市計画区域外では準都市計画区域の指定や都市計画区域の拡大,が必要である。

3. 岡山市と周辺都市における大型店の立地動向

本節ではまず岡山市を事例に,2006年の都市計画法改正後,大型店の立地にどのような変化が表れているのかを明らかにするために,区域区分や用途地域などとの関係から検討する。対象とする大型店は,店舗面積1,000m^2以上の店舗であり,東洋経済新報社編『大型小売店舗総覧2011』をもとに,岡山市「大規模小売店舗一覧表(2009年5月31日現在)」や住宅地図,現地調査などで2010年5月現在立地が確認されている161店舗である。

3.1 岡山市における用途地域等の指定状況

地方中核都市・岡山市は,岡山県南部に位置し,人口71.0万人(2010年国勢調査)を有する。岡山市は,旧御津町・建部町を除く市域が,岡山県南広域都市計画区域に指定されており,区域区分が設定され,10種類の用途地域が指定されている(図11-2,図11-3)。その分布をみると,中心市街地[5]や1970年代に合併された旧市町の既成市街地に商業系用途地域が,それらの周辺に住居系用途地域が,そして幹線道路沿いを中心に工業系用途地域が指定されている。市街化区域の外側,旧岡山市・瀬戸町・灘崎町の範囲には市街化調整区域が設定されている。

また,市街化調整区域には,2000年の改正により創設された都市計画法第

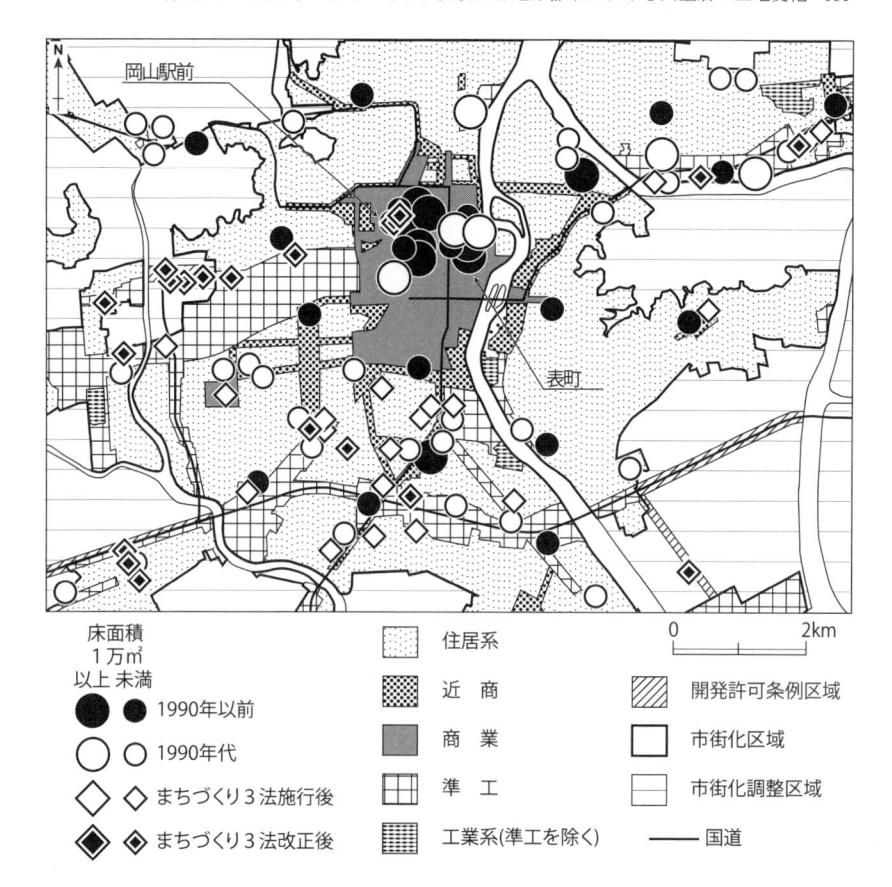

第 11 章　2006 年のまちづくり 3 法改正と地方都市における大型店の立地変化　181

図 11-2　岡山市中心部における大型店の立地動向と用途地域等の指定状況（2010 年）
（資料：岡山県南広域都市計画（岡山市）総括図（2006 年 2 月印刷）；東洋経済新報社編 2010.『全国大型小売店総覧 2011』；大規模小売店舗一覧表により作成）

34 条第 11 号の「岡山市開発行為の許可基準等に関する条例（以下，開発許可条例）」が制定されている。2004 年 7 月以降，国道 2 号，30 号，53 号など幹線道路沿いの一部の区域（以下，開発許可条例区域）や岡山市総合政策審議会の議を経て決定した区域では，一定の条件を満たせば大型店の立地も認められている[6]。

2006 年改正により岡山市では，床面積 1 万 m^2 以上の大型店は第 2 種住居地

図11-3　岡山市および周辺都市における大型店の立地動向（2010年）
（資料：岡山県南広域都市計画総括図；東洋経済新報社編　2010．
『全国大型小売店総覧2011』；大規模小売店舗一覧表により作成）

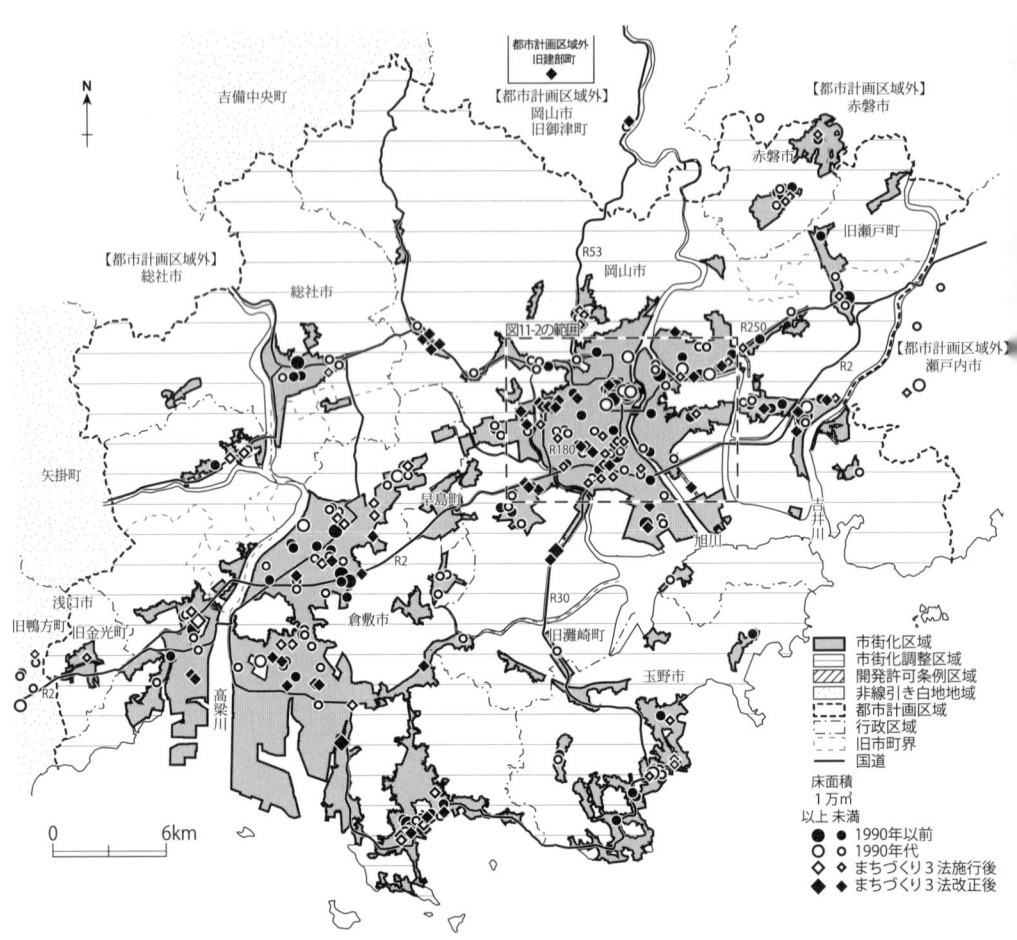

注：開発許可条例区域は岡山市のほかに，倉敷市と玉野市に制定されているが，倉敷市の条例では大型店の立地は不可であり，玉野市では大型店の立地がみられないため図からは省略した．

域と工業地域では立地不可となった．そのため，岡山市では，床面積1万m^2以上の大型店の立地可能な地域は，行政区域の4.4%に限られることとなった．

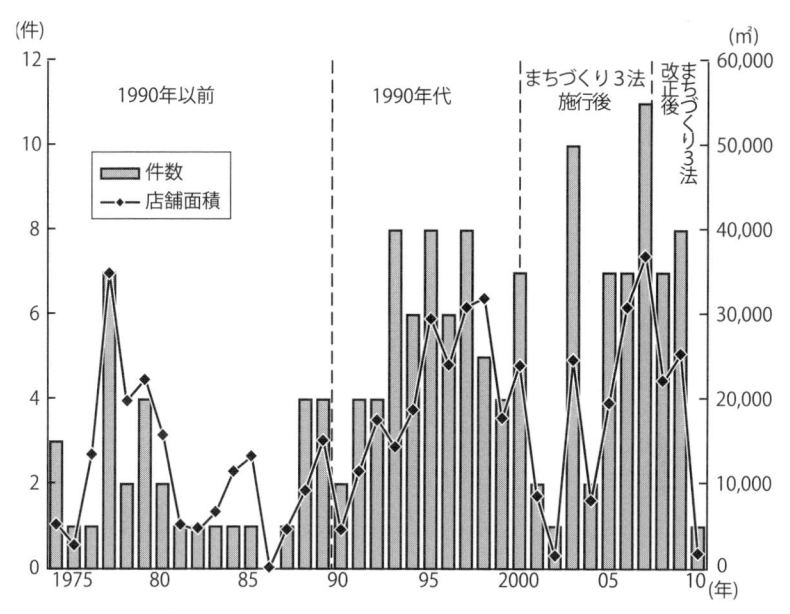

図11-4 1974年（大店法施行）以降における大型店の出店年次別店舗数および店舗面積の推移
(資料：東洋経済新報社編 2010.『全国大型小売店総覧2011』；大規模小売店舗一覧表により作成)

3.2 大型店の立地件数・店舗面積の推移と地理的分布

　まず，大型店の新規立地件数と店舗面積の推移をみると，両者とも1977年，1993年から1997年，2007年にピークがみられる（図11-4）。また，立地件数では，2003年も出店数が多い。なかでも，1993年から1997年，1998年から2000年にかけても出店数は多く，大店立地法施行後の2001，02年には出店が伸び悩むものの，2003年以降，出店数は増加している。

　一方，1店当たりの店舗面積は縮小している（表11-2）。大店法が廃止され，大店立地法が施行された2000年6月以降2007年11月までの「まちづくり3法施行後」では，平均店舗面積が3,327m^{2}であったが，大型店の立地規制が強化された2007年12月以降の「まちづくり3法改正後」では3,094m^{2}となった。また，大型店の立地規制が緩やかであったとされる1990年代（1990年〜2000年5月）は3,595m^{2}であり，1990年以前は6,118m^{2}であった。

　次に，大型店の分布をみると，岡山市では市街化区域内に広く立地している

表11-2 岡山市および周辺都市における出店時期別、用途地域別大型店の店舗数

		岡山市全大型店				うち、床面積1万m²以上の大型店				
		1990年以前	1990年代	まちづくり3法施行後	まちづくり3法改正後	計	1990年以前	1990年代	まちづくり3法施行後	まちづくり3法改正後	計
市街化区域	住居系 (件)	14	22	15	9	60	2	-	-	-	2
	用途地域 (%) *1	31.8	39.3	34.1	52.9	37.3	4.5	-	-	-	9.5
	商業系 (件)	23	14	10	1	48	10	4	-	-	14
	用途地域 (%) *1	52.3	25.0	22.7	5.9	29.8	22.7	7.1	-	-	66.7
	工業系 (件)	6	18	12	5	41	1	3	-	-	4
	用途地域 (%) *1	13.6	32.1	27.3	29.4	25.5	2.3	5.4	-	-	19.0
市街化調整区域	(件)	1	1	5	2	9	-	-	1	-	1
	(%) *1	2.3	1.8	11.4	11.8	5.6	-	-	2.3	-	4.8
都市計画区域外	(件)	-	1	2	-	3	-	-	-	-	-
	(%) *1	-	1.8	4.5	-	1.9	-	-	-	-	-
合 計	(件)	44	56	44	17	161	13	7	1	-	21
	(%) *1	-	-	-	-	-	29.5	12.5	2.3	-	13.0
	(%) *2	27.3	34.8	27.3	10.6	100.0	8.1	4.3	0.6	-	13.0
1店当たり店舗面積(m²)		6,118	3,595	3,327	3,094	4,158	-	-	-	-	-

周辺6市全大型店

		1990年以前	1990年代	まちづくり3法施行後	まちづくり3法改正後	計	うち、1990年以前	床面積1万m²以上の大型店 1990年代	まちづくり3法施行後	まちづくり3法改正後	計
市街化区域	住居系用途地域 (件)	13	21	12	4	50	3	1	-	-	4
	(%) *1	33.3	36.2	38.7	33.3	35.7	7.7	1.7	-	-	21.1
	商業系用途地域 (件)	16	7	6	-	29	4	1	-	-	5
	(%) *1	41.0	12.1	19.4	-	20.7	10.3	1.7	-	-	26.3
	工業系用途地域 (件)	10	18	12	7	47	2	4	1	1	8
	(%) *1	25.6	31.0	38.7	58.3	33.6	5.1	6.9	3.2	8.3	42.1
市街化調整区域	(件)	-	2	-	-	2	-	-	-	-	-
	(%) *1	-	3.4	-	-	1.4	-	-	-	-	-
非線引き白地地域	(件)	-	5	-	1	6	-	1	-	-	1
	(%) *1	-	8.6	-	8.3	4.3	-	1.7	-	-	5.3
都市計画区域外	(件)	-	5	1	-	6	-	1	-	-	1
	(%) *1	-	8.6	3.2	-	4.3	-	1.7	-	-	5.3
合計	(件)	39	58	31	12	140	9	8	1	1	19
	(%) *1	27.9	41.4	22.1	8.6	-	23.1	13.8	3.2	8.3	13.6
	(%) *2	-	-	-	-	100.0	6.4	5.7	0.7	0.7	13.6
1店当たり店舗面積(m²)		4,469	4,676	2,897	4,289	4,191					

注：*1は出店時期別総店舗数に占める区分別店舗数の割合を、*2は総店舗数に占める出店時期別店舗数の割合を示す．
(資料：東洋経済新報社編 2010．『全国大型小売店総覧 2011』；大規模小売店舗一覧表により作成)

ことがわかる（図11-2，図11-3）。なかでも，国道30号や53号，250号沿いなどの幹線道路沿いでは，連なって立地している様子が伺える。床面積1万m^{2}以上の大型店の立地をみると，中心市街地内の岡山駅前や表町周辺に集積している。また，西大寺地区の既成市街地周辺や郊外に延びる国道などにも床面積1万m^{2}以上の大型店の立地がみられる。

この床面積1万m^{2}以上の大型店の立地は21店あり，大型店総店舗数の13.0%を占めている。出店時期をみると，岡山市では1990年以前に立地した店舗が多く，半数以上の13店を数える（表11-2）。これら1990年以前に立地した床面積1万m^{2}以上の大型店の多くは，中心市街地内の岡山駅前や表町周辺にあり，床面積1万m^{2}未満の大型店の立地動向とともに概観すると，1990年以前に中心市街地を中心にはじまった大型店の立地が，中心市街地から離れた国道沿いなどに広がり，1990年代以降において店舗立地の郊外化が進展したといえる。その床面積1万m^{2}以上の大型店は，1990年代に7店舗立地している（表11-2）。

全国的に大型店の出店が多かった2000年6月以降2007年11月までのまちづくり3法施行後は，全般に大型店の出店が少なくなり，床面積1万m^{2}以上の大型店は1店のみとなっている。2007年12月以降のまちづくり3法改正後は，さらに出店数が減少傾向にあり，床面積1万m^{2}以上の大型店はまったく出店されていない。まちづくり3法の改正による大型店の立地規制は機能しているといえる。

さらに，大型店の立地と用途地域との関係をみると（表11-2），床面積1万m^{2}以上の大型店は，21店中14店が商業系用途地域に立地しており，そのうち10店が1990年代以前に立地したものとなっている。中心市街地への集積から始まった大型店の立地であるが，1990年代以降，住居系や工業系の用途地域へ展開し，立地場所が郊外化していった。まちづくり3法施行後，市街化調整区域への出店割合が10%を超えているが，7店すべて開発許可条例区域への立地となっている。そして，まちづくり3法改正後は，住居系用途地域への出店割合が上昇し，商業系用途地域への出店割合は過去最低となっている。

このように，2006年のまちづくり3法改正後の岡山市における大型店の立

地では，①1店当たりの店舗面積の縮小が進み，これまでで最小面積となったこと，②床面積1万m²以上の大型店の出店がみられなかったこと，③商業系用途地域への出店割合が低下し，住居系用途地域への出店割合が上昇したこと，の3点が特徴として指摘できる。これは，まちづくり3法改正後，チェーンストアが店舗規模を小さくした大型店を，住宅地を中心に出店していることを示しているといえよう。

3.3　岡山市周辺都市における大型店の立地

次に，岡山市周辺都市における大型店の立地をとらえ，その特徴を整理する。周辺都市は，岡山市とともに岡山県南広域都市計画区域を構成する倉敷市，玉野市，総社市，赤磐市，浅口市と岡山市の東側に接する都市計画区域外の瀬戸内市とする[7]。対象とする大型店は，岡山市と同様に，東洋経済新報社編『大型小売店舗総覧2011』に掲載され，2010年5月現在立地が確認された140店舗である。

周辺6市における大型店の立地動向をみると（表11-2），1990年代に全体の41.4％が立地し，1店当たりの店舗面積も4,676m²と規模が大きい。用途地域も住居系，工業系の割合が高くなっている。さらに，床面積1万m²以上の大型店は，周辺6市では，工業系用途地域（準工業地域：6店，工業地域：2店，すべて倉敷市）が最も多く，郊外に延びる幹線道路沿いや工場跡地への立地が伺える（図11-3）。

特に1999年には，岡山市最大の店舗面積(約3.5万m²)を有する百貨店の約1.7倍に相当するショッピングセンター（店舗面積約6万m²）が，倉敷市の工場跡地に立地した。岡山市と倉敷市と結ぶ幹線道路沿いであったために，岡山市の西側がその商圏に含まれた。岡山市民が比較的容易にアクセスできる場所に巨大な大型店が立地したことが，2000年代以降における大型店の立地に大きな影響を与えることとなる。

2000年6月以降2007年11月までのまちづくり3法施行後は，岡山市と同様に1店当たりの店舗面積が小さくなっている。2007年12月以降のまちづくり3法改正後には，床面積1万m²以上の大型店（店舗面積：10,579m²のホー

ムセンター）の立地が工業地域にみられる。これは，本章では出店年次を，『大型小売店舗総覧2011』の「開店年月」としているため，まちづくり3法改正後に区分されるが，該当する大型店は2007年4月に届出を行っており，実際は法改正以前の，いわゆる「駆け込み出店」である。この影響により，1店当たりの店舗面積が，まちづくり3法施行後2,897m^{2}から，まちづくり3法改正後4,289m^{2}と大きくなっているが，両時期の店舗を合わせて平均すると3,285m^{2}である。その面積は，2000年以前と比して縮小しており，岡山市の場合と大きな差はない。さらに，床面積1万m^{2}以上の大型店は，まちづくり3法施行後は2店にとどまっており，その傾向は岡山市と共通する。

4. 大型店立地に対する2006年の都市計画法改正の影響

　岡山市と周辺6市では，まちづくり3法施行後，現存の大型店の3割強が立地した。しかし，区域区分の設定がある岡山市と周辺5市（瀬戸内市を除く）では，まちづくり3法施行後に大型店の立地規制が強化されていないにもかかわらず，床面積1万m^{2}以上の大型店の立地は進まなかった。そして，2006年のまちづくり3法改正後には，床面積1万m^{2}以上の大型店の立地は行われていない。
　特に，床面積1万m^{2}以上を大きく超えるショッピングセンターは，核となるスーパーと複数の専門店からなるモールを形成し，大規模な駐車場を備えるため，工場跡地など適地が限定されている。岡山市では，1991年以降に立地した床面積1万m^{2}以上の大型店8店舗のうち3店舗は，中心市街地や既成市街地内の再開発地に立地したものであり，中心市街地等の活性化を期待されていた。一方で，岡山市では大規模な工場跡地の発生もほとんどなかったことから，床面積1万m^{2}以上の大型店の立地は進まなかったと考えられる。岡山市に隣接する倉敷市に約6万m^{2}もの大型ショッピングセンターが立地したことも大きく影響しているといえよう。
　また，2000年以降の岡山市と周辺5市における床面積1万m^{2}以上の大型店立地の減少には，区域区分の設定も影響している。すなわち，岡山市と周辺5

市では，床面積1万 m² 以上の大型店は，農地が広がる市街化調整区域に立地できないなかで，2000年以降，工場跡地などの適地が市街化区域内で減少したと考えられる。

　今回の改正により，規制の対象となる床面積1万 m² 以上の大型店の出店は，近隣商業地域，商業地域，準工業地域の3地域に限定された。岡山市では3地域外への出店は，4店舗（19.1%）と少ない（表11-2）。仮に，床面積1万 m² 以上の大型店を立地規制する特別用途地区を準工業地域に指定し，立地可能な地域を商業地域，近隣商業地域に限定した場合でも，2地域外への出店は7店舗（33.3%）にすぎない。それゆえ，これまでの立地動向からは，都市計画法の改正が岡山市における大型店の立地に与える影響は大きいものではなかったといえよう。一方，周辺6市では3地域外への出店は，8店舗（42.1%）であるが，残り11店のうち6店が，すでに床面積1万 m² 以上の大型店を立地規制する特別用途地区を定めた倉敷市の準工業地域に立地しており，規制を受けない地域外への立地は14店舗（73.7%）となる[8]。それゆえ，倉敷市など周辺6市では大型店の立地に与える影響は大きかったといえよう。

　三大都市圏および政令指定都市を除く地方都市では，中心市街地活性化法の基本計画の認定を受けるためには，準工業地域において大規模集客施設の立地を規制する特別用途地区を指定することが条件とされる。しかし，岡山市は政令指定都市に移行しており，準工業地域において大規模集客施設の立地を規制することなく，中心市街地活性化基本計画を策定することができる。そのため岡山市では，中心市街地などに指定されている商業系用途地域に加えて，国道2号や250号の沿道および中心市街地西側の準工業地域が，床面積1万 m² 以上の大型店の立地可能な地域に相当し，準工業地域が今後の床面積1万 m² 以上の大型店立地の主たる受け皿となることも予想される[9]。

　一方で，床面積1万 m² 以上の大型店を立地規制する特別用途地区を指定し，中心市街地活性化基本計画を策定した隣接の倉敷市では，床面積1万 m² 以上の大型店の立地は中心市街地や既成市街地に限定される（荒木2009b）。このように，岡山市と倉敷市との間には，大型店の立地規制に，現状で差異が生じている。たとえば，岡山市西部の幹線道路沿いにショッピングセンターなどの立地が進

むことで，倉敷市の中心市街地の再生が計画どおりに進まないということも考えられる。しかし，2006年のまちづくり3法改正によって創設された広域調整は，岡山市もしくは倉敷市が，住居系や工業系用途地域などから，床面積1万m^2以上の大型店の立地可能な商業系用途地域へ変更しようとした際に適用される。それゆえ，市町村単位ではなく，都市圏レベルで大型店を含む小売商業の配置やあり方を検討した将来ビジョンを示し，それを実現するために必要な立地規制を，都道府県と市町村が連携して施す「広域調整」が必要であろう。

5．立地規制の変化とチェーンストアの出店戦略の転換

　まちづくり3法見直し後，チェーンストアは，リーマンショック後の不安定な経済状況にともなう消費の低迷や近年指摘されている消費市場の分極化，いわゆる市場の「モザイク化」にも適応するように，ショッピングセンターの新規出店を大きく減退させるとともに，大型店とコンビニの中間的な食料品スーパーなどを開発し，出店を増やしている。岡山市でもまちづくり3法改正後は，床面積1万m^2以上の大型店の出店はなく，大型店の1店当たりの店舗面積も縮小しており，立地規制の強化などへのチェーンストアの対応が確認できる[10]。それゆえ，2006年の立地規制の強化は，消費不況や市場のモザイク化などの商業環境の変化と相まって，店舗規模の縮小を促したと考えられ，チェーンストアは，今後も床面積1万m^2未満の大型店を出店していくであろう。

　今回の見直しでは対象外であった床面積1万m^2未満の大型店の出店をみると，岡山市では，法改正後も住宅系用途地域に，さらに，市街化調整区域（開発許可条例区域）でも立地が進んでおり，都市計画制度が本来意図しない地域への出店が，以前と変わらず続いている。大型店の立地に対する規制の強化が注目されるなかであっても，チェーンストアは，地代が低く，農地などまとまった敷地を確保できる大型店を出店しやすい場所を探しては，出店を進めている。岡山市の事例では，その場所は住宅系用途地域であり，開発許可条例区域である。このようにチェーンストアは，岡山市では，開発許可条例の見直しによって生じた新たな立地可能な場所（開発許可条例区域）にも

立地を進める柔軟な対応をみせており，立地規制の変化に対応した出店戦略の転換が伺える．

こうした立地規制の変化とそれに対応するチェーンストアの出店戦略の転換は，「イタチごっこ」であり，チェーンストアのしたたかさが表れている．しかし，小商圏化が進むなかでの今回の立地規制の強化は，チェーンストアにとっては，新たなSCの立地による競争から既存SCを守れるとともに，小商圏化に適応でき，機動的に出店できる店舗規模の小さい食料品スーパーなどの出店に資源を集中できる分，むしろ都合が良かったと考えることもできよう．また，敷地や店舗スペースが小さい食料品スーパーなどの出店が，近年の大型店立地の適地ではなかった中心市街地などで進むことになれば，まちづくり3法見直しの目的の1つ中心市街地の再生，近年指摘されているフードデザートや買い物弱者問題の解消につながる可能性も考えられる．それゆえ，5年を経過した時点で再び見直すとされているまちづくり3法の新たな見直しでは，中心市街地の再生などを促進するための小売商業の立地施策，たとえば，中心市街地や郊外，農村部などそれぞれの地域に適した小売商業のあり方や配置を示す将来ビジョンの策定，小売商業の機能や業種・業態をも考慮した立地規制の充実なども必要であろう．

（荒木俊之）

［注］
1) 区域区分や用途地域などの都市計画制度，大店法や大店立地法などの立地規制と大型店立地については，荒木（2005, 2007, 2008, 2009a, 2009b）や箸本（1998）を参照のこと．
2) 2009年3月31日現在,財団法人都市計画協会『平成21年　都市計画年報』による．
3) 特別用途地区とは，用途地域が定められている一定の地区において，地区の特性にふさわしい土地利用の増進や居住環境の保護等の特別の目的の実現を図るために，用途地域の指定を補完して定める制度である．
4) 以下のホームページを参照．
　　経済産業省　2005. 産業構造審議会流通部会・中小企業政策審議会経営支援分科会商業部会合同会議中間報告「コンパクトでにぎわいあるまちづくりを目指して」．http://warp.ndl.go.jp/info:ndljp/pid/286890/www.meti.go.jp/report/data/g60523bj.

html（2012 年 8 月 1 日閲覧）
国土交通省　2006a．社会資本整備審議会答申「新しい時代の都市計画はいかにあるべきか（第一次答申）」．http://www.mlit.go.jp/singikai/infra/toushin/toushin_04.html（2012 年 8 月 1 日閲覧）
国土交通省　2006b．社会資本整備審議会答申「人口減少等社会における市街地の再編に対応した建築物整備のあり方について」．http://www.mlit.go.jp/singikai/infra/toushin/toushin_04.html（2012 年 8 月 1 日閲覧）

5) 本章では，岡山駅・表町を中心に指定されている用途地域の商業地域を，岡山市の中心市街地とする．
6) 岡山市では，開発許可条例を 2001 年 6 月に制定している（荒木 2011）．改正後の 2004 年 7 月以降，開発許可条例区域や「市街化区域及び市街化調整区域が混在する地域であって，かつ，市長が公益的見地から一体的な土地利用が望ましいとしてあらかじめ岡山市総合政策審議会の議を経て決定した土地の区域」では，大型店の立地も可能となった．
7) 岡山市と隣接する備前市，吉備中央町，美咲町は，まちづくり 3 法施行後に大型店の立地がなかったため，久米南町と早島町は，大型店の立地がなかったため，それぞれ対象外とした．なお，浅口市では，旧金光町が岡山県南広域都市計画区域に属し，旧鴨方町は非線引き都市計画区域を里庄町と構成し，旧寄島町は都市計画区域外となっている．
8) 玉野市でも，倉敷市と同様な特別用途地区が指定されている．
9) 岡山市では，まちづくり 3 法施行後に立地した床面積 1 万 m^2 以上の大型店のうち 1 店が，開発許可条例を活用して出店した店舗であり，立地可能な地域がより郊外に広がっていることを示唆している．なお，岡山市における開発許可条例と大型店など小売商業の立地については，荒木（2011）を参照のこと．
10) 岡山市と同様な事例研究を実施した高松市でも，補足調査を行い，まちづくり 3 法施行後からまちづくり 3 法改正後にかけて，1 店当たりの店舗面積が縮小していることを確認した（荒木 2009a）．高松市では 6,042m^2 から 2,739m^2 と，岡山市と同様に，3,000m^2 前後となっており，店舗面積の縮小に都市計画法改正の効果が表れているといえよう．

［文　献］
明石達生　2003．大型店の立地制御における現行土地利用規制制度の限界に関する実証的研究．都市計画241：89-98．
明石達生　2005．広域的観点が必要な土地利用規制における開発計画と行政権限の不一致に関する考察－地方都市郊外の大規模商業開発を例として－．都市計画論文集40-3：421-426．

阿部成治　2003．大規模小売店舗立地法の運用状況に関する研究．都市計画論文集 38-3：259-264.
荒木俊之　2005．「まちづくり」3法成立後のまちづくりの展開－都市計画法を中心とした大型店の立地の規制・誘導－．経済地理学年報 51：73-88.
荒木俊之　2007．「まちづくり3法」はなぜ中心市街地の再生に効かなかったのか－都市計画法を中心とした大型店の規制・誘導－．荒井良雄・箸本健二編『流通空間の再構築』215-230，古今書院.
荒木俊之　2008．岡山市における大型店の立地動向－「まちづくり3法」の見直しとその影響－．地理科学 63：80-93.
荒木俊之　2009a．高松市における大型店の立地動向－「まちづくり3法」の見直しとその影響－．地域と環境 8・9：134-145.
荒木俊之　2009b．倉敷市における大型店の立地動向－「まちづくり3法」見直しの影響－．立命館地理学 21：17-28.
荒木俊之　2011．岡山市市街地縁辺部における土地利用規制の変化とロードサイド型商業地の変容－県道川入巌井線沿いを事例に－．立命館地理学 23：27-43.
箸本健二　1998．流通業における規制緩和と地域経済への影響．経済地理学年報 44：282-295.

第12章　大型ショッピングセンターの立地多様化と出店用地

　1990年代の後半において，地方都市の郊外地域を中心に「郊外型ショッピングセンター」と呼ばれる巨大な大型商業施設が次々と開業した。それらは総合スーパーや百貨店，大型専門店を核店舗として，100〜250店ものさまざまな専門店や飲食店がテナントとして入居している。通路の両側にはさまざまな専門店が連なり屋内型の商店街のようでもある。さらに，シネマコンプレックス（複合型映画館。以下，シネコン）や医療モールを併設している場合もある。もはやこれは「消費」に特化した，1つの都市にも相当する規模と機能を持っているといってもいいだろう。こうしたショッピングセンターは，1つの市町村を越えた広域な商圏を持っており，消費者の空間行動を変化させ，地方都市の中心商業地区や既存の大型店にも大きな影響があった。

　2000年代になると，地方都市の郊外地域に限らず，大都市の市街地内部などへの出店も進み，ショッピングセンターの立地場所が多様化した。すなわち，地方都市の郊外地域に加えて，人口や産業の密度が高く，かつ地代が高くて出店コストがかかる場所への出店が進められたのである。大都市内部やその周辺部において，どのように大型ショッピングセンターが立地展開していったのであろうか。

　そこで本章では，モール型ショッピングセンターを中心とした大型商業施設について，どのように立地場所が多様化していったのかについて，その立地点と出店用地（＝出店前の土地利用）の視点からその特徴をみていく。

1. 新たな巨大消費空間としてのモール型ショッピングセンター

1.1 さまざまな大規模小売店舗

　店舗面積が 1,000m² を超える小売店は，大規模小売店舗立地法において大規模小売店舗と呼ばれ，その立地について制約がある。しかし，同じ大規模小売店舗ではあっても 1,000m² くらいの食料品スーパーから 10 万 m² にもなるような大都市都心部の大型百貨店やモール型ショッピングセンターまでさまざまなものが含まれる。図 12-1 に，大型店の主な業態について，おおよその店舗規模のイメージを示した。

　百貨店のうち大都市都心部に立地している百貨店の店舗面積は 4 万 m² から 8 万 m² になる。同じ百貨店でも，地方都市百貨店の場合は 1 万 m² 台の店舗も多い。モール型ショッピングセンターは，施設全体の店舗面積でみると 4〜5 万 m² のものが多く，大規模なものでは 7〜10 万 m²，さらにはそれ以上のものもある。総合スーパーは単独立地の場合で 2 万 m² くらいまでであり，モール型ショッピングセンターの核店舗となっている場合では 1 万 m² 台が多い。食料品スーパーは，小規模な場合は 1,000m² に満たず，大規模なものでも単独立地の場合は数千 m² ほどである。近年において大規模化しているのがホームセンターや家電量販店である。これらは小規模なものもあるが店舗面積が 2 万 m² を超えるものもある。家電量販店は数千 m² くらいの店舗が中心であったが，大都市都心部に出店する場合には 2 万 m² を超える店舗もある。

　この章では，およそ店舗面積が 2 万 m² を超える「大規模な」大規模小売店舗を「大型商業施設」として対象とする。この規模の店舗としては，百貨店，大型のホームセンターもあるが，最も多いのは 1990 年代以降に出店が進んだ大型ショッピングセンターである。特に，総合スーパーを核店舗として，多数の専門店がテナントとして出店している（クローズド）モール型ショッピングセンターが中心となっている。矢作（1994）は，百貨店のことを「消費の宮殿」と表現したが，現在ではモール型ショッピングセンターが，百貨店の華やかさとは異なるものの，大規模な建築空間のなかできわめて広範な商品やサービスを扱っているという点で新たな「消費の宮殿」として成長してきている。核店

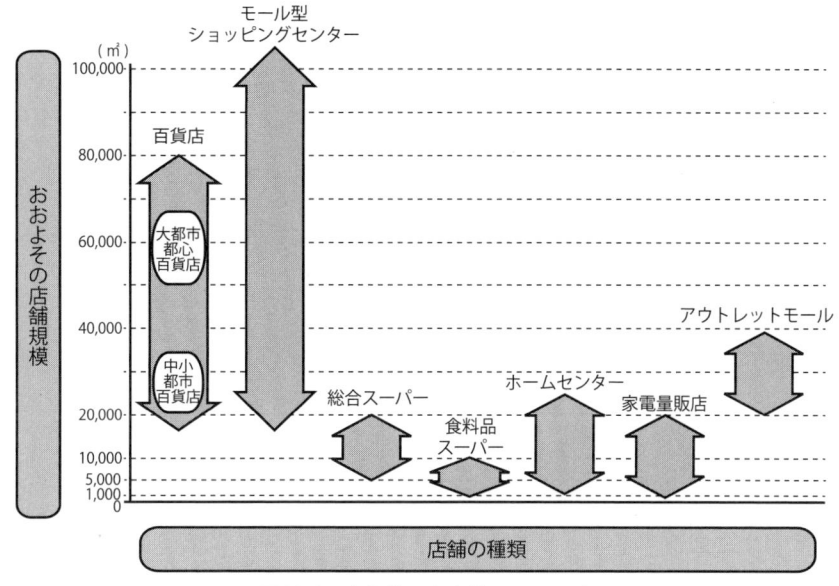

図12-1 大規模小売店舗のイメージ
（流通各社資料より筆者作成）

舗としては百貨店や大型専門店が加わっている場合もあり，2つの大きな核店舗があるということで2核モールと呼ばれる。モール型ショッピングセンターには，駐車場に沿って複数の建物からなるオープンモール型ショッピングセンターもあるが，本章では基本的に1つの建物で構成されるクローズドモール型ショッピングセンターを主な対象とする（以下では，モール型ショッピングセンターと表記する場合はクローズドモール型ショッピングセンターを示す）。

1.2　モール型ショッピングセンターの特徴

　モール型ショッピングセンターは，後述のように総合スーパーが核店舗となっていることが多い。百貨店やシネコンなどを併設している場合もあり，また最寄品に限らず買回品を扱う専門店がテナントとして入居している。専門店の数は，50店舗から多い場合には200店舗以上になることもあり，専門店の店舗規模は，小規模なものから単独でも大型店に匹敵するものまである。この

ように，日常生活用品の購入目的に限定されない商業施設となっており，レストラン街などの飲食施設も利用しながら半日から1日を過ごすことが可能な時間消費的施設，娯楽要素を持っているということができる。また，その施設規模は，立地する市町村の中心商店街よりも販売規模が大きい場合もある。このようなショッピングセンターは，さまざまな領域において与える影響が大きく，その領域は広範にわたり，流通分野に限定されず都市構造，生活スタイルなどにも広がる。

2. 2000年代における大型商業施設の出店用地

　大型商業施設の出店には大規模用地が必要となる。特に，大規模な駐車場を備えたショッピングセンターの場合は10万m^2から20万m^2に及ぶ規模の敷地が必要となり，その用地確保は容易ではない。そのようななかで大型商業施設が出店される場所にはいくつかの種類がある。大きく分けると，1つはすでに商業的な土地利用がなされている場所への出店であり，いま1つは商業的土地利用がなされていない場所への出店である。表12-1に，大型商業施設の出店用地の種類についてまとめた。

2.1　既存の商業的土地利用からの転用

　まず，商業的土地利用がなされている場所への出店としては，主に都市の中心商業地区における再開発にともなう出店がある。たとえば，大都市の拠点駅では，1990年代後半以降，京都駅，名古屋駅，札幌駅，東京駅，福岡駅などの駅ビルが建て替えられ，百貨店や専門店の新規出店や増床がなされた。また，中心商業地区に限らず，既存の大型店が建物の老朽化やさらなる大規模化の必要性から建て替えられる場合もある。ただし，大規模なモール型ショッピングセンターに限定していえば，それ自体の出店が始まってからまだ10数年のため，現在までの事例は少ない。

　また，閉鎖された店舗跡について，建物をそのまま利用しつつ新たなテナントが入居する「居抜き出店」もある。景気低迷や業態としての停滞傾向などを

表 12-1　大型商業施設の出店用地の種類

	出店用地	場所の特徴
商業的土地利用から（小売業から）	商業施設の再開発	主に都心商業地区.
	既存店舗の建て替え	既存大型店の立地場所. 都心商業地区や市街地内部の老朽化した店舗. 現在のところ郊外は多くはない.
	閉鎖店舗への居抜き出店	百貨店跡地は都心商業地区. 総合スーパー跡地は都心商業地区や, それ以外の市街地が多い.
商業的土地利用以外から	工場跡地	工業地区に加えて, 市街地内部にもある.
	鉄道用地	貨物駅や操車場跡地.
	農地	市街地に近接する場合と遠隔の場合の両方がある.
	山林	
	その他	空き地, ゴルフ練習場, 住宅展示場など.

背景とした業績低迷により，大型店を展開する企業において店舗網の再構築が進められた．総合スーパーのダイエーやマイカル，百貨店のそごうなどが経営破綻し，多くの店舗が閉鎖された．その他の大手企業でも百貨店企業を中心に，不採算店の閉鎖など店舗網の再構築が進んでいる．閉鎖された店舗跡地は，駅前や中心商業地区など立地条件がよい場合は「居抜き出店」がなされる[1]．これには百貨店であった店舗について経営主体が変わって引き続き百貨店が出店される場合や，百貨店や総合スーパーから家具や家電などの大型専門店に業態転換される場合などがある．都心部において新規建物の建設用地や出店スペース（フロア）を確保することは困難であり，積極的に店舗展開を進めたい企業にとっては貴重な出店機会となる．家電量販店は，1980 年代から 1990 年代にかけて自動車利用を前提として幹線道路沿いに出店して成長してきたが，近年，居抜き出店という方法での大都市都心部への出店も増加している（第 4 章を参照）．なお，閉鎖後の店舗建物や店舗跡地については，このほか，マンション用地として利用される場合もあるが，跡地利用が進んでいない場合もある．

2.2　商業的土地利用以外からの転用

　一方，大型商業施設は，これまで商業的な土地利用ではなかった場所にも出店される．大型商業施設の出店にあたり，中心となっているのは工場跡地への

出店と農地からの転用と考えられる。つまり，大型商業施設の出店は，単に流通資本側の積極展開という側面だけではなく，産業構造や都市構造の変化と関連しているという側面を持つことになる。

　工場跡地については，繊維，電気機器，自動車など多様な業種の大規模工場跡地が利用されている[2]。これらの産業では，経済成長にともなう労働コストの上昇や円高の進行により日本国内での生産では競争力を確保することが困難になり，生産拠点の国内での集約や海外移転が行われた。かつて日本の主導産業であった繊維産業の工場閉鎖が顕著であるが，現代の日本における基幹的な製造業である電気機器や自動車関連の企業でも生産拠点の再編は行われている。工場跡地が生じる場所としては，工場が集積している工場地区に限定されず，市街地内部や農村地域など多岐にわたる。数十年前に工場が進出した際には市街地外縁部あるいは農村地域であったものが，市街地の拡大が進むなかで周囲を住宅に囲まれるようになった場合もある（伊藤2007）。

　工場以外の産業関連のものとして，鉄道などの交通施設の跡地がある。たとえば，大都市内部や周辺にあった貨物駅や操車場の跡地である。国内における長距離貨物輸送の手段が鉄道貨物からトラック輸送に変化したことなどの要因で貨物駅などの利用が低下し，鉄道利用以外の用地として供給されてきた。これらについては大規模用地であることが多く，都市計画決定を行って住宅・業務機能・商業など複合的な再開発がなされる。大規模な商業施設を含んで開発された例としては，旧国鉄の武蔵野操車場跡地（埼玉県三郷市・吉川市）や後述の稲沢操車場跡地（愛知県稲沢市）などがある。モール型ショッピングセンターは，自動車利用が中心であるが，鉄道用地の再開発の場合には，鉄道利用による集客も見込むことができる。

　工場跡地とともに中心となっているのが農地からの転用である。これも日本国内における農地の減少，農業従事者の高齢化・減少という継続的な産業構造の変化の流れのなかにある。さらに単位面積当たりの収益が農業として利用する場合よりも店舗用地として貸し出した場合の方が高いという状況も背景にある。

　農地以外にも，幹線道路に近い山林の開発による場合がある。これらの農地

からの転用や山林利用については，区画整理事業の実施にあたり，宅地や工場用地とともに商業用地として計画的に設定される場合もある。これらはいずれも産業構造や都市構造の変化と関連している。それらの変化のなかで，2000年代という現時点において大型商業施設を出店することが選択されたものである。

3. 名古屋大都市圏におけるショッピングセンターの立地

3.1 大型商業施設の構成要素の変化

　大型商業施設，特にモール型ショッピングセンターの立地とそれらの出店用地について，名古屋大都市圏を具体的にみてみたい。ここでは東洋経済新報社「大型小売店ポイントデータ2011年版（中京圏）」より店舗面積2万m^2以上の大型商業施設を対象とする。名古屋大都市圏は，名古屋市（人口約226万人：2010年）を中心都市とする大都市圏で，周囲には鉄道で1時間圏内に，豊田市（42万人），岐阜市（41万人），豊橋市（38万人），一宮市（38万人），岡崎市（37万人），四日市市（31万人），春日井市（31万人），津市（29万人）など人口30〜40万人規模の都市がある。この他多くの小都市や町村部から構成される。

　まず，大型商業施設がどのような構成要素からなっているかみてみたい。表12-2は，東海3県の大型商業施設（2010年における店舗面積2万m^2以上のもの）について，開店年代別に主要構成要素を示している。83店のうち1960年代以前の開店が6店（7.2%），1970年代〜1980年代が13店（15.7%），1990年代が28店（33.7%），2000年以降が36店（43.4%）となっており，1990年代以降の開店が8割近く（77.1%）を占める。さらに1980年代以前開店の19店舗のうち10店は，1990年代以降の増床により2万m^2を超えたものである。そのような1990年代以降の増床による店舗を除くと1980年代末時点では百貨店が6店，大型専門店ビルが2店，そして総合スーパーが2店であった。

　1990年代における百貨店の開店は，イオン岡崎ショッピングセンター（岡崎市）に入居した「岡崎西武」のみであり，大型商業施設のほとんどは総合スーパーを核店舗としたショッピングセンターであった。

表 12-2　大型商業施設の開店年代と構成要素（東海 3 県）

（単位：店）

構成要素	開店年代				合計
	1960 年代以前	1970-80 年代	1990 年代	2000 年以降	
百貨店	5	3	0	1	9
総合スーパーを有する大型商業施設	0	7	22	27	56
百貨店と総合スーパーを有する大型商業施設	0	0	1	0	1
その他	1	3	5	8	17
合　計	6	13	28	36	83

注：対象としたのは，2010 年時点で現存する店舗面積 2 万 m² 以上の大型店．したがって開店時には 2 万 m² 未満であった店舗が，増床により 2 万 m² 以上となった店舗も含まれる．構成要素は 2010 年時点．
（資料：東洋経済新報社「大型小売店ポイントデータ 2011 年版（中京圏）」，各施設ホームページなどにより作成）

　2000 年代の百貨店は「ジェイアール名古屋タカシマヤ」（名古屋市）の 1 店で，それ以外の多くは総合スーパーを核店舗としたショッピングセンターであった．加えて，百貨店と総合スーパーのいずれも有しない大型商業施設が 8 店に増加した．これらはたとえば食料品スーパーとホームセンターというように衣食住の専門スーパーを複数組み合わせたショッピングセンターであることが多い．ホームセンターや家具を扱う単独の大型専門店の場合もある．また，アウトレットモールが 2 店出店した．
　このように，百貨店が中心であった大型商業施設は，1990 年代以降，総合スーパーを核店舗としたショッピングセンターへと大きく変化した．

3.2　立地の特徴

　次に，立地点の特徴をみてみよう．現在のようなモール型ショッピングセンターが次々と出店されるようになったのは 1990 年代後半から 2000 年代にかけてである．それ以前の大型商業施設の多くは，戦前から高度経済成長期にかけて開店した大都市（名古屋市）都心の大型百貨店や「名古屋パルコ」などの大型専門店ビルと，岐阜市・四日市市・豊田市・春日井市というような人口 30 万人以上の主要地方都市の百貨店が中心であった．売場面積が 2 万 m² を超え

る大規模な総合スーパーもいくつかあり，その多くは岐阜市，大垣市，一宮市，春日井市，津市などそれぞれの地域の中心都市となっている地方都市の市街地外縁部付近に立地していた。

　図12-2は，東海地方（＝岐阜県，愛知県，三重県）における大型商業施設の立地を，百貨店やショッピングセンターなど，商業施設の種類ごとに示している。これらの立地点をみると，意外なことに既存の百貨店の周辺には店舗面積が2万m^2を超える大型商業施設はほとんど立地していない。名古屋市都心部，県庁所在都市，人口30万人以上の地方都市の中心商業地区への出店はみられない。1990年代から2000年代にかけての大型商業施設の立地が，既存の都心商業地区とは異なる地域で進んだことがわかる。例外的に，広域的な公共交通機関の結節点近くへの出店としてJR大垣駅北側の「アクアウォーク大垣」（モール型ショッピングセンター）がある。後述するがこれは工場跡地への出店であった。この他に駅周辺に立地したものとしては，地下鉄新瑞橋駅に近い「イオンモール新瑞橋」（名古屋市），ショッピングセンター開設後にJR大高駅が開業した「イオンモール大高」（名古屋市）がある。

　一方，最も大きな特徴は，駅前ではないものの，既成市街地内部への出店が数多くみられることである。ここでは既成市街地を，国勢調査の結果をもとに設定される「人口集中地区（DID：Densely Inhabited District）」を基準としてみてみる。東海3県において1990年代以降に出店された64店について，DID（2005年）の内部にあるか外部にあるかをみてみると，DID内部に立地しているものが36店，DID外部に立地しているものが28店となっている。モール型ショッピングセンターは「郊外型ショッピングセンター」と呼ばれることも多く，前述のように駅周辺に立地していることは少ない。しかし，郊外型ショッピングセンターであっても，市街地から大きく離れているのではなく市街地内部に立地していることが多い。さらに，DID外部に立地している店舗のうち，「イオンモール各務原」（各務原市），「イオンモール木曽川」（一宮市），「イオンモール東浦」（東浦町），「イオンモール大垣」（大垣市），「リーフウォーク稲沢」（稲沢市），そして前出の「イオンモール大高」などは，DIDにほぼ隣接している。自動車利用を前提としていることが多い場合でも，用地確保や投資額などの点

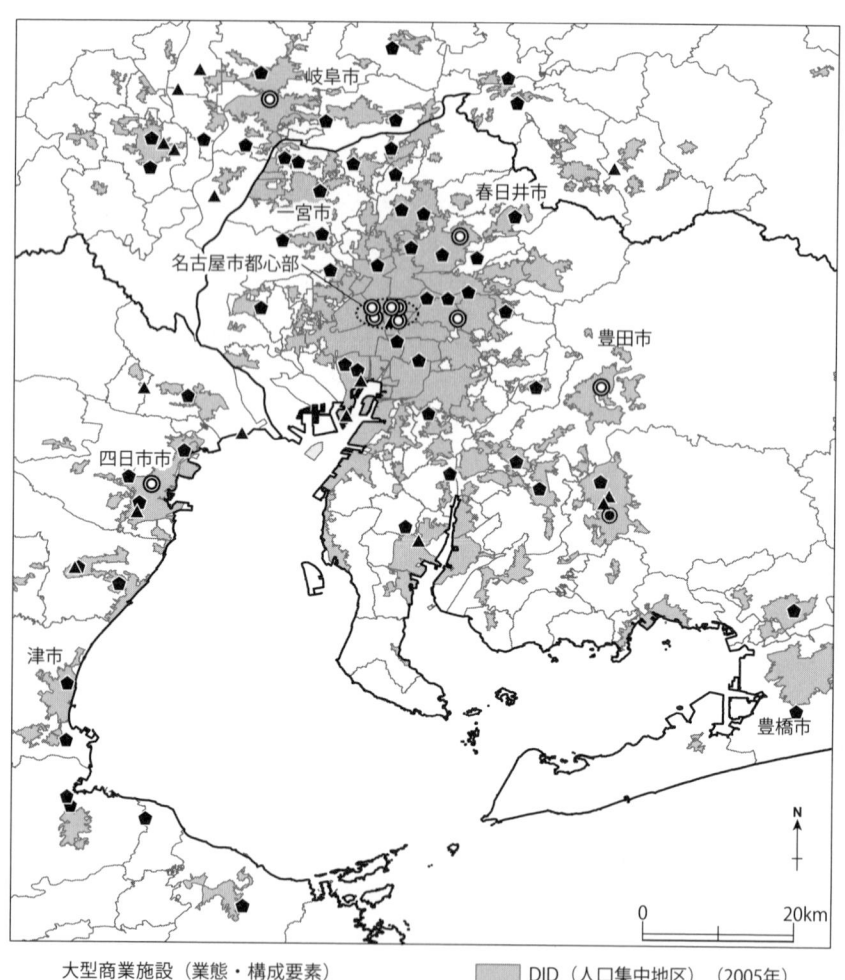

大型商業施設（業態・構成要素）
◎ 百貨店
⬟ 総合スーパーを有する大型商業施設
◉ 百貨店と総合スーパーを有する大型商業施設
▲ その他

▨ DID（人口集中地区）（2005年）
── 市区町村境
━━ 県境

・対象：2010年時点の店舗面積が2万m²以上の大規模商業施設.

図12-2 大型商業施設の種類と立地（2010年）
（資料：東洋経済新報社「大型小売店ポイントデータ2011年版（中京圏）」，各施設ホームページなどにより作成．地図データは©ESRI Japanによる）

で可能であるならば，人口密度の高い市街地内部，あるいはそうした地域に近接する地域に立地することを指向することを意味していると考えられる。

既成市街地から大きく離れている地域に出店された事例としては，いくつかのモール型ショッピングセンターと，2つのアウトレットモールの出店があった。モール型ショッピングセンターとしては，岐阜市と大垣市の間にある本巣市（出店時は真正町）の「モレラ岐阜」，松阪市と伊勢市の間の明和町の「イオンモール明和」などがあり，近隣の複数の都市を商圏としている。アウトレットモールの1つは三重県桑名市（出店当時は長島町）の「ジャズドリーム長島」である。これは遊園地やプール，温泉宿泊施設などから構成されるナガシマリゾート内に出店された。もう1つは「土岐プレミアムアウトレット」（土岐市）であり，中央自動車道と東海環状自動車道のジャンクション近くの丘陵地帯にある工業団地に出店した。いずれも名古屋市から40〜50km，自動車で1時間ほどの距離にある。

3.3 出店用地の特徴

次に，立地点と関連付けながら出店用地についてみていく。郊外へ，郊外へと展開地域を拡大してきたような印象がある大型商業施設だが，上述のように実際には1990年代以降，既成市街地内部での出店も多い。しかも，それらのほとんどは駅前や従来からの中心商業地区ではない。それでは，どのようにして市街地内部での出店が行われたのであろうか。

そこで次に，図12-3と図12-4から出店地域による出店用地の違いをみてみよう。いずれも1990年代以降に出店された店舗について示している。まず図12-3をみると，64店のうち最も多いのは工場・鉄道用地（32店）であり半分を占める。農地・荒れ地・山林（21店）が続いており，この2つが中心となっている。これらの他には，商業施設の建て替えが3店あり，「その他」には，ゴルフ練習場，住宅展示場，名古屋空港の中部国際空港への移転により使用されなくなった国際線ターミナルビルに出店したものがある。

市街地（DID）との関係でみると，DID内に立地するものは工場や鉄道用地を利用したものが多い。鉄道用地としては，旧国鉄の稲沢操車場跡地の再開発

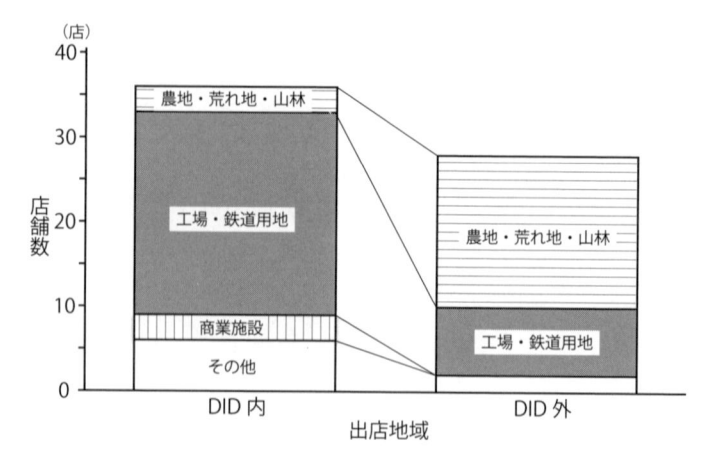

図12-3 出店地域による出店用地の違い
（資料：東洋経済新報社「大型小売店ポイントデータ2011年版（中京圏）」，地形図，空中写真などにより作成）

・対象地域：愛知県，岐阜県，三重県
・対象：1990年～2010年に開店した店舗面積2万m²以上の大規模小売店舗．

地区の一部に「リーフウォーク稲沢」（稲沢市）が出店した．DID内では商業施設の建て替えも「MOZOワンダーシティ」（名古屋市，2009年），「アピタ千代田橋店」（名古屋市，2005年），「イオンタウン大垣」（大垣市，2005年）の3店あった．これらはそれぞれ1970年代から1990年代にかけて出店された「イオンワンダーシティ」「ユニー千代田橋店」「ジャスコ大垣店」からの建て替えであるが，いずれも建て替え前の店舗は繊維工場跡地（それぞれ，愛知紡績，愛知紡績，帝国紡績の工場跡地）を利用して出店したものであった．「MOZOワンダーシティ」は，建て替え前の「イオンワンダーシティ」が1994年に開店してからわずか15年で建て替えによる規模拡大がなされた．

一方，DIDの外側においては農地が多い．その一方でDID外においても工場跡地への出店もある．商業施設の更新としての出店例は現在のところみられない．

ではどのような業種の工場跡地への出店が多いのであろうか．表12-3にあるように，繊維関連の工場が多く，具体的には都築紡績，倉敷紡績，東洋紡績，

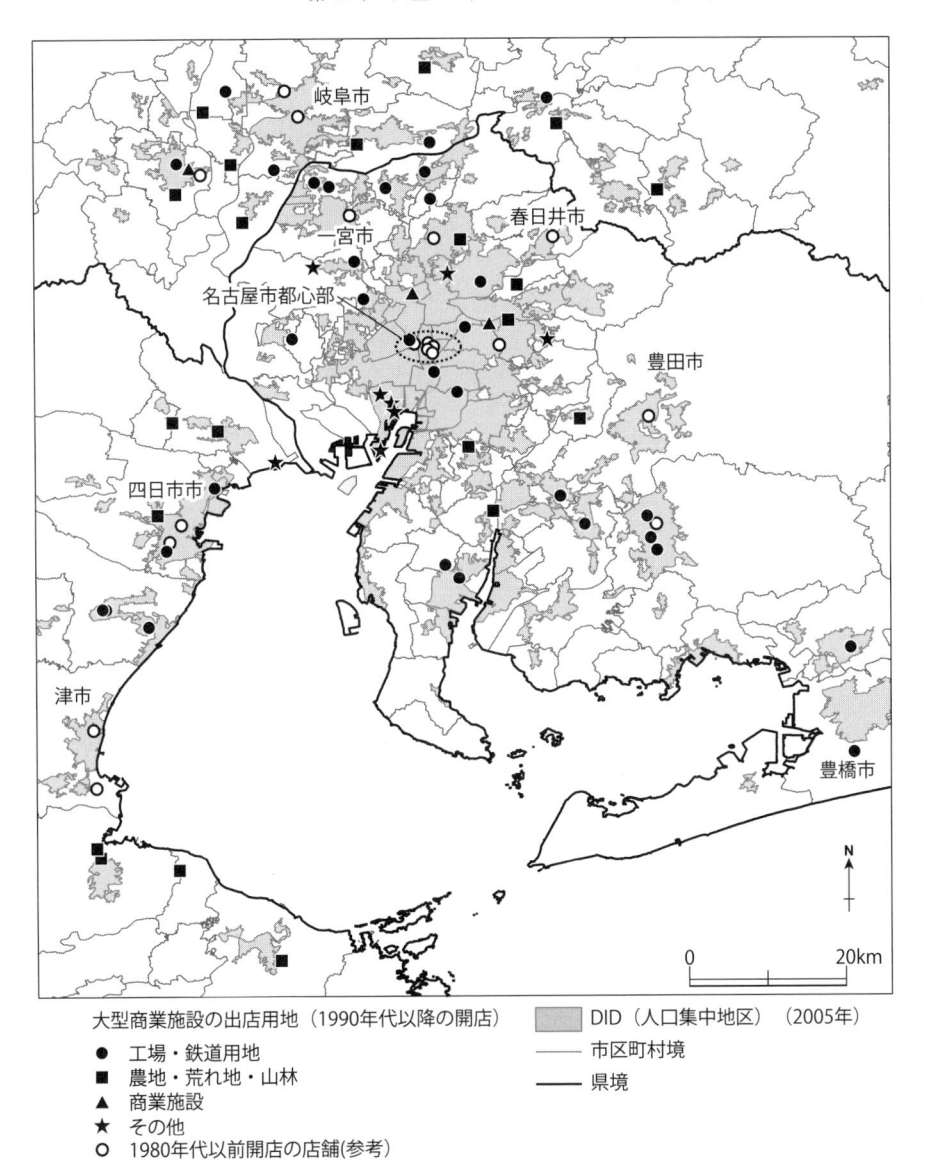

第12章　大型ショッピングセンターの立地多様化と出店用地　207

大型商業施設の出店用地（1990年代以降の開店）
- ● 工場・鉄道用地
- ■ 農地・荒れ地・山林
- ▲ 商業施設
- ★ その他
- ○ 1980年代以前開店の店舗(参考)

DID（人口集中地区）（2005年）
―― 市区町村境
―― 県境

・対象：2010年時点の店舗面積が2万㎡以上の大規模商業施設．

図12-4　1990年代以降開店の大型商業施設の出店用地
（資料：東洋経済新報社「大型小売店ポイントデータ2011年版（中京圏）」，地形図，空中写真などにより作成．地図データは©ESRI Japanによる）

表12-3 工場跡地への大型商業施設の開設事例（1990年代以降）

名　称	立地市町村	開店年	工場名（業種）	DIDとの関係
アピタ阿久比店	阿久比町	1999	都築紡績（繊維）	外
ヨシヅヤ清須店	清須市（旧清洲町）	1999	都築紡績（繊維）	内
イッツ・ボナンザシティ	津島市	2000	都築紡績（繊維）	外
モレラ岐阜	本巣市	2006	都築紡績（繊維）	外
イオンモール鈴鹿	鈴鹿市	1996	鐘淵紡績（繊維）	内
イオンタウン鈴鹿	鈴鹿市	2007	鐘淵紡績（繊維）	内
ザ・モール安城	安城市	1996	倉敷紡績（繊維）	内
イオンモール木曽川	一宮市(旧木曽川町)	2004	倉敷紡績（繊維）	外
イオン春日井SC	春日井市	1999	倉敷ウール（繊維）	内
アピタ知立店	知立市	1994	興和紡績（繊維）	内
VIA MALL	江南市	2005	敷島紡績（繊維）	内
イオンモール岡崎	岡崎市	1995	日清紡（繊維）	内
MOZOワンダーシティ	名古屋市	2009	愛知紡績（繊維）※1	内
パワードーム半田	半田市	1990	山田紡績（繊維）	内
カラフルタウン岐阜	岐阜市（旧柳津町）	2000	豊田紡織（繊維）	外
イオンモール四日市北	四日市市	2001	東洋紡績（繊維）	内
アクアウォーク大垣	大垣市	2007	オーミケンシ（繊維）	内
アピタ各務原店	各務原市	2000	日本毛織（繊維）	内
アピタ大口店	大口町	1998	同興紡績（繊維）	内
アピタ岡崎北店	岡崎市	2002	ユニチカ（繊維）	内
アピタ木曽川店	一宮市(旧木曽川町)	1999	東海染工（繊維）	内
コムタウン(旧ダイエー岡崎店)	岡崎市	1994	三龍社（繊維）	内
イオンモール扶桑	扶桑町	2003	サンファイン（繊維）	内
イオンタウン大垣	大垣市	2005	帝国繊維（繊維）＋旧ジャスコ大垣店	内
イオンモールナゴヤドーム前	名古屋市	2006	日本たばこ産業（たばこ）	内
アピタ美濃加茂店	美濃加茂市	2000	佐藤化学工業（窯業）	外
イオン豊橋南店	豊橋市	1997	日本鉄塔工業（金属製品）	外
イオンモール熱田	名古屋市	2002	大同特殊鋼（機械関係）	内
イオンタウン四日市泊	四日市市	1995	松下電工（電気機器）	内
イオン豊川店	豊川市	1998	鈴木自動車工業（輸送用機器）	内

注：1）対象としたのは，1990年代以降に開店した大型商業施設（店舗面積2万m^{2}以上）．
　　2）立地市町村の旧町名は出店時のもの．
　　3）※1：「MOZOワンダーシティ」は，愛知紡績跡地に1994年に出店した「ワンダーシティ21」が建て替えられたものである．
（資料：東洋経済新報社「大型小売店ポイントデータ2011年版（中京圏）」，地形図，空中写真などにより作成）

敷島紡績，ユニチカなどの工場がある．そのほかには，金属，窯業，輸送用機器の工場跡地もある．

　こうした工場跡地への出店であるが，これらは必ずしも工場地帯にあるわけではなく，むしろ現在では周囲を住宅地に囲まれている場合が多い．つまり，工場跡地の供給が，市街地内部（DID内部）や市街地周辺部（DID隣接地域）での大型店出店を可能にした（伊藤2007）．別の見方をすれば，工場跡地の供給がなければ市街地内部での大規模商業施設の新規立地は困難であり，既存商業施設を建て替える場合以外は市街地内部に立地することは難しい．なお，前述の駅周辺に立地した3店のうち，区画整理にあたり駅も新設された「イオンモール大高」以外の2店も，それぞれオーミケンシ（大垣市），住友電工（名古屋市）の工場跡地であった．

　図12-4から地域的な特徴についてみてみると，大都市圏の中心都市である名古屋市内については，ほぼ全域が市街地化されているため工場跡地と既存大型店の建て替えがほとんどである．しかし，市街地外縁部では区画整理事業が進められている地域があり，それらの地域では区画整理事業にともなう農地からの転用があった．

　中小都市については，その多くが市街地内部か市街地に隣接する地域にある工場跡地への出店である．町村部については，人口も市街地の規模も小さいため，その町のみを商圏とするのではなく，前述のように近接する都市部をも商圏としており，農地と工場跡地の両方への出店がある．

4．産業・都市構造の変化と大型ショッピングセンター

　1990年代以降の大型ショッピングセンターの立地と出店用地の特徴をふまえ，産業構造や都市構造の変化と関連づけて，今後の大型ショッピングセンターのあり方に関していくつか検討しておきたい．ここでは，①都市空間のダウンサイジングとショッピングセンター，②都市インフラとしてのショッピングセンター，③消費市場のモザイク化とショッピングセンターという3点から考えてみたい．

4.1 都市空間のダウンサイジングとショッピングセンター

まず,都市空間のダウンサイジングとショッピングセンターについてである。これは日本の都市構造に関する都市計画・都市政策の方向性が大きく変化していることと関連する。都市部においても人口が減少することが予測され,高齢化の進展,地方財政の負担増とも合わせて集約型都市構造やコンパクトシティを指向する大きな流れがある。すでに地方都市では人口増加が停滞,あるいは減少している都市もあり,大都市においても公共交通機関を軸とした集約型の都市構造を目指していく必要性が指摘されている。

モール型ショッピングセンターを含む大型商業施設に関連しては,2007年の都市計画法改正により大規模集客施設の郊外立地や商業系用途地域以外での立地を抑制する政策が実施された。それに対応して,流通資本は市街地内での出店や小商圏型の小型業態の開発に積極的になってきている。

留意する必要があるのは,本章の例にもあるように,少なくとも大都市圏においては,大型ショッピングセンターは必ずしも「市街地から離れた郊外」にあるわけではなく,市街地内部や市街地外縁部に立地していることも多いということである。これは市場地域に近い立地とみることもできる。また,都市単位でみて人口が減少していく場合にも,あるいはコンパクトシティを目指していく場合にも,現実的には市街地は急速に縮小するわけではない。既存の大型ショッピングセンターを,今後どのように位置づけるかを検討する必要があろう。大都市圏の中心都市にある都心商業集積と,最寄品を購入するコンビニや居住地近隣のスーパーとの間に位置づけられる商業施設,そして平日・休日を問わずゆっくり過ごすことができる娯楽空間として利用されていくと考えられる。

また,郊外出店抑制・用途地域の限定により,今後,大型ショッピングセンターの出店は減少するとみられる。一方で,依然として市街地内部の工場は数多く存在することから,工場跡地は今後も継続して発生すると考えられる。工場跡地をどのように利用していくか,そして都市の魅力とすることができるかを考えていく必要がある。これはヨーロッパなどで進んでいる縮小都市の議論

とも関連してくるだろう。

4.2 都市インフラとしてのショッピングセンター

　次に都市インフラとしてのショッピングセンターの意味についてである。ショッピングセンターは，基本的に一商業施設として消費者に対して商品を供給する機能を担っている。特に，大規模であることから路線バスやコミュニティバスなどの乗り入れにより，交通弱者にとっても日常的な買い物に加えて買回品の供給拠点や娯楽機能として必要な存在となりうる。

　また，非日常時において防災拠点や避難拠点となることも今後検討・整備がなされていくと考えられる。本章においてみてきたように大型ショッピングセンターの多くが市街地内部にあり，建物も駐車場も貴重なスペースである。災害時の拠点となることも可能であろう[3]。2011年3月の東日本大震災においては，つり天井などの内装の耐震性に課題があったことも指摘されている（河北新報2011年5月9日）。災害対応拠点となることも視野に入れた建物・内装の設計とソフト面での訓練・準備がなされていく必要がある。

　もう1点，特に地方都市や町村部においては雇用の場として重要な意味を持っている。パートタイム雇用やアルバイトが中心ではあるが，大型ショッピングセンターは1,000人から2,000人を超える地元雇用を創出する場合もある大規模事業所であり，特に若年雇用の受け皿となっている（坪田2001）。工場跡地への出店は，工場閉鎖により当時の雇用が失われたことを意味しており，当該地域にとっては別の形とはなるものの雇用回復の意味を持つ。

　都市インフラとして考えた場合の課題としては，あくまで流通資本による展開であるため，どのくらいの期間を見越して都市機能の一部と考えていくことができるのかということがある。その継続性が課題となる面もあるだろう。

4.3 消費市場のモザイク化とショッピングセンター

　最後に，消費のモザイク化とショッピングセンターについてである。ここでは功罪両面を有する大型ショッピングセンターについて，利点をどのように有効に利用するかを検討する必要があるだろう。たとえばバリアフリー化が進ん

でいることや空調が快適に管理されていること，大規模であるがゆえに共用スペースを備えることができることなどにより，ベビーカー利用者をはじめとする子ども連れ，高齢者や車いす利用者などにとっての安心感や利便性がある．また，ショッピングセンターは，総合スーパーで全般的・日常的な需要に対応しつつ，大小さまざまな専門店を有することから特定分野に特化した店舗もテナントとして導入することができる．

本章のはじめにおいて触れたように，大型ショッピングセンターは広域からの集客を前提としているものの，出店が進んだことにより，その商圏は以前と比較すると狭域化してきている．店舗面積 2 万 m^2 以上の大型ショッピングセンターが数キロメートル間隔で立地している場合もある．その場合，自動車で 15 分程度の近隣住民が主な顧客ということになる．また，いわゆる郊外型大型ショッピングセンターは，20〜30 歳代を主な対象としているといわれるが，高齢化が進むなかで，さらに幅広い年齢層を対象としていく，小商圏での存在価値を構築していく必要性そして可能性があるだろう．

このように考えると，モザイク化する消費は，消費量（需要）の断片化・特定消費者層の小規模化ということにつながるが，大型ショッピングセンターは，モザイク化された消費市場をつなぐ空間にもなりうるのではないだろうか．

（伊藤健司）

［注］
1) たとえば中条（2007）は閉鎖された百貨店の再利用の状況をまとめている．
2) 工場跡地は，商業的な土地利用のほかに，研究所，オフィス，住宅などとして利用されている（濱田 2010）．
3) 実際にはショッピングセンターの駐車場が，調整池としての機能を担っている場合もある．これも必要な機能であるため検討が必要である．

［文　献］
伊藤健司　2007．市場の多様化と商業立地の多極化．林　上編『現代都市地域の構造再編』51-80，原書房．
坪田幸治　2001．農村地域における郊外型大規模商業集積が地域経済に及ぼす影響—青森県柏村を事例にして—．経済地理学年報 47：121-133．
中条健実　2007．駅前大型店の撤退と再生—地方都市の旧そごうの事例—．荒井良雄・

箸本健二編『流通空間の再構築』177-196，古今書院．
濱田博之　2010．大規模工場と跡地利用．地図中心 458：16-19．
矢作敏行　1994．『コンビニエンス・ストア・システムの革新性』日本経済新聞社．

第13章　大型ショッピングセンターの立地が周辺居住者に及ぼす影響

　2000年に施行された「大規模小売店舗立地法（大店立地法）」は，大型店の地域社会におけるあり方を変えた。それまでの「大規模小売店舗法（大店法）」では営業時間等の経済的な規制が行われていたのに対し，大店立地法では交通渋滞や騒音などの社会的規制に重点が置かれるようになり，大型店に対する規制の性格は大きく変化した。
　これまで大型店に関する視点は，大手流通資本と地元小売業者との関係やその経済効果が着目されてきたが，大店立地法下で大型店を考える際には，大型店が周辺環境に及ぼす渋滞や騒音，交通安全面への影響（すなわち外部効果）に目を向ける必要がでてきたといえよう。その際，負の影響だけでなく，買い物の利便性や地域イメージなど大型店の周辺居住者に及ぼすさまざまな影響について考慮しなければならない。
　このように2000年代以降では，大型店の立地を社会的問題としてとらえることが重要になってきている。特に，大型店がもたらす外部効果は，今後の都市づくりにおいて重要な要素であろう。では，大型店と地域はどのように共存すべきなのか，本章ではそれらを考えるきっかけを提供したい。

1. ショッピングセンターがやってきた

　「近所の工場跡地にでっかいショッピングセンターができるんだってさ」とある日，家族や知人から知らされたあなた。
　こんなとき，あなたはどんな反応をするのだろうか，想像してほしい。
　あなたは「えー，渋滞しそうだから嫌だなぁ」と思うかもしれない。
　もしくは，「駅前まで買い物に行かなくていいから便利！」と思うかもしれ

ない。

　ショッピングセンターが建設されることによって，その周囲に住む人々はショッピングセンターからさまざまな影響を受けることとなる。先ほどの例でいうと，ショッピングセンター周辺の居住者は交通渋滞の増加という悪影響を受けているし，一方で，買い物の利便性の向上という恩恵も受けている。

　冒頭の問いかけは何も特殊な話ではない。1990年代後半以降，地方都市郊外には続々と大型ショッピングセンターが建設されてきた。あなたが住んでいる町の近くにも大型ショッピングセンターがあるかもしれない。

　このような大型ショッピングセンターは突然建設されるわけではない。出店に際して事業者は都道府県等に対して届出を行う必要がある。その後，地元説明会の実施や地元市町村，地元住民，都道府県等との意見交換を行い出店に至る。この一連の手続きは大店立地法に基づいている。

　2000年から施行された大店立地法は交通渋滞，騒音，廃棄物等の周辺生活環境への影響を緩和し，大型店と地域社会との良好な関係を保つことを目的とし，出店時に渋滞や騒音，廃棄物処理などの影響を審議する点に特徴がある。大型店の出店にあたっては，出店計画地周辺の状況，公的計画や関係法令等の規制などについて情報収集し，渋滞や騒音，廃棄物処理などの出店に伴う周辺地域の生活環境への影響について，十分な調査・予測を行い，適切な対応を行うことが義務づけられている。しかし，周辺地域の生活環境への影響については，仮想的なシミュレーションを基本とした事前予測のみであり，店舗立地後の事後調査は行われていない。また，事前に予測される内容についても交通量予測や店舗からの騒音予測など，店舗が周辺地域におよぼす影響のわずか一部しか調査されていないといった問題点が存在する。そもそも，このような影響調査においては地域社会の主体である住民がどのように感じているかという心理的な側面については考慮されていないのが実情である。

　冒頭の問いかけに対し，「ショッピングセンターができるのは嫌だなぁ」と感じる人がいるとしたら，その理由はさまざまであろう。たとえば，ショッピングセンターがオープンすることで，子どもを持つ親は健全育成上の観点から心配になるであろうし，これまで利用していた食料品スーパーが閉店して生活

が不便になることを懸念する人もいるであろう。

　このような大型ショッピングセンターの開発は，物販のみならず，飲食，シネマコンプレックスなどのアミューズメント施設を併設して，地域の居住者のライフスタイルを大きく変容させてきたわけであるが，こうした大型ショッピングセンターはその周囲に居住する人々の生活環境に実際にどのような影響を与えているのだろうか。そもそも，大型ショッピングセンターは居住者にとって迷惑な施設だと思われているのだろうか。それとも好ましい施設だと思われているのだろうか。本章では大型ショッピングセンターの立地が周辺の居住者に及ぼす影響について，事前評価では予測できなかった居住者の心理的な側面も含めて明らかにしていきたい。

　分析にあたり，2005年6月に静岡県浜松市天王町にオープンした「イオン浜松市野ショッピングセンター（以下，市野SCと略）」を対象とした。市野SCは，浜松市の東区（2005年の合併以前では旧浜松市の北東部），浜松駅の北東約4kmの位置に立地している。市野SCはちょうど人口集中地区の境界に位置し，その周囲には住宅，農地（水田），工場などが混在している。

　市野SCの核店舗はジャスコである。そのほかに122の専門店がテナントとして入居している（2005年当時）。テナントには衣料品店や飲食店，雑貨店のほかにアミューズメント施設やクリニックなどがある。営業時間は9時から23時までである。

　建物は地上3階建であり，1階と2階が店舗として，3階と屋上は駐車場として利用されている。また，それ以外にも屋外の平面駐車場も存在する。駐車場の駐車可能台数は約3,700台である。敷地面積は99,900m^2であり，建物延床面積は86,944m^2，商業施設面積は55,200m^2，店舗面積は35,541m^2である。

　出店当時の市野SCの想定商圏人口は約43万人，約14万7千世帯であった。これに該当する主な市町村は当時の浜松市，浜北市，天竜市，細江町，引佐町（いずれも現浜松市），および磐田市である。また，出店に際した住民説明会の対象範囲としてSCの半径2km圏に住民説明会の案内広告が配布されている。この2km圏が出店者の想定した影響圏といえよう。

　そこでショッピングセンター立地前後での生活環境の変化を明らかにするた

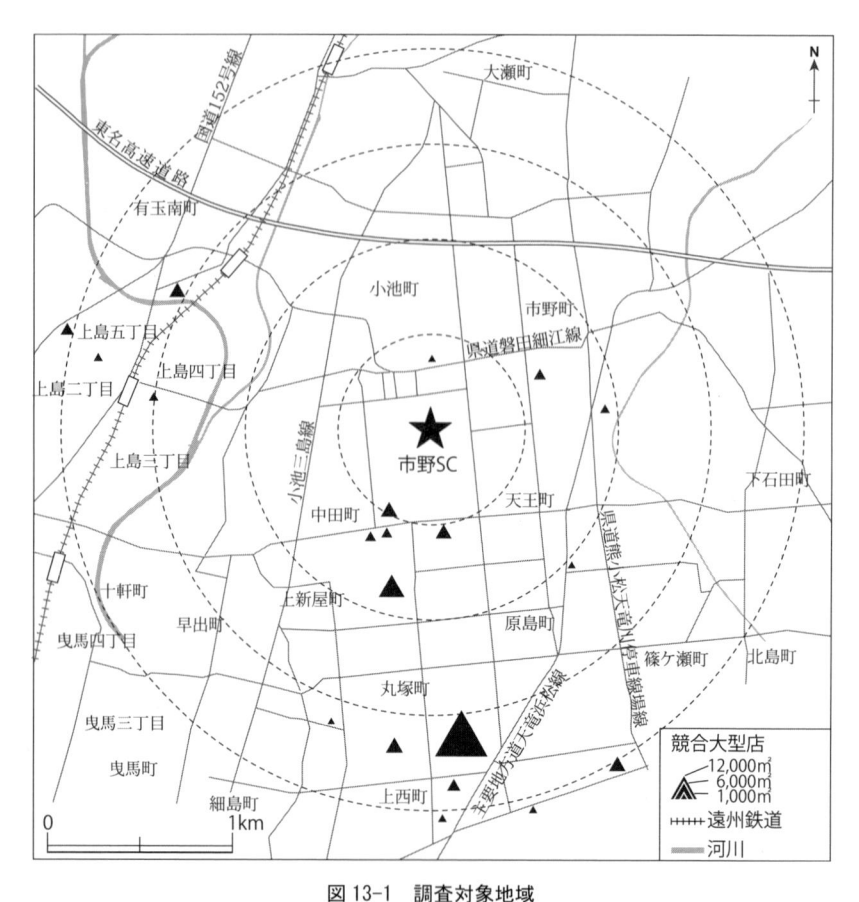

図 13-1 調査対象地域
（資料：静岡県商工労働部まちづくり室（2006）により作成）

め，市野 SC から半径 2km 圏の居住者に対して 2006 年 10 月にアンケート調査[1]を実施した（図 13-1）。配布総数は 482 通，回収数は 418 通であった。アンケート調査項目は，「利用頻度」「住所」「居住年数」などの個人・世帯属性や，「買い物の利便性」「経済活動の活発さ」「雇用機会」「地価」などの増減を示す経済的影響，「地域イメージ」や「食生活」などの変化を示す社会的影響，そして「騒音」「交通渋滞」「歩行者量」「交通安全性」「道路のごみの量」「治安」「景観」などの変化を示す環境的影響，である。そして，「総合的な変化」，市野 SC に

対する「好感度」についてもアンケートした。

なお，個人・世帯属性以外のアンケート項目は基本的に「とても良くなった」「良くなった」「変わらない」「悪くなった」「とても悪くなった」の5段階評価での回答形式となっている。市野SCへの好感度や買い物の利便性の評価の理由など，一部の項目で自由記述での回答を求めている。

2. 居住者が感じているショッピングセンターからの影響

2.1 居住者が感じている影響の種類

ショッピングセンターの周囲に居住している人々はどのような影響を受けているのであろうか。ここでは調査対象地域全域において，ショッピングセンターから発生する影響の種類やその強さについて紹介していきたい。

アンケートの集計結果は図13-2のとおりである[2]。それぞれの影響の強さをみてみると，買い物の利便性や経済活動の活発さ，雇用機会，地価などの経済的影響ではどの項目もプラス側の評点が大きくなっている。具体的には居住者は市野SCができたことで買い物が便利になった，地域経済が活性化していると感じている。このような結果は市野SCの出店は居住者にとって経済的なメリットになっていることを示している。買い物利便性が向上している理由としては，「品揃えが豊富であるため，一度で買い物を済ますことができる」「これまで浜松駅前まで買い物に行かなければならなかったものを近場で購入できるようになり便利である」などがある。

しかし一方で，わずかではあるが買い物の利便性が低下したとの評価もある。このような評価の理由としては市野SCの利用者が引き起こす交通渋滞によって「これまで以上に買い物に時間がかかるようになった」「地元商店が閉店した」などがある。また，自由記述のなかには「広すぎて疲れる」という意見もあった。

市野SCは出店当時には静岡県下3番目の店舗面積を誇っており，豊富な品揃えにメリットを感じている居住者も非常に多い。しかし，利便性に関していえば，必ずしも「店舗規模＝便利」というわけではないようである。特に購入したい商品が決まっている来店者にとっては，巨大な駐車場で空きを探すため

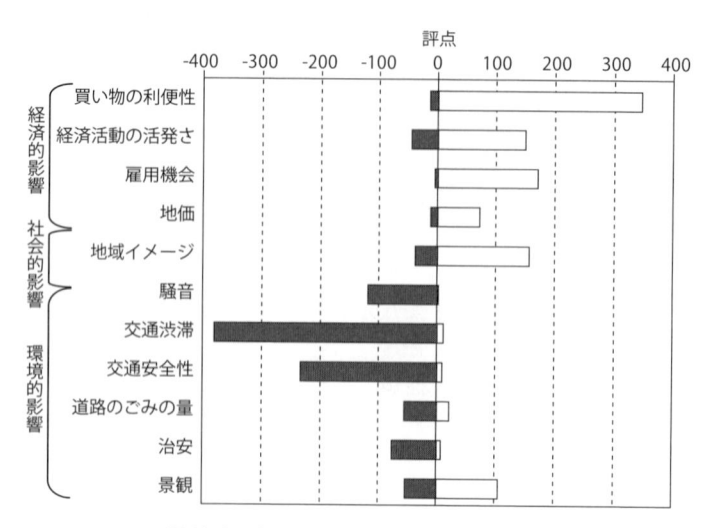

図 13-2 市野 SC が及ぼす影響とその強さ
（資料：アンケート調査により筆者作成）

に駐車場内を巡回しなければならないし，下車後も目的のテナントまで多くの距離を移動しなければならない。子ども連れやお年寄りならなおさら負担は大きいだろう。そういう人々にとって，そして，たとえば日用品だけを特定の店で買うことを目的にしている者にとっては，このような大型ショッピングセンターは大きすぎるのである。

　経済活動の活発さについての評価は，ほかの経済的影響に比べてマイナス側の評価が大きくなっている。これは大型ショッピングセンターの出店によって，浜松市の中心商店街や地元の商店街が衰退してしまうのではないか，市野 SC の出店者が県外資本であり，採算があわなくなればすぐにこの地域を見捨てて閉店，撤退してしまうのではないかなどという居住者の不安が現れている。ただし，経済活動の活発さについての評価は，全体としてはプラスの評価がマイナスの評価を卓越している。もともと市野 SC が建設される前は，工場跡地をゴルフ場のミニコースとして利用していた。そのような遊休地に話題性のある大きな商業施設が立地したことが多くの居住者に評価されている。

　社会的影響の地域イメージがプラスの影響として考えられている。このよう

な評価の理由としては,「市野 SC のオープンにより地域に話題性が増えた」「市野という地名が市内でも有名になった」「サーカス・演奏会等,様々なイベントが行われ地域振興・地域活性化に良い影響を与えている」「周辺道路の整備,照明の設置により,心理的だけでなく,物理的にきれいに明るくなった」などがある。

また,グラフには掲載されていないが,食生活に関しては「外食の頻度」「惣菜を食べる頻度」「家庭で作るメニューの数」などの項目が増加している。市野 SC 内にはレストラン,フードコートなどの飲食店や食料品スーパーの惣菜コーナーの数や品揃えが充実しているため,ショッピングセンターの周囲の人々は外食や惣菜を食べる機会が増加しているようである。また,ワインやチーズ,コーヒーなどのこれまでは人々の目につかなかったような輸入食品を専門的に取り扱う専門店や,食料品スーパーの豊富な品揃えなどの影響もあり,人々の食に関する知識や意欲の幅が広がっているようである。

図 13-2 の各種影響の評価のうち,マイナス側に値が大きいもの,つまり,ショッピングセンターの立地により周囲の居住者に悪影響を与えているものは交通渋滞や交通安全性などの環境的影響である。環境的な影響の評価はこれまでみてきたような経済的影響,社会的影響とは異なり,どの項目もマイナス側のスコアが大きいのが特徴である。なかでも,交通渋滞や交通安全性の項目についてはマイナスの評価が大きく,ショッピングセンターの出店による環境の悪化が著しい。

市野 SC は浜松市の郊外に立地しており,市内外から多くの人々が自動車で来店するため,駐車場の入り口や交差点などで交通渋滞が発生している。また,ショッピングセンターに来店する自動車は交通安全性にも悪影響を与えている。市野 SC 周辺の道路状況に関していえば,市野 SC の隣接道路のみが整備され,その周囲の道路は大きな交通量に対応できていない。また,歩道がない道路,すれ違いが困難な道路さえ存在している。このような周辺道路の未整備に伴い,渋滞を回避する車が狭い生活道路に速い速度で侵入することも交通安全性悪化の原因となっている。

浜松地区交通白書[3]に記載されている浜松地区の町丁目別人身事故件数を

参考に，市野SC出店前後の時期（2005年と2006年）を比較すると，市野SC周辺の小池町や天王町で他地域に比べ人身事故件数が特に増加している。また，人口1人当たりの人身事故件数は，市野SCの南東に位置する原島町で他地域よりも特に多い。実際に原島町では死亡事故も発生しており，居住者へのアンケート，インタビュー調査においても，居住者は交通安全の面で不安を感じていることが明らかとなっている。

　騒音についてもマイナス側のスコアが大きい。騒音の原因は自動車によるものがほとんどである。自動車による騒音とは自動車の走行音，ブレーキ音，エンジン音，カーステレオなどがある。居住者はショッピングセンター敷地内部から発生される館内アナウンスや排気口などの設備からの騒音ではなく，来退店中の自動車が発生させる騒音を気にしている点が特徴的である。序節で述べたとおり，ショッピングセンター建設の届出時の騒音調査ではショッピングセンターから発せられる騒音しか検討していないのだが，実際には居住者が感じている騒音はショッピングセンター敷地内部からではなく，ショッピングセンターの敷地外で発生する自動車の音であるという点が興味深い。

　治安は交通渋滞，交通安全性，騒音に次いで4番目に悪化している項目である。居住者は犯罪の増加や青少年の非行・トラブル・健全育成上の問題への不安を感じている。市野SC周辺で空き巣にあった世帯もあり，ショッピングセンターによって地域活性化，地域の知名度が上がる反面，人々の注目を集め，犯罪が起こりやすくなっているのではないか，と感じている居住者もいる。特に，ショッピングセンター出店後，不特定多数の人の移動が発生していることが，居住者の治安面での不安要素となっている。

　犯罪の増加の次に青少年の非行・トラブル・健全育成上の問題が多く指摘されている。ショッピングセンター内にはアミューズメント施設やさまざまな店舗があり，子どもたちだけで買い物に行ってしまうことや，子どもがお金を使いすぎること，子ども同士のトラブル，不良のたまり場にならないかということを心配する親も多い。また，ショッピングセンターには外国人利用者が多いことも居住者を不安にさせている。

　環境的影響のなかで唯一，プラスの評価が卓越しているものは「景観」であ

る。つまり，市野 SC の出店は周辺地域の景観を良好にしたと居住者は感じている。具体的にはショッピングセンターの照明やネオン，建物のデザインが美しいと評価されている。ただし，マイナス側の評価も存在し，その理由として巨大施設ならではの圧迫感や巨大看板の増加，自動車の増加などがある。また，ゴルフ場のミニコースから大型ショッピングセンターに土地利用が変化したことで，「緑が減った」と感じている居住者も存在している。

2.2 大型ショッピングセンターは迷惑施設なのか

　前節では大型ショッピングセンターが及ぼす影響についてみてきた。大型ショッピングセンターの立地は周囲の居住者にとって経済的にはメリットがあったが，環境面でデメリットがあった。ではこのようにプラスとマイナスの影響を発生させる大型ショッピングセンターは周囲の居住者にどのように考えられているのであろうか。「近くに大きなショッピングセンターができてよかった」と思われているのであろうか，それとも「迷惑な施設が近くにできて嫌だ」と思われているのであろうか。

　アンケート調査では市野 SC の出店に対して賛成か反対かという好感度を尋ねた。評価は「強く賛成」「賛成」「どちらでもない」「反対」「強く反対」の5段階である。集計の結果，多くの人が「強い賛成」（28 件）または「賛成」（175件）の意見を示している。一方，「反対」（20 件）・「強い反対」（2 件）を示す人は少ない。これらのことから，市野 SC は周囲の居住者にとって迷惑な施設ではなく，あってよかったと思われるような有益な施設であるといえるだろう。

　賛成理由には「便利になった」「買い物の選択肢が増えた」「地域が活性化する」「楽しい」「店舗間競争によりサービスの充実，価格の低下が期待できる」などがある。一方，否定的な意見として「交通渋滞がある」「建物が広すぎる」「地元店舗が閉店する」「青少年への悪影響がある」「高齢者を満足させるような品揃えではない」などがある。

　では，どのような人々が市野 SC の出店を喜び，どのような人々が市野 SC の出店に迷惑感を抱いているのだろうか。また，その賛否は市野 SC が及ぼす様々な影響のうち，どのようなものと関係があるのだろうか。

2.2.1 個人・世帯属性と好感度

まず回答者の居住年数，性別など個人属性や利用頻度，家族人数，家族構成などの世帯属性について，市野 SC に対する好感度（賛成・反対）との関係についてみてみよう。これらのうち，好感度との関係がみられた個人・世帯属性は「居住年数」「年齢」「職業」「利用頻度」「幼児・乳児の有無」である（表13-1）。

個人・世帯属性と好感度との関係において以下のような傾向がみられる。

- 居住年数が 10 年以内の居住者がショッピングセンターに対して賛成意見を示す傾向がある。
- 居住者の年齢が若いほど賛成意見を示す傾向がある。一方，高齢者は反対意見を示す傾向がある。
- 比較的若い回答者で構成されるパートや主婦，サラリーマンは賛成意見を示す傾向がある。一方，高齢の回答者で構成される無職や自営業の回答者は賛成を示さない傾向にある。
- ショッピングセンターの利用頻度が高いほど強く賛成をする傾向にあり，利用頻度が低くなるにつれ，反対意見が増える。
- 家族構成や家族の人数と好感度との明確な関係はないが，単身世帯は賛成意見を示しにくいこと，家族人数は多い方が賛成意見を示しやすい。
- 家族構成員のなかに幼稚園児・保育園児がいる世帯と，幼児・乳児がいる世帯では賛成意見が多く示される傾向がある。通常，特に乳児がいる家庭では複数の店舗を車で回る場合，子どもを逐一ベビーシートに乗せなければならない。しかし，ショッピングセンターでは専用のベビーカーを引きながら複数の店舗で買い物を行うことができるため，小さい子どもがいる世帯ではショッピングセンターは非常に便利で快適な施設であると認識されている。
- 一方で高齢者はショッピングセンターについてはやや否定的である。その理由としては，「建物が広すぎるため，疲れる」，「店舗はたくさんがあるが，高齢者がほしい品物がない」などの意見がある。

表 13-1　個人・世帯属性および SC が及ぼす各種影響と市野 SC に対する好感度との関係

グループ	項　目	市野 SC に対する好感度との関係
個人・世帯属性	家族構成	
	家族の人数	
	高齢者の有無	
	高校生の有無	
	小・中学生の有無	
	幼稚園児・保育園児の有無	関係あり（10% 有意）
	幼児・乳児の有無	関係あり（5% 有意）
	居住年数	関係あり（0.1% 有意）
	性別	
	年齢	関係あり（5% 有意）
	職業	関係あり（1% 有意）
	利用頻度	関係あり（0.1% 有意）
	市野 SC までの距離	
	市野 SC までの所要時間	関係あり（10% 有意）
経済的影響	買い物利便性の変化	関係あり（0.1% 有意）
	経済活動の活発さの変化	関係あり（0.1% 有意）
	雇用機会の変化	関係あり（0.1% 有意）
	地価の変化	関係あり（5% 有意）
社会的影響	地域イメージの変化	関係あり（0.1% 有意）
	食生活の変化	
環境的影響	交通安全性の変化	
	道路のごみの量の変化	関係あり（5% 有意）
	治安の変化	
	景観の変化	関係あり（0.1% 有意）
	騒音の変化	
	交通渋滞の変化	

（資料：アンケート調査により筆者作成）

なお，市野 SC までの「距離」と「好感度」においても明らかな関係はなく，居住地がショッピングセンターに近いほど賛成意見を示す，または反対意見を示すという結果にはなっていない。

2.2.2　ショッピングセンターからの影響と好感度

次に，ショッピングセンターからの各種影響とショッピングセンターに対す

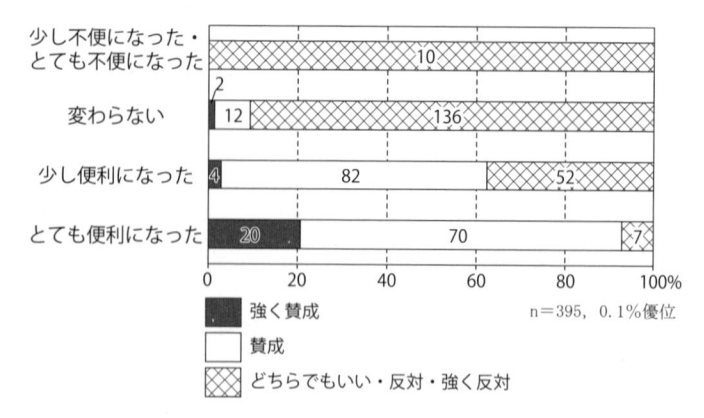

図13-3 買い物利便性の変化と市野SCに対する好感度との関係
(資料:アンケート調査により筆者作成)

グラフ項目:
- 少し不便になった・とても不便になった: 10
- 変わらない: 2, 12, 136
- 少し便利になった: 4, 82, 52
- とても便利になった: 20, 70, 7

凡例: ■強く賛成 / □賛成 / ⊠どちらでもいい・反対・強く反対
n=395, 0.1%優位

る好感度との関係をみてみよう。経済的な影響に着目してみると,「買い物の利便性」「経済活動の活発さ」「雇用機会」「地価」などの影響と「好感度」との間にはいずれも明確な関係性がある。買い物の利便性については,店舗の出店によって利便性が向上したと回答する者は賛成側の意見を示す。一方で,買い物の利便性が低下したと回答する者は否定的な意見を示す傾向がある(図13-3)。

経済活動の活発さや雇用機会においても,経済が活発になった,雇用機会が増えたなどと回答している者はショッピングセンターに対して賛成意見を示す傾向がある。一方で,「経済がとても活発になった」「雇用機会が大きく増えた」と評価をする者のすべてが賛成意見を示すわけではなく,「どちらでもいい」「反対」「強く反対」の回答を示す者も存在する。

以上のようにショッピングセンターの影響と好感度との関係をみることができるわけであるが,経済活動の活発さや雇用機会の増加などの項目と,買い物の利便性のように周辺居住者の日常生活のなかに深く関わった項目とで関係性の強さに差が生じている。そして,買い物の利便性は市野SCに対する賛否を決める大きな要因であるといえよう。

社会的な影響で好感度との関係性が見出されたのは,地域イメージのみであ

る。ショッピングセンターの出店により，地域イメージが良くなったと考えている居住者ほどショッピングセンターに対して良い印象を抱いている傾向にある。

環境的影響である「騒音」「交通渋滞」「交通安全性」「道路のごみの量」「治安」「景観」の6項目について，それぞれ「好感度」との関係をみたところ，道路のごみの量，景観の2つについては好感度との関係性がある。道路のごみの量が増加した，景観が損なわれたなどと環境が悪化したと評価される場合にはショッピングセンターに対して良いイメージを抱いていない傾向が強い。なお，明確な関係性があらわれなかった「騒音」「交通渋滞」「交通安全性」「治安」などの項目についても同様の傾向がある。

3. 大型ショッピングセンターからの影響が強い場所はどこか

以上，アンケート対象者の属性とショッピングセンターの影響度，好感度との関係についてみてみた。では，影響度，好感度は場所によって異なるのか。どのような場所でショッピングセンターからの良い影響があるのであろうか。一方，どのような場所にショッピングセンターからの悪影響が及んでいるのであろうか。ここではショッピングセンターからの影響を地図で表示し，ショッピングセンターからの影響の及ぶ範囲を考えたい。

①買い物の利便性

まず，市野SCの出店により，買い物の利便性が変化した場所についてみると，天王町や市野町，中田町，小池町など市野SCに隣接した町内の居住者の多くは買い物が便利になったと感じている。一方，対象範囲外縁部の居住者の多くは買い物利便性の変化はそれほど感じていないと感じている。買い物の利便性以外の「雇用機会」「地価」「経済活動の活発さ」についても同様に，市野SCに隣接した町内の居住者は立地によって良い経済的なメリットがあると感じている。

一方で，買い物の利便性において，わずかではあるが渋滞によって利便性が低下し，「不便になった」と回答する居住者が存在した。特にそのような居住

者は店舗の東側の主要地方道天竜浜松線や県道熊小松天竜川停車場線，店舗西側の小池三島線などの市野SCへの主要アクセス道路沿いに住んでいる。また，アンケート調査では市野SC北側の県道磐田細江線沿いの居住者も不便を感じている。市野SCの出店の影響を受けて，市野SCのすぐ北側に存在した食料品スーパーが閉店したため，日用品のような普段のちょっとした買い物でも大型ショッピングセンターに行かなければならなくなったためである。極端な例で言えば，ショッピングセンターのすぐ隣に居住する者は「牛乳1本をショッピングセンター内のジャスコまで買いにいく」のである。

　ショッピングセンターはテナント数や品揃えの多さゆえ，そこに行けば一度で何でも揃うという買い物の利便性をその周囲の人々に提供している。しかし，見方を変えると，購入する品物や頻度によって店舗を選択していた居住者はショッピングセンターの立地によって周囲の店舗が減少し，買い物先の選択肢を奪われたといえよう。品物や頻度に関係なく，近所にある大型ショッピングセンターで買い物をしなければならなくなったという問題が生じているのである。

②地域イメージ

　地域イメージは市野SCに隣接した地域で「かなり良くなった」「少し良くなった」と考えられている。同時に「少し悪くなった」「かなり悪くなった」と考えているのも市野SCに隣接した地域の居住者である。ショッピングセンターへの距離が小さい居住者ほどショッピングセンターが地域イメージに与える影響について関心が強いといえる。市野SCが地域のイメージを良化させたと思われる理由としては，これまで遊休地であった場所に多くの人が集まる集客施設ができたことや，市内外でも有数の名所となったこと，集客施設の立地により地域が明るくなったことなどが挙げられる。一方で地域イメージが悪化しているとの理由には，交通渋滞の増加，交通安全性の悪化，健全育成においての問題点，地域社会への悪影響等があり，居住者はこれらの問題について敏感になっているといえる。

③騒音

　騒音は市野SC西側の小池三島線沿いやその他市道で悪化したとの評価が顕

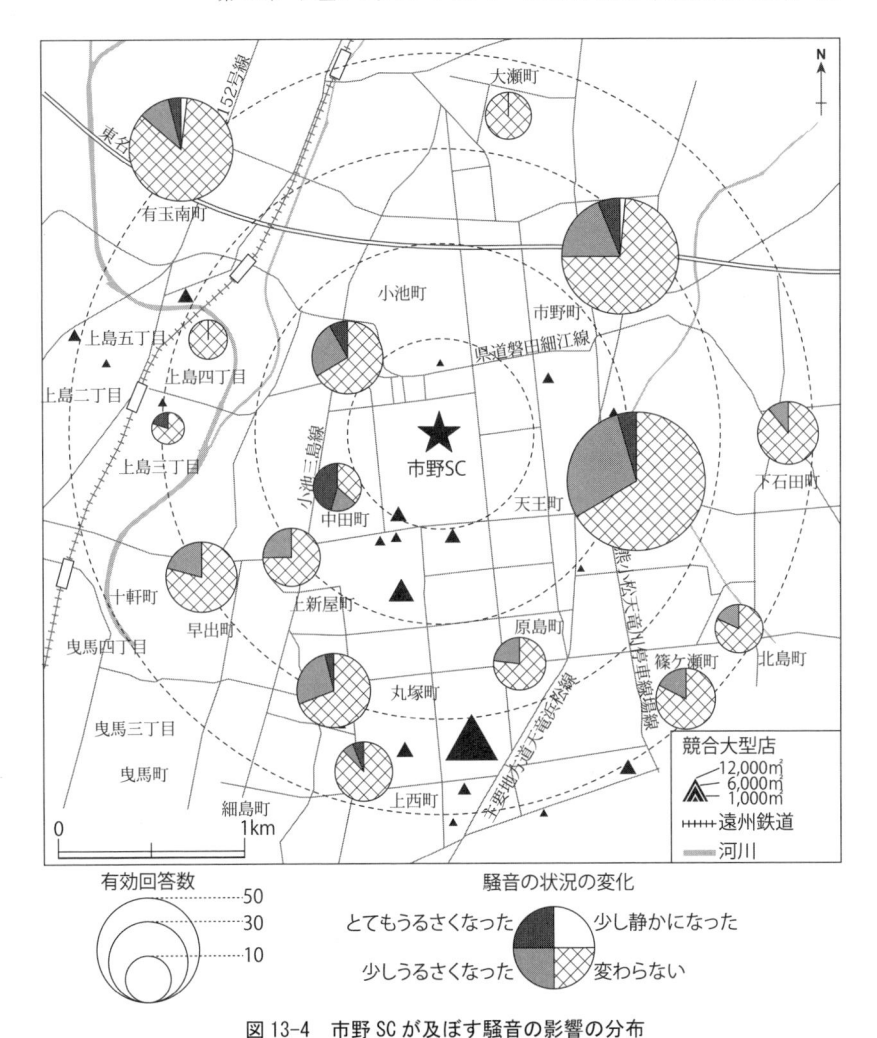

図 13-4　市野 SC が及ぼす騒音の影響の分布
（資料：アンケート調査および静岡県商工労働部まちづくり室（2006）により作成）

著である（図 13-4）。「少しうるさくなった」の評価は約 1.5km までの範囲で顕著にみられ，店舗の東側，主要地方道天竜浜松線沿いで多い。これらのことから騒音の状況が悪化した地域は騒音源である自動車が多く往来する店舗へのアクセス道路・主要道路沿いで多いといえる。

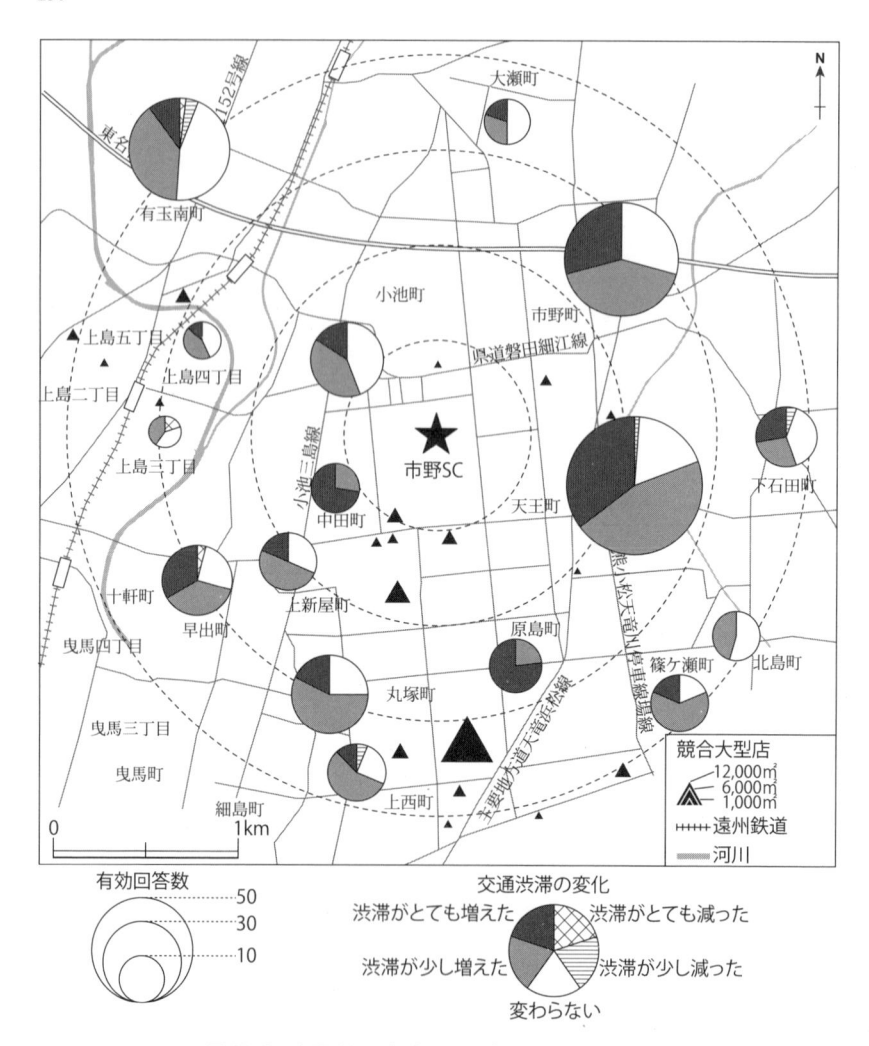

図13-5　市野SCの立地による交通状況変化の分布
（資料：アンケート調査および静岡県商工労働部まちづくり室（2006）により作成）

④交通渋滞

　交通渋滞や交通安全性についても，騒音同様に店舗へのアクセス道や主要地方道天竜浜松線沿いの主要道沿いで交通渋滞や交通安全性が悪化したとの評価

がみられた。交通渋滞については店舗南側の商業施設の集積地域も悪化したとの評価が多くみられる（図 13-5）。

　店舗西側は市野 SC から曳馬，上島方面へと通じる道路，店舗北側の有玉南町の県道磐田細江線沿いにおいても交通混雑が示されており，騒音よりも広範囲で交通渋滞が起きていると考えることができる。渋滞の原因として店舗西側の道路では市街地からの車両の増加，交差点での右折車両が多いことが挙げられる。また，店舗東側の主要地方道天竜浜松線，店舗北側の県道磐田細江線はどちらも片側 1 車線の道路であるため，交差点を中心に渋滞が起こりやすい。また，店舗アクセスの主要ルートであると同時に市街地と旧浜松市北西部を結ぶ主要な道路であるため車両数も非常に多くなっている。1.5km 圏以上の地域では市野 SC の南西の地域で交通混雑が示されている。これは市中心部からの店舗へアクセスする車両が増えているためである。

　ただし，「渋滞がとても減った」「渋滞が少し減った」との評価が 1.5km 圏以上の地域（上西町，早出町）でわずかだがみられた。これは，これまで市野 SC の南に立地している浜松プラザへの来店者がそれらの地域で渋滞を起こしていたが，市野 SC の立地により顧客が分散され，渋滞が緩和されたためである。その意味では，これまで渋滞が激しかった地域ではショッピングセンター立地により交通面で恩恵を受けている。ショッピングセンターの立地によって交通事情が悪化することが一般的であるが，こうした特異な例も存在する。ただし，やはり地域全体でみるとショッピングセンター立地により交通事情は広範囲に渡って悪くなっているため，ショッピングセンター立地による交通面への負のインパクトは大きいといえよう。

4. 大型ショッピングセンターと地域が共存するために

　これまで巨大施設の立地は，その周囲の居住者に環境面での大きな負荷を与えると考えられてきた。実際に今回の事例のショッピングセンターでも交通渋滞や交通安全性などの環境面において悪影響を周辺の居住者に与えていた。しかし，ショッピングセンターのような多くの人が頻繁に利用する施設ではこの

ような環境面における負のインパクトよりも買い物の利便性を中心とする立地のメリット面が大きく，居住者はショッピングセンターを有益な施設であると感じていた。

では，このようなショッピングセンターと地域社会とが今後より良い関係を築くためにはどのような課題があり，どのような解決策が必要なのだろうか。

実際に今回の事例の市野SCでも，自動車による広範囲への騒音や交通渋滞や交通安全性などの環境面において悪影響を周辺の居住者に与えていた。市野SCに隣接した町内の道路では，非常に狭い生活道路を「抜け道」として通行する車両も多数みられた。また，ショッピングセンター出店後，店舗の周辺地域では空き巣事件が発生し，居住者を不安にさせている面もある。これらを一施設の影響と断言することは困難であるが，店舗出店による交通量の増加，地域の知名度の向上による影響も少なからず存在する。

本調査の結果を踏まえると，店舗敷地内・隣接部分だけでなく，広範囲への環境対策を法令で規定する必要があるといえよう。たとえば，生活道路への車両の侵入対策として広範囲（たとえば店舗から約300〜500mの範囲）への交通誘導員の配置を規定したり，出店者側が中心となって地域と一体となって治安対策を行うことが求められる。そのなかで，定期的に居住者との対話会を設け，施設周辺の交通面の危険箇所を発見・共有する機会を設けることも必要である。特に，大型店が集積している地域では大型店同士が連携し合い広域な防犯活動を展開することが望まれる。以上のような点が法規制で規定されるべき項目であり，同時に出店者側の努力，社会的責任が問われるポイントとなろう。

一方，居住者側もショッピングセンターからさまざまな便益を享受している。買い物の利便性や雇用機会のような経済的なメリットだけではなく，地域の話題や憩いのスペースを提供されている。市野SCではビオトープが併設されており，また，月に数回，ステージでイベントが開催されている。居住者はこのようなコミュニティスペースや文化発信拠点となるショッピングセンターを活用することができる。そして，居住者がその拠点性を活用することで，このようなショッピングセンターは地域のシンボルと成り得るのではないだろうか。

ショッピングセンターが立地するためには，出店者が地域への負荷をできる

だけ軽減し，地域社会に経済的メリット，社会的なメリットを提供することで，一方，地域住民はショッピングセンターを有効に活用することで，両者の共存を模索できるのではなかろうか．

(湯川尚之)

［注］
1) アンケート調査の詳細は湯川 (2009) を参照．
2) 図13-2ではプラス側の評点とマイナス側の評点とを別々に求め，各項目について「良くなった」，すなわちプラスに変化したものをプラス側にその回答数だけ加算して求めた．プラス側の評点は「とても良くなった」との回答は＋2点，「良くなった」は＋1点を加算した．マイナス側の評点は「悪くなった」を－1点，「とても悪くなった」を－2点として加算した．「変わらない」の評価は0点としてどちらにも加算を行っていない．
3) 以下の資料を参照．
   浜松中央警察署・浜松東警察署　2005.『平成16年　浜松地区交通白書』
   浜松中央警察署・浜松東警察署　2006.『平成17年　浜松地区交通白書』

［文　献］
山川充夫　2005．大店立地法の立地指針見直しとその課題．商学論集（福島大学）74：57-70.
湯川尚之　2009．大規模ショッピングセンターが周辺居住者に及ぼす外部効果の地理学的分析－浜松市郊外の市野SCの場合－．経済地理学年報55：121-136.
渡辺達朗　2007．『流通政策入門　第2版－流通システムの再編と政策展開』中央経済社．

索　引

[ア行]
アイテム数　72
アインファーマシーズ　86
アウトレットモール　202
青空市場　116
アセタミプリドルート　126
アトムチェーン　68
アフターサービス　55
アフラトキシンルート　126
アマゾン　98
　　──・ドット・コム　89
アミューズメント施設　217
粗利率　166
アンケート調査　41,110,129, 169,218
イオン　15,42,146,201,217
　　──リテール　1
居酒屋チェーン　35
イズミ　18
委託返品制度　92
一次卸　145
一般用医薬品　74,158
EDLP（Every Day Low Price）　18
移動コスト　159
移動コンビニ　154
移動スーパー　116,154
移動店舗型チャネル　154
移動トラック事業　118
イトーヨーカ堂　15,42
居抜き出店　198
居抜き物件　29
茨城県　64
医薬外部品　75
医薬情報担当者（MR）　168

医薬品卸　157
医薬品・化粧品小売業　72
医薬分業　74,159
医療機関　157
医療資源　160
医療ビル　84
医療品　71
衣料品チェーン　1
衣料品中心店　2
医療モール　84,195
医療用医薬品　74,158
院外処方せん　160
飲食料品卸売業　145
インナーエリア　106
Webvan社　43
ウエルシア関東　77
ウォルマート　17
内食　38
売れ筋　100
栄養失調　105
駅ナカ　10,84
エステサロン　83
エディオン　58
NPO団体　117
欧米系外資　10
大型小売店ポイントデータ　201
大型小売店舗総覧　180
大型商業施設　195
大型専門店　195
大型店　175,215
オークワ　17
大手小売資本　1
オートメーション化　11
オールジャパンドラッグ　72

岡山市　175
　　──開発行為の許可基準等に関する条例　181
沖縄コナベーション　140
沖縄本島北部　139
奥共同売店　142
温度管理　152
オンライン化　165
オンライン書店　98

[カ行]
海外移転　200
海外市場　10
買い換え需要　56
買い切り制　93,147
外国資本　17
介護保険　115
外食　38
外食チェーン　35
改正薬事法　74
回転率　101
開発許可条例区域　181
外部効果　215
買い物圏　5
　　──の狭小化　5
買い物弱者　11,106
　　──支援事業　116
買い物代行サービス　116
買い物難民　139
買い物の利便性　215
買い物ヘルパーサービス　115
カウンセリング　73
「顔が見える」経営　66
価格訴求力　56
価格デフレ　2

価格優位性　3
かかりつけ薬局　77
学際研究　107
核店舗　19,195
駆け込み出店　60,188
菓子工業組合　129
過剰仕入れ　93
寡占市場　164
下層　5
過疎化　110
　　──地域　139
過疎地域　110
家庭用電気機械器具小売業　63
カテゴリーキラー　16
家電小売業　55
家電メーカー　56
家電量販店　55,196
カメラ系家電量販店　59
貨物駅や操車場の跡地　200
カルフール　17
カワチ薬品　77
環境的影響　218
企業経営論　4
規制緩和　2,57
既成市街地　203
紀伊國屋書店　91
業際化　9,71
業種　56
行商　11
競争マイオピア　3
業態　15,56
　　──転換　199
　　──の転換　2
　　──盛衰モデル　3
共同購入　139,148
共同入札　170
共同配達　148
共同売店　139
均一価格スーパー　9
緊急受注　169

緊急配送　11,169
近接性　108
近隣商業地域　179
区域区分　175
空間システム　2
空間的特徴　35
空間的要因　106
空洞化　110,175
区画整理事業　201
グレーカラー　7
クレジットカード　41
京王ストア　44
計画停電　11
景観　222
経済的影響　218
経済的な規制　215
慶佐次共同売店　144
ケーズデンキ　64
ケーズホールディングス　1
結節点　203
限界集落　110,140
健康被害　107
ケンタッキー・フライドチキン　37
原発事故　12,136
広域・大量流通システム　136
広域商圏　31
広域調整　179
郊外型大型書店　97
郊外型店舗　81
郊外住宅地　5,6
高回転商品　8
好感度　219
公共性　157
工業地域　6
高質スーパー　86
合従連衡　58,76
工場跡地　31,187,199,220
工場・鉄道用地　205
工場閉鎖　200
厚生労働省　131

構造変容　114
交通弱者　211
高度経済成長期　15,56,90
高付加価値食品　36,137
幸福のスイッチ　62
「小売の輪」理論　3
小売ミックス　3
高齢化　5,110
　　──社会　38
コープおきなわ　139
コールドチェーン　153
顧客情報　62
国際フランチャイズ契約　10
国勢調査　26,114,203
CoCo壱番屋　37
ココカラファインHD　86
コジマ　64
個人宅配　148
コスモス・ベリーズ　68
子育て世帯　10
五島医療圏　160
五島列島　163
孤独死問題　115
コミュニティショップ　11,139
コミュニティスペース　232
コメリ　9
雇用機会　226
雇用不安　5
コンパクトシティ　210
コンパクトなまちづくり　6
コンビニ　1,36,55,71,89,140,142,190
コンビネーションストア　80

[サ行]
サークルKサンクス　86
サービス品質　3
災害対応拠点　211
再開発　198
再建支援　24
在庫集約化　94

再販価格　93
再販売価格維持制度　89
崎浜商店　146
雑貨店　107
雑誌　90
　　――コード　90
サッポロドラッグストアー　84
サプライチェーン・マネジメント　11
産業構造　201
産業支援機構　24
三種の神器　5,56
産地偽装　121
産直市場　11
産直品　36
三洋電機　57
残留農薬　126
仕入原価　167
JIT型商品納入体制　12
ジェネリック医薬品　159
市街化区域　176
市街化調整区域　6,176
時間節約型業態　10
事故米穀　124
自社物流システム　58
市場のモザイク化　8,139,190
自動発注　12
シネマコンプレックス　195,217
資本参加　17
しまむら　9
指名買い　99
シャープ　57
社会的インフラ　87,110
社会的影響　218
社会的規制　215
社会的弱者　106
社会的排除　107
社会的要因　106
ジャスコ　217

シャッター通り化　105,141
ジャンクション　205
ジャンクフード　105
集英社　91
住関連専門店　2
住関連中心店　2
集客装置　6
集約化　12
集約型都市構造　210
需給バランス　108
縮小再編成　15
縮小市場　2
縮小都市　210
酒造会社　128
酒造組合　129
出荷価格　158
出店用地　195
出版社　89
酒販組合　129
酒販免許　9
準工業地域　6,179
準都市計画区域　178
上位集中化　2,58
商慣習　170
商業集積　6
商業政策　6
商業地域　179
商業的土地利用　198
商業統計　2,33,63,72,96,145
少子高齢化　2,16,71,106,139
小商圏　9,31,35,139
　　――化　191
　　――型　139,210
　　――市場　55,60,83
　　――対応業態　11
　　――フォーマット　60,86
商店街　5,72
消費財流通　4
消費市場の縮小化　139
消費の宮殿　196
商品購入チャネル　152

情報信憑性　136
食の安全性　12,121
食品衛生法違反　132
食品卸　128
食品偽装　121
食品事故　121
食品情報の安全保障　137
食品情報流通　121
食品メーカー　35
食品流通　121
食料の安全保障　137
食料品スーパー　2,15,71,110,190,196,221
書籍　90
　　――・雑誌小売業　89
ショッピングセンター　15,78,107,139,187,195,215
書店　89,89
ジョナサン　37
処方せん　74,158
仕分け作業　12
新業態開発　9
シングルマザー　107
人口学的要因　5
人口減少　38
人口集中地区（DID：Densely Inhabited District）　203
深耕戦略　15
人口の都心再集中　2
震災　171
人種差別　107
新聞記事　131
スーパー　1,35,123,140
　　――センター　17,86
スーパーパナソニックショップ　64
すかいらーくグループ　37
スクラップ・アンド・ビルド　15,58,81
スケールメリット　1,59,76
Stramline社　43

索　引　237

スペシャルティドラッグ　82
スローフード　137
生活圏　6
生活道路　221,232
「生活防衛」施設　144
生協　10,36,110
生産ロット　93
青少年　222
生鮮コンビニ　86
生鮮食料品供給体制の崩壊　106
生鮮食料品店　106
製造販売業者　126
政府米　126
製薬企業　158
西友　10,17,42
セブンイレブン　86,118
セルフサービス業態　5
セルフサービス方式　48
セルフメデュケーション　87
先進国　105
線引き　175
専門スーパー　4
専門店チェーン　16,55
総合スーパー　1,15,55,71,111,195
倉庫型　41
即応性　102
そごう　199

[タ行]
第一類医薬品　75
ダイエー　1,15,199
大規模小売店舗法（大店法）　6,19,57,215
大規模小売店舗立地法（大店立地法）　60,175,196,215
大規模集客施設　6,179
耐久消費財　56
第三類医薬品　75
大衆市場　5

大衆薬　74
大商圏市場　59
大商圏フォーマット　86
大都市圏　15
第二類医薬品　75
大量生産・大量販売　118
大量流通システム　50
ダウンサイジング　7,209
宅配　10
　——サービス　110
　——事業　10,35
建値制　56
多品種少量　93
　——生産　55
　——配送　170
多様性得点調査　112
単独世帯　39
単品管理　102
治安　222
地域イメージ　215
地域医療拠点　83
地域コミュニティ　107
地域市場　15
地域商店　139
地域生活インフラを支える流通のあり方研究会　106
地域店　57
地域密着型　2
チェーンオペレーション　50
チェーンストア　11,36,71,116,140,175
地産地消　137
地方圏　15
地方分散型物流拠点　94
チャネル・リーダー　92
中型総合スーパー　33
中間流通業者　126
中国産冷凍ギョウザの毒物混入事件　135
中国市場　10
中山間　110

　——集落　115
中小書店　97
中小零細店　5
中食　38
中心市街地　164,175
　——活性化協議会　179
　——活性化法　6,175
中心商業地区　198
中心商店街　110,110,141,220
中流意識　5
地理情報システム（GIS）　46,108
地理的拡散　126
ついで買い　99
通販　10
坪効率　6
ツルハHD　86
ディープディスカウントドラッグ　83
低栄養　111
　——問題発症　112
低回転商品　8
低価格戦略　1
低価格販売　4,16
低所得高齢者　115
ディスカウント　8
　——化　139
　——ストア　15,72
低炭素社会の実現　6
定番　100
手数料　148
テナント　195
デフレ　16
デベロッパー　10
デマンド交通　116
テリトリー　165
電子書籍　103
転売　124
店舗型　41
　——チャネル　153
店舗供給　148

店舗網　15
東京大都市圏　26,26,92
東芝　57
当用買い　12
登録販売者　74,75
独占禁止法　93
特定用途制限地域　178
特別用途地区　178
特約店　146
都市インフラ　209
都市型業態　9,86
都市型店舗　81
都市空間　2,4
都市計画　175
　——区域　176
　——法　6,26,175
都市づくり　215
都心回帰　1,139
都心型大型書店　97
都心型業態　1
土地利用規制　175
ドミナントエリア　21,55,78
ドミナント戦略　75
共稼ぎ世帯　10
ドライブスルー　84
ドラッグストア　1,71
取次　89
取引価格　159

[ナ行]
苗床　2
中内功　4
長崎県　160
長崎県薬剤師会　169
名古屋大都市圏　201
ナショナルチェーン　19,42,75
2核モール　197
二極化　71,115
二次卸　145
21世紀型の医薬品流通システム　171

20世紀型流通　171
二重発注　12
日米構造協議　6
ニチレイ　38
日系流通資本　10
ニッチ（空白）商圏　60
ニッチビジネス　11
日本出版取次協会　90
日本チェーンストア協会　16
日本チェーンドラッグストア協会　73
日本電気専門大型店協会（NEBA）　57
日本ドラッグチェーン会　72
日本標準産業分類　73
抜け道　232
値入ミックス　4
ネット書店　98
ネットスーパー　10,15,35,116
ネット通販　57,89,116
農産物直売所　144
農村型業態　86
農地・荒れ地・山林　205
農地からの転用　200
納入価格　158
農林水産省　126
農林水産省農林政策研究所　106

[ハ行]
バーチャル書店　98
配食サービス　110
配送エリア　44
配送効率化　12
配送コスト　157
配送トラック　146
配送ルート　36,150
ハイパーマート　17
売買差益　167
ハックイシダ　72
発展途上国特有　105

ハピコム　76
バブル　5,16
浜松市　217
浜松地区交通白書　221
バラエティドラッグ　82
バリアフリー化　211
バリュー・イノベーター　3
パレートの法則　100
パンデミック　171
ハンバーガーチェーン　37
BSE問題　132
東日本大震災　11,136,211
飛行機便　169
非線引き都市計画区域　178
非線引き白地地域　6,178
日立製作所　57
日立チェーンストール　64
ピッキング　41
避難拠点　211
百貨店　55,187,195
ビューティドラッグ　83
ファストフード　36,108
ファミリーレストラン　36
フードコート　221
フードシステム　121
フードデザート　5,51,105,191
風評被害　124
夫婦のみ世帯　39
フェリー　163
付加価値　5
「付加価値追求」業態　86
不採算地域　116
不採算店　8,22,81,116,199
フジ　18
富士シティオ　44
物流拠点　12
　——の集約化　94
プライベートブランド　76
ブラックボックス　123
フランチャイズ契約　67,86
フランチャイズチェーン　68

ブランド　124
フレッシュネスバーガー　37
文化発信拠点　232
米穀仲介業者　128
閉鎖店舗　18
ベイシア　17
ベッドタウン　110
ヘルス＆ビューティケア
　　（HBC）　73
弁当宅配事業　35
返品　93
ポイントカード　66
防災拠点　211
POSシステム　11
POSデータ　66
ホームセンター　1,63,82,187,
　　196
ポプラ　86
ボランタリーチェーン　68,72
「ボリューム追求」業態　86

[マ行]
マイカル　1,199
まいばすけっと　9,29
マクドナルド　37
マクネイア　3
マスコミ　106
　　──の報道　130
マス・マーケティング　68
まちづくり3法　6,23,175
まちの電器屋さん　62
松下電器産業(現パナソニック)
　　57
マツモトキヨシ　77
マルエツ　9
丸善　98
三笠フーズ社　124
三越百貨店　9
三菱電機　57

ミニストップ　85
無縁化　111
無縁社会　113
無店舗型チャネル　153
迷惑施設　223
メーカー希望小売価格　56
メガドラッグ　78
メタミドホスルート　126
モータリゼーション　114
モール型ショッピングセンター
　　195
モスバーガー　37
持ち家志向　8
モデルチェンジ　56

[ヤ行]
八重洲ブックセンター　98
焼畑商業　11
薬価基準　158
薬価差益　167
薬剤師　74,160
薬事法　2,72,158
薬種商販売業者　74
薬店　72
薬局　72,157
ヤマダ電機　1,58
やんばる　140
有機農産物　36
有利子負債　24
ユニー　18
ユニクロ　1
輸入食品　121
　　──監視指導計画　132
　　──監視統計　131
ユンタク　145
用途地域　6,175

[ラ行]
ライフサイクル　4

ライフスタイル　217
リージョナルチェーン　17,42
リードタイム　43,95,171
リスク回避　5
リスクマネジメント　13
リゾートホテル　140
立地規制　175
離島　157
流通空間　35,118
流通系列化　57
流通経路　126
流通の広域化　136
量販店　6
料理宅配チェーン　36
リンガーハットグループ　37
累積購入額　66
ルート配送　36
冷凍ギョウザ　132
老研式活動能力指標　113
老年栄養学　112
ローカル　122,139
ローコストオペレーション
　　8,55,84
ロードサイド型店舗　58,78,
　　141
ロジスティック回帰分析　113
ロスリーダー　4
ロングテール　100

[ワ行]
YKK戦争　64
和菓子製造業者　126
ワタミ　38
ワンストップショッピング
　　1,4,18
ワンツーマン・マーケティング
　　68

著者紹介 (*編者, 五十音順)

*土屋　純（つちや　じゅん）　第9章担当
1971年生．名古屋大学大学院文学研究科博士課程後期修了．名古屋大学大学院環境学研究科助手を経て，現在，宮城学院女子大学学芸学部人間文化学科准教授．博士（地理学）．

*兼子　純（かねこ　じゅん）　第4章担当
1971年生．筑波大学大学院地球科学研究科修了．青山学院女子短期大学非常勤講師，筑波大学修士課程教育研究科準研究員を経て，現在，筑波大学生命環境系助教．博士（理学）．

荒木俊之（あらき　としゆき）　第11章担当
1970年生．京都大学大学院人間・環境学研究科修士課程修了．現在，株式会社ウエスコ勤務．博士（人間・環境学）．

荒木一視（あらき　ひとし）　第8章担当
1964年生．広島大学大学院文学研究科博士課程後期単位修得退学．旭川大学経済学部講師，助教授，山口大学教育学部助教授（准教授）を経て，現在，山口大学教育学部教授．博士（文学）．

池田真志（いけだ　まさし）　第3章担当
1979年生．東京大学大学院総合文化研究科博士課程修了．拓殖大学商学部助教を経て，現在，同准教授．博士（学術）．

伊藤健司（いとう　けんじ）　第12章担当
1970年生．名古屋大学大学院環境学研究科博士課程（後期課程）満期退学．名古屋大学文学部助手，名城大学経済学部講師を経て，現在，同准教授．文学修士．

岩間信之（いわま　のぶゆき）　第7章担当
1973年生．筑波大学大学院地球科学研究科修了．イギリス・サザンプトン大学客員研究員等を経て，現在，茨城キリスト教大学文学部文化交流学科准教授．博士（理学）．

駒木伸比古（こまき　のぶひこ）　第5章担当
1981年生．筑波大学大学院生命環境科学研究科博士課程修了．首都大学東京都市環境科学研究科観光科学域特任助教を経て，現在，愛知大学地域政策学部助教．博士（理学）．

箸本健二（はしもと　けんじ）　第1章担当
1959年生．東京大学大学院総合文化研究科博士課程修了．（財）流通経済研究所，

松商学園短期大学，大阪学院大学を経て，現在，早稲田大学教育・総合科学学術院教授．博士（学術）．

秦　洋二（はた　ようじ）　第6章担当

1976年生．九州大学大学院人文科学府歴史空間論専攻博士課程修了．九州大学大学院人文科学研究院専門研究員を経て，現在，流通科学大学商学部商学科講師．博士（文学）．

中村　努（なかむら　つとむ）　第10章担当

1979年生．東京大学大学院総合文化研究科博士課程後期修了．現在，東京大学大学院総合文化研究科学術研究員．博士（学術）．

安倉良二（やすくら　りょうじ）　第2章担当

1971年生．立命館大学大学院文学研究科博士課程単位取得退学．立命館大学，大阪経済法科大学，桃山学院大学ほか非常勤講師．博士（学術）．

湯川尚之（ゆかわ　なおゆき）　第13章担当

1984年生．名古屋大学大学院環境学研究科博士前期課程修了．現在，株式会社インフォマティクス勤務．修士（地理学）．

小商圏時代の流通システム

平成 25（2013）年 3 月 30 日　初版第 1 刷発行
編　者　土屋　純・兼子　純
発行者　株式会社古今書院　橋本寿資
印刷所　株式会社理想社
製本所　渡邉製本株式会社
発行所　株式会社古今書院
〒 101-0062　東京都千代田区神田駿河台 2-10
Tel 03-3291-2757
振替 00100-8-35340
©2013　TSUCHIYA Jun・KANEKO Jun
ISBN978-4-7722-4161-8　C3025
〈検印省略〉Printed in Japan